STUDI
E
RICERCHE

Pietro Pastorelli

DALLA PRIMA ALLA SECONDA GUERRA MONDIALE

MOMENTI E PROBLEMI
DELLA POLITICA ESTERA ITALIANA
1914-1943

Edizioni Universitarie di Lettere Economia Diritto

ISBN 88-7916-092-3

Copyright 1997

LED LED - Edizioni Universitarie di Lettere Economia Diritto - Milano

Produzione e distribuzione

cea C.E.A. Casa Editrice Ambrosiana

Videoimpaginazione e redazione grafica: Studio Venturini Srl - Lusiana (VI)
Stampa: Bruno Viappiani SpA - Milano

INDICE

PREFAZIONE

I dieci capitoli di questo volume sono costituiti da altrettante relazioni presentate a convegni scientifici negli anni trascorsi. Sono stato indotto a riunirle in un testo di facile reperimento sia perché trattano tutte dello stesso tema generale, la politica estera italiana dalla prima alla seconda guerra mondiale, sia perché hanno la caratteristica comune d'essere contributi originali allo studio di quel tema essendo tutte frutto d'indagini archivistiche su problemi controversi o di rielaborazioni critiche di periodi determinati condotte sul raffronto tra la storiografia e le fonti esistenti. Esse sono in sostanza la testimonianza, per gli anni dal 1914 al 1943, dei risultati, ancora parziali e provvisori, cui sono pervenuto nel corso degli studi che ho intrapreso ormai da qualche decennio (il primo dei miei scritti è del 1961), nella prospettiva di dare un contributo ad un'opera scientifica ma di agevole lettura sulla politica estera italiana dall'Unità ai nostri giorni che manca nel panorama storiografico. Quell'antico proposito è ancora fermo; non dispero che possa essere infine realizzato, da me o da altri; e intanto proseguo lo studio, ai ritmi che mi sono consentiti, e soprattutto rivolgo il mio impegno alla pubblicazione della raccolta dei Documenti diplomatici italiani dal 1861 al 1958, che di quell'opera dovrà costituire il fondamento essenziale. Come il lettore vedrà, l'altro elemento che accomuna le relazioni qui riunite è dato proprio dall'utilizzazione dei fondi dell'Archivio storico del Ministero degli esteri da cui è tratta la documentazione pubblicata nella raccolta italiana.

Come accade alle relazioni fatte nei congressi, anche queste, eccetto una, sono edite nei relativi atti o in volumi collettanei o in riviste specializzate. Ne indico i riferimenti, precisando anche l'occasione in cui furono tenute, perché ritengo che questo sia un elemento utile per la loro comprensione.

La prima, apparsa nella *Miscellanea in onore di Ruggero Moscati* (Napoli, Edizioni Scientifiche Italiane, 1985), è la relazione che ho presentato il 23 aprile 1981 a Herceg-Novi (Castelnuovo in Montenegro), dove si svolgeva la nona sessione di lavoro della Commissione storica italo-jugoslava, dedicata allo studio dei rapporti tra Italia e Serbia al tempo della Grande Guerra. Questa Commissione, formata anni prima da storici italiani e jugoslavi, aveva lo scopo di approfondire la reciproca conoscenza delle vicende dei due paesi. Era soprattutto un tentativo di confrontare, in dibattiti spesso accesi, le interpretazioni a volte contrapposte delle parti sui tanti momenti difficili nelle relazioni tra le due sponde dell'Adriatico. Si ebbero dei risultati, ma al convegno sulla prima guerra mondiale non si riuscì poi a far seguire quello sulla conferenza della pace, mancando la disponibilità dei colleghi jugoslavi a trattare quell'argomento.

La seconda relazione è stata pubblicata prima nella rivista «Clio» (1996, n. 1) e poi nel volume *D'Annunzio e la guerra* (Milano, Leonardo Arte, 1996), che raccoglie gli atti del convegno internazionale dallo stesso titolo organizzato dalla Fondazione «Il Vittoriale degli Italiani» e svoltosi nell'Auditorium dello stesso Vittoriale a Gardone Riviera (Brescia) dal 17 al 19 novembre 1994. Nell'ambito di quel convegno ebbi il compito di chiarire perché Fiume non era stata inclusa tra le terre da assegnare all'Italia secondo il Patto di Londra, ciò che fu causa non ultima dell'essere divenuta poi teatro delle note gesta dannunziane.

Ancora nella rivista «Clio» (1983, n. 4) è pubblicata la terza relazione. Essa è però solo la versione italiana del testo originale in inglese edito nel volume *Nationality and Nationalism in Italy and Finland* (Helsinki, SHS, 1984) che contiene gli atti del secondo simposio italo-finlandese, organizzato dalla Società storica italo-finlandese a Helsinki dal 24 al 28 maggio 1982. Il primo simposio, dedicato alla seconda guerra mondiale, s'era tenuto in Italia, a Perugia, nel 1980 e vi avevo partecipato con una relazione, rimasta inedita, che tracciava un parallelo tra le vicende dei due paesi. Per il secondo simposio, che aveva per oggetto la storia delle due nazioni dal diciannovesimo secolo fino al 1918, mi fu più difficile reperire un argomento di comune interesse. Lo trovai nel riconoscimento italiano dell'indipendenza finlandese, evitando così il monologo cui furono costretti gli altri relatori delle due parti.

Inedita è invece la quarta relazione. La presentai al convegno di studi su «Cultura e società in Italia dal 1915 al 1926. Dalla guerra mondiale alla diaspora degli intellettuali», promosso dal Centro di ricerca «Letteratura e cultura dell'Italia unita» dell'Università Cattolica del Sacro Cuore, che si svolse a Milano dal 10 al 14 settembre 1984. Non si trattava, come si vede, di un tema in cui potesse entrare la politica estera ma i colleghi della Cattolica vollero comunque invitarmi ad un incontro scientifico che si svolgeva nella loro sede e mi pregarono di parlare su «l'Italia e la politica internazionale» nel periodo considerato dal convegno. Gli atti non sono poi stati pubblicati, ma quel cortese invito mi spinse a tentare quella sintesi della politica estera italiana dal 1915 al 1925 che qui figura come quarto capitolo.

La quinta relazione è stata pubblicata negli *Annali dell'Istituto storico italo-germanico in Trento, XV-1989* (Bologna, Il Mulino, 1990) che raccolgono gli atti del convegno organizzato da quell'Istituto su «Italia e Austria 1929-1938» e colà svoltosi il 27-28 settembre 1988. Vi parteciparono storici delle Università italiane e austriache. Fu un convegno con relazioni tutte originali, come non sempre accade, e con una discussione pacata e costruttiva sui temi svolti, di cui conservo un simpatico ricordo, nonostante le mie precarie condizioni d'allora.

In un volume di maggiore circolazione, *L'Italia fra tedeschi e Alleati. La politica estera fascista e la seconda guerra mondiale*, a cura di Renzo De Felice (Bologna, Il Mulino, 1973) è pubblicata la sesta relazione, che è anche la più vecchia. La preparai per il «Colloquio sulla politica estera fascista e nazionalsocialista» organizzato dal 21 al 24 giugno 1973 dall'Istituto storico germanico di Roma. Non furono raccolti gli atti di questo colloquio, ma al termine dei lavori De Felice prese i testi di alcune delle relazioni svolte, tra cui la mia, e, senza farli tornare in mano agli autori, li inserì, insieme ad altri saggi, nel suddetto volume. Questo spiega perché il sesto capitolo ha la forma schematica di un appunto predisposto per una esposizione orale.

La settima relazione è pubblicata in *L'Italia in guerra: il primo anno - 1940* (Roma, s. e., 1991) che contiene gli atti del primo convegno promosso dalla Commissione italiana di storia militare con l'intento di riesaminare criticamente, a cinquant'anni di distanza, gli aspetti politici e militari della partecipazione italiana, anno per anno, alla seconda guerra mondiale. Il convegno si tenne a Milano nel novembre 1990 nella caserma Teuliè: avrei dovuto parlare della «diplomazia italiana e la guerra», ma mi parve più pertinente risalire al patto in base al quale l'Italia era entrata in guerra ... con nove mesi di ritardo.

Il contributo successivo, l'ottavo, è apparso nella rivista pavese «Il Politico» (1991, n. 2) e poi in *Italia e Turchia: due punti di vista a confronto*, quaderno della stessa rivista (n. 35, Milano, Giuffrè, 1992), che contiene gli atti del convegno dallo stesso titolo organizzato dalla Facoltà di Scienze politiche dell'Università di Pavia il 26-27 aprile 1990. Avrei dovuto occuparmi del ruolo della Turchia nei tentativi di pace italiani del 1943, ma la limitatezza dell'oggetto assegnatomi mi indusse a presentare una trattazione più generale di questo discusso argomento.

Ancora in *L'Italia in guerra: il quarto anno - 1943* (Gaeta, Stabilimento grafico militare, 1994) è pubblicata la nona relazione. Il volume contiene gli atti del quarto dei suddetti convegni organizzati dalla Commissione italiana di storia militare che si tenne nello stesso luogo del primo nell'ottobre 1993.

L'ultima relazione è pubblicata nel volume *Nazione e nazionalità in Italia. Dall'alba del secolo ai nostri giorni*, a cura di Giovanni Spadolini (Bari, Laterza, 1994) che raccoglie gli atti del convegno di studi su quel tema organizzato dalla Giunta centrale per gli studi storici all'Università di Trieste dal 15 al 18 settembre 1993. L'intento dei promotori (ch'era poi uno, Giovanni Spadolini, allora presidente della Giunta) era quello di offrire alla storiografia italiana un momento di riflessione su un argomento di grande attualità e vivo dibattito in questa fine secolo chiamando a svilupparlo con lui alcuni degli storici che l'avevano trattato o lo stavano trattando. Volle fare posto anche ad uno storico delle relazioni internazionali e, memore di antiche discussioni, mi impegnò a considerare l'argomento dal punto di vista della politica estera italiana. Per questo la mia relazione superò i limiti cronologici del convegno, come deborda da quelli della presente raccolta. Ma com'è noto nella storia le periodizzazioni sono spesso solo convenzionali.

Le relazioni comprese nei dieci capitoli di questo volume sono corrispondenti ai testi presentati oralmente o per iscritto nei convegni indicati, nel senso che non vi sono state apportate modifiche se non di pura forma, a volte anche nei titoli per renderli più rispondenti alla materia trattata. Ho solo aggiunto le note di riferimento ai numeri 4, 5 e 6 che ne erano privi, e qualche altra nota di aggiornamento che mi veniva alla mente rileggendoli in successione. In un caso però, quello del numero 7, ho ripreso in esame l'argomento per un maggiore approfondimento. Ne è risultata una più motivata conferma dell'ipotesi circa il contenuto del Patto d'Acciaio che avevo formulato nella relazione del 1990. E mi par questa la cosa di maggiore conto, dal punto di vista storiografico, da dover segnalare all'attenzione del lettore.

Pietro Pastorelli

Roma, 9 novembre 1997.

1.

LE RELAZIONI DELL'ITALIA
CON LA SERBIA DAL LUGLIO 1914
ALL'OTTOBRE 1915

1. – Le relazioni italo-serbe nel periodo compreso tra la crisi del luglio 1914 e l'intervento in guerra della Bulgaria nell'ottobre 1915 costituiscono un aspetto particolare del problema principale di fronte al quale l'Italia allora si trovò: la grande scelta tra la neutralità o l'intervento nel conflitto. È pertanto impossibile trattare compiutamente questo tema senza che prima sia intervenuto un chiarimento approfondito di quel delicato e cruciale momento della politica estera italiana, che continua tuttora a mancare.

Lo stato della storiografia sull'argomento è noto. Agli studi effettuati dal Toscano sulla base della documentazione divulgata dai sovietici, si sono aggiunti i due dettagliatissimi volumi dell'Albertini sulla crisi del luglio '14, il corposo e ben articolato saggio sull'intervento che il Gottlieb ha composto sulle stesse fonti, gli approfondimenti del Vigezzi sulla prima fase della neutralità, l'ampia e suggestiva relazione del Tamborra sull'idea di nazionalità nella grande guerra, la perspicace presentazione del negoziato tra Roma e Vienna fatta dal Valiani, la minuziosa esplorazione degli archivi tedeschi effettuata dal Monticone per precisare il ruolo della Germania in questo negoziato [1].

---

[1] Mario Toscano, *Il Patto di Londra: Storia diplomatica dell'intervento italiano*

La mancanza di un'indagine, dopo l'apertura degli archivi, che non solo superasse i suoi primitivi lavori sul Patto di Londra, sulle relative convenzioni militari e sulle reazioni serbe a quel negoziato, ma che li completasse anche con una esauriente ricostruzione della trattativa italo-austriaca, onde presentare un quadro sistematico di tutto il processo formativo della decisione e della realizzazione dell'intervento, aveva indotto lo stesso Toscano, negli ultimi anni di vita, a riprendere le ricerche. Dei primi esiti, assai fruttuosi, di esse si trova testimonianza nei sei articoli che pubblicò fra il 1965 e il '68 [2]. Ma l'opera cui egli lavorava non è stata più condotta a termine da nessun altro studioso, nonostante che, ormai da qualche tempo, si sia resa disponibile e sia divenuta facilmente accessibile la preziosa fonte dell'archivio Sonnino e quella ancora più cospicua dei Documenti diplomatici italiani [3]. Il Renzi, nell'opera stampata nel 1987 [4] non le

---

(1914-1915), Bologna, Zanichelli, 1934; ID., *Le convenzioni militari concluse fra l'Italia e l'Intesa alla vigilia dell'intervento*, in *Studi economico-giuridici della R. Università di Cagliari*, Milano 1936; ID., *La Serbia e l'intervento in guerra dell'Italia*, Milano 1939; LUIGI ALBERTINI, *Le origini della guerra del 1914*, voll. II e III, Milano, Fratelli Bocca, 1943; W.W. GOTTLIEB, *Studies in Secret Diplomacy during the First World War*, London, Allen and Unwin, 1957, pp. 135-401; BRUNELLO VIGEZZI, *L'Italia di fronte alla prima guerra mondiale*, vol. I, *L'Italia neutrale*, Milano-Napoli, Ricciardi, 1966; ANGELO TAMBORRA, *L'idea di nazionalità e la guerra 1914-1918*, in *Atti del XLI Congresso di storia del Risorgimento italiano*, Roma, Istituto italiano per la storia del Risorgimento, 1963; LEO VALIANI, *La dissoluzione dell'Austria-Ungheria*, Milano, Il Saggiatore, 1966; ALBERTO MONTICONE, *La Germania e la neutralità italiana: 1914-1915*, Bologna, Il Mulino, 1971.

[2] MARIO TOSCANO, *Rivelazioni e nuovi documenti sul negoziato di Londra per l'ingresso dell'Italia nella prima guerra mondiale*, in «Nuova Antologia», agosto-settembre 1965; *Le origini diplomatiche dell'art. 9 del Patto di Londra relativo agli eventuali compensi all'Italia in Asia Minore*, in «Storia e politica», 1965, n. 3; *Il negoziato di Londra del 1915*, in «Nuova Antologia», novembre 1967; *L'intervento dell'Italia nella prima guerra mondiale: le carte Imperiali e la preparazione del negoziato*, ivi, marzo-aprile 1968; *Il libro verde del 1915*, in «Clio», aprile-giugno 1968; *Imperiali e il negoziato per il Patto di Londra*, in «Storia e politica», 1968, n. 3.

[3] SIDNEY SONNINO, *Diario 1914-1916*, a cura di PIETRO PASTORELLI, Bari, Laterza, 1972; ID., *Carteggio 1914-1916*, a cura di PIETRO PASTORELLI, Bari, Laterza, 1974; *I documenti diplomatici italiani*, serie quinta, voll. II e III, Roma, Istituto Poligrafico dello Stato, 1984 e 1985 (il vol. I era uscito nel 1954, purtroppo con varie imprecisioni editoriali).

[4] WILLIAM A. RENZI, *In the Shadow of the Sword: Italy's Neutrality and Entrance Into the Great War, 1914-1915*, New York, Peter Lang, 1987.

utilizza e il suo lavoro, pur fondato su molte citazioni archivistiche, non supera nella sostanza i limiti documentari del parallelo saggio del Gottlieb e gli risulta anzi inferiore per impostazione e interpretazione.

Le ricerche che, pubblicando i suddetti volumi, ho condotto sull'argomento sono state naturalmente parziali e quindi non tali da fornirmi da sole il desiderato supporto chiarificatore sul problema principale. Me ne hanno però fatto intravedere talune linee essenziali, che mi consentono di offrire qualche approfondimento sul tema specifico delle relazioni italo-serbe. La trattazione di esso sarà quindi forzatamente schematica ed episodica, per singoli punti.

2. – Il primo concerne la crisi del luglio '14. Si ritiene correntemente che in questa crisi l'Italia abbia seguito una politica tendente a favorire il mantenimento della pace e che, in particolare verso la Serbia, abbia adottato un atteggiamento assai più amichevole di quanto i legami della Triplice le consentissero.

Questa interpretazione trova la sua origine nella circostanza che l'Italia non è stata coinvolta nella polemica sulle responsabilità per lo scoppio del conflitto, dato il suo tardivo intervento in guerra, e nelle manifestazioni esteriori della diplomazia italiana. Il lavoro dell'Albertini ha già smentito questa tesi, ma un'attenta lettura del relativo volume dei documenti italiani [5] porta a confermare e precisare le conclusioni raggiunte dall'Albertini.

Sin dall'inizio della crisi, San Giuliano la considerò un'occasione propizia per realizzare quello che era sempre stato l'obbiettivo fondamentale perseguito dall'Italia con la Triplice Alleanza: ottenere per via diplomatica le terre irredente che non era riuscita a conquistare con le armi nella guerra del 1866.

Già prima dell'assassinio di Sarajevo, San Giuliano si era ripromesso di negoziare con l'Austria la cessione delle sue provincie italiane (o di parte di esse) per qualsiasi mutamento dello

---

[5] *DDI*, serie quarta, vol. XII, Roma, Istituto Poligrafico dello Stato, 1964.

status quo allora prevedibile (unione serbo-montenegrina con acquisto austriaco del Lovcen, smembramento dell'Albania), servendosi della mediazione tedesca [6]. Avuta notizia delle intenzioni austriache verso la Serbia, San Giuliano vi aggiunse l'ipotesi più imminente e concreta di un conflitto austro-serbo, e impartì subito all'ambasciatore a Berlino, Bollati, istruzioni in tal senso [7], mentre faceva presente a quello tedesco a Roma, Flotow, che l'Italia non avrebbe potuto appoggiare le domande austriache alla Serbia se non fossero state «giuste e conformi ai principi liberali del nostro diritto pubblico» [8]. Alla luce dei lunghi discorsi fattigli da San Giuliano, Flotow comprese bene il significato di questa dichiarazione, e il governo tedesco intraprese la sua mediazione a Vienna, proponendo una formula di compromesso consistente nel condizionare la cessione delle province italiane soggette all'Austria ad un «appoggio, forse anche militare, dell'Italia all'Austria» [9]. Questa proposta non fu però accolta a Vienna perché, rispose Berchtold, l'Austria non si riprometteva di effettuare occupazioni permanenti di territori stranieri [10].

Informato dell'esito negativo del suo primo passo, San Giuliano, dopo aver ottenuto questa volta l'assenso di Salandra, tornò alla carica prospettando una formula diversa, meno concreta ma più flessibile di quella tedesca, consistente nel chiedere il riconoscimento dell'interpretazione italiana dell'art. 7 della Triplice ed il relativo accordo sui compensi da esso previsto, in cambio della «decisione» di assumere un atteggiamento favorevole agli alleati. Istruzioni in questo senso furono inviate a Bollati il

---

[6] Tel. 701 di San Giuliano ad Avarna e Bollati, 4 luglio 1914, ivi, D. 77 e le risposte di Bollati, 8 luglio (D. 120) e di Avarna, 11 luglio (D. 154).

[7] Lettera di San Giuliano del 14 luglio 1914, ivi, D. 225.

[8] Tel. di San Giuliano del 16 luglio 1914, ivi, D. 272, ma il colloquio è dello stesso 14 luglio: vedi tel. di Flotow in KARL KAUTSKY, *Documents allemands relatifs à l'origine de la guerre*, Paris, Alfred Costes, 1922, vol. I, D. 42.

[9] Jagow a Tschirschky, 15 luglio 1914, ivi, D. 46. La formula è suggerita da Flotow (vedi *DDI*, serie quarta, vol. XII, D. 124) e fatta propria da Jagow (ivi, D. 169).

[10] Tschirschky a Bethmann-Hollweg, 20 luglio 1914, in KAUTSKY, *Documents allemands ... cit.*, D. 94.

22 luglio [11]; gli furono confermate il 24 luglio, dopo aver avuto notizia della presentazione dell'ultimatum alla Serbia, e furono finalmente trasmesse anche all'ambasciatore a Vienna, Avarna [12]. «L'unico compenso possibile» era, naturalmente, «la cessione di una parte delle province italiane dell'Austria corrispondente al suo ingrandimento territoriale altrove» [13].

Di fronte alle resistenze austriache, l'ambasciatore tedesco a Vienna propose una seconda formula di compromesso che prevedeva una semplice «promessa» austriaca di entrare in discussione con Roma sulla questione dei compensi nel caso in cui l'Austria fosse stata costretta, contrariamente alle sue intenzioni, ad occupazioni permanenti di territorio serbo [14]. Questa formula fu finalmente accettata da Berchtold il 27 luglio con la precisazione che si sarebbe trattato, in sostanza, di promettere all'Italia una «mancia» – che in ogni caso non sarebbe consistita nel Trentino – qualora l'Austria si fosse ingrandita [15].

Lo stesso giorno San Giuliano ricevette dall'Ambasciata austriaca notizia della decisione di «ricorrere alle armi» contro la Serbia [16]. Nella sua risposta, il 28 luglio, San Giuliano insistette ancora nella richiesta di vedere riconosciuta l'interpretazione italiana dell'art. 7, evitando di pronunciarsi sull'oggetto della nota [17], e dette ad Avarna e Bollati istruzioni analoghe [18]. Ma da tutte queste insistenze non ottenne altro che la comunicazione di quanto Berchtold aveva accettato di concedere il 27 luglio: la promessa di una «mancia», come senza perifrasi gli disse l'ambasciatore austriaco, Mérey, qualora l'Austria avesse «dovuto con-

---

[11]   Tel. 741 di San Giuliano, in *DDI*, serie quarta, vol. XII, D. 413.

[12]   Tel. 758 e 759 di San Giuliano, ivi, DD. 468 e 488.

[13]   Tel. 768 di San Giuliano a Bollati del 26 luglio, ivi, D. 575.

[14]   Lettera di Tschirschky a Jagow del 26-28 luglio 1914, in KAUTSKY, *Documents allemands* ... cit., vol. II, D. 326.

[15]   Tel. di Berchtold a Mérey del 28 luglio, in *Diplomatische Aktenstücke des Österreichisch-Ungarischen Ministeriums des Äussern*, vol. VIII, Wien, Österreichischer Bundesverlag für Unterricht, Wissenschaft und Kunst, 1930, n. 10909.

[16]   La nota austriaca è in *DDI*, serie quarta, vol. XII, D. 612.

[17]   Tale risposta è in allegato al D. 679, ivi.

[18]   Tel. 797 di San Giuliano del 29 luglio 1914, ivi, D. 672.

servare territori serbi» [19].

Nonostante ciò, ancora il 30 luglio San Giuliano non aveva perduto tutte le speranze di realizzare il suo piano, e fece un estremo tentativo, convocando sia Flotow che Mérey, per dirgli che l'Italia non avrebbe potuto mostrarsi solidale con i suoi alleati se non avesse ottenuto «assicurazioni positive», se non fossero stati presi «accordi concreti»; in caso contrario, non ricorrendo il *casus foederis*, l'Italia avrebbe deciso «pro o contro la ... partecipazione alla guerra a tempo opportuno, secondo i [suoi] interessi» [20]. La mattina del 31 luglio, il Consiglio dei ministri, finalmente convocato, decise per la neutralità.

Questo esame, per quanto sommario, della documentazione italiana porta a concludere che durante la crisi del luglio 1914 San Giuliano ebbe costantemente di mira l'obbiettivo di cogliere l'occasione per ottenere il sospirato compenso del Trentino; e nei riguardi della Serbia questo significava, di conseguenza, accettare ch'essa cadesse preda dell'Austria.

3. – Il secondo punto sul quale desidero soffermarmi riguarda il binomio San Giuliano-Dalmazia. È opinione assai diffusa che San Giuliano fosse contrario alla richiesta della Dalmazia o quanto meno assai incerto sull'opportunità di formularla. A me pare invece che i documenti italiani portino a conclusioni alquanto diverse.

Nel «promemoria segretissimo» per il Re e per Salandra, che San Giuliano preparò il 9 agosto con uno schema delle condizioni alle quali l'Italia poteva schierarsi a fianco dell'Intesa, effettivamente non figurava la richiesta della Dalmazia [21]. Anzi San Giuliano la escluse specificamente nelle istruzioni che inviò l'11 agosto all'ambasciatore a Londra, Imperiali, scrivendogli che

---

[19] Tel. 822 e 832 di San Giuliano sul colloquio con Mérey del 29 luglio, ivi, DD. 754 e 791.
[20] Tel. 827, 831 e 832 di San Giuliano sui colloqui con Flotow e Mérey del 30 luglio, ivi, DD. 769, 778 e 791.
[21] Il testo del «promemoria segretissimo» è in *DDI*, serie quinta, vol. I, D. 151, dove però è errata l'intestazione del documento.

Sazonov l'aveva offerta a Carlotti [22] ma che «noi crediamo ... non ci convenga estenderci sino alla Dalmazia che è fuori dei confini geografici d'Italia» [23].

In via preliminare c'è da osservare che questa non era probabilmente né l'unica ragione di tale esclusione, né quella determinante. San Giuliano infatti, nonostante la minaccia, più volte formulata a Flotow, di fare la guerra all'Austria per ottenere dall'Intesa quei compensi che gli alleati non gli volevano accordare [24], era profondamente convinto che non convenisse tentare allora un negoziato con l'Intesa perché sperava ancora di avere dall'Austria quanto aveva chiesto. Anzi, per essere precisi, non voleva negoziare con nessuna delle due parti prima di almeno un mese dall'inizio delle ostilità, ritenendo che le indicazioni per il negoziato dovessero venirgli dallo sviluppo delle operazioni militari. Lo scrisse più volte a Salandra [25]. E il segretario generale De Martino renderà esplicito il senso di quest'attesa, precisando a Sonnino il criterio ispiratore della politica del suo predecessore con questa frase: «Alla fine del conflitto europeo l'Italia non può trovarsi dalla parte del vinto» [26].

Poiché Salandra era d'opinione diversa e propendeva fin dall'inizio verso un affiancamento all'Intesa [27], quando San Giuliano fu costretto a prevedere quest'ipotesi è probabile che abbia escluso la Dalmazia per non rendere quanto si chiedeva all'Intesa molto dissimile da quel che sperava d'ottenere dagli alleati, e dimostrare così l'inutilità del negoziato. Ma non voglio dare peso decisivo a considerazioni di questo tipo che, nell'attuale

---

[22] L'ambasciatore a Pietrogrado ne aveva riferito con i tel. 45 e 50 del 5 e 8 agosto 1914, ivi, DD. 65 e 133, ma la prima *avance* risaliva già al 29 luglio: vedi ivi, serie quarta, vol. XII, D. 728.

[23] Tel. 892 di San Giuliano, ivi, serie quinta, vol. I, D. 201.

[24] Il 30 luglio infine precisò «lealmente» a Flotow che da quel giorno la minaccia era esecutiva: tel. 831 di San Giuliano, ivi, serie quarta, vol. XII, D. 778.

[25] Lettere del 4 e 7 agosto 1914, ivi, serie quinta, vol. I, DD. 55, 117 e 119.

[26] Relazione di De Martino per Sonnino, 30 novembre 1914, ivi, vol. II, D. 311. Ma con parole meno brutali lo scrive lo stesso San Giuliano: vedi le sue lettere a Salandra del 7 e 12 agosto, ivi, vol. I, DD. 119 e 219.

[27] Tel. di Salandra ad Imperiali dell'8 agosto 1914 e lettera a San Giuliano del 13 agosto 1914, ivi, DD. 134 e 232.

fase delle conoscenze sul processo decisionale in corso a Roma, potrebbero apparire poco fondate. Certo è invece, perché emerge dallo stesso documento, che il contenuto del dispaccio dell'11 agosto non aveva per San Giuliano carattere definitivo, ma costituiva solo la base per un presondaggio sulle intenzioni dell'Intesa. E siccome queste erano già note, mi pare confermata la conclusione che le istruzioni ad Imperiali furono inviate non per aprire una trattativa ma per placare le insistenze di Salandra.

Il passo fatto eseguire a Londra, tuttavia, ebbe due conseguenze: l'una, possiamo dire prevista, di indicare la reticenza dell'Italia a schierarsi a fianco dell'Intesa; ed infatti Grey rifiutò di iniziare scambi di idee sulla base dell'«ipotetica eventualità» di un intervento italiano [28]. L'altra conseguenza fu quella di lasciare intendere che la Dalmazia non interessava all'Italia, visto che la si era esclusa dal novero delle richieste italiane, mentre figurava tra le offerte dell'Intesa. Questo fu un grave errore negoziale ed entro breve tempo San Giuliano si rese conto d'averlo commesso.

L'Intesa infatti prese buona nota della rinuncia italiana alla Dalmazia e si accinse a disporne diversamente. Questa tendenza fu presto conosciuta a Roma e San Giuliano reagì violentemente. Il 16 settembre scrisse ad Imperiali: «Dalle ultime conversazioni di Sazonov sembra sorgere una più grande aspirazione e pretesa slava sull'Adriatico, mentre nei primi telegrammi di Carlotti si faceva semplice riserva di uno sbocco alla Serbia nell'Adriatico ... Ora è noto a V.E. che la ragione fondamentale in forza della quale potrebbe l'Italia decidersi al sovvertimento di tutto il suo indirizzo di politica estera consiste appunto nella minaccia che ai suoi interessi adriatici risulta dalla politica austro-ungarica. Non potremmo dall'incubo della minaccia austriaca passare all'incubo della minaccia slava e per ciò ci occorrono chiare garanzie». E concludeva preannunciando una revisione delle condizioni indicate nel punto 3 (Trento e Trieste) delle istruzioni dell'11 agosto [29].

---

[28] Tel. 284 e 288 di Imperiali, ivi, DD. 223 e 269.
[29] Tel. 1040 di San Giuliano a Imperiali, ivi, D. 703. Nello stesso senso San Giu-

Per predisporre questa revisione chiese il 22 settembre a Imperiali, Tittoni e Carlotti [30] «come si consideravano gli interessi slavi nei riguardi della Dalmazia» nelle capitali dell'Intesa ed al ministro a Nish, Squitti, quali fossero «le aspirazioni serbe e le vedute di quel governo nei riguardi della Dalmazia e dell'Adriatico in generale» [31]. Poco dopo, informando Tittoni e Carlotti delle altre condizioni richieste – alle quali, per il punto 3, aveva già aggiunto: «dalla parte del mare il nostro confine arriverà *come minimo fino al Quarnaro*» – precisava: «A tale proposito gradirò conoscere il suo pensiero circa possibili nostre rivendicazioni in Dalmazia e se ci convenga sostenerle, tenendo presente il pericolo di futuri gravi conflitti cogli Stati slavi», e «se e quali isole della Dalmazia dobbiamo richiedere». Va rilevato infine che anche in questo dispaccio ripeteva l'ipotesi alla quale era legato l'intervento: qualora «l'Austria si dimostri incapace di mantenere l'equilibrio dell'Adriatico contro l'invadenza slava» [32].

Imperiali, che doveva rispondere solo alla prima richiesta, confermò brevemente la disposizione britannica a favorire le aspirazioni serbe [33], che Squitti laconicamente indicò in Bosnia, Erzegovina, Dalmazia, Croazia e Slovenia, precisando però che non si trattava ancora d'un programma ufficiale [34]. Dalla consultazione con Tittoni e Carlotti emersero due pareri diversi. Carlotti continuava a ritenere consigliabile un insediamento sulla costa dalmata, ma faceva presente che poteva ottenersi «mediante accordi in primo luogo con la Serbia»: espressione con la quale voleva far intendere che la Dalmazia non figurava più tra le offerte dell'Intesa. Quanto alle isole, il possesso di quelle prospicienti il litorale «da Zara a Spalato» era indicato come necessario se si fosse ottenuto il litorale corrispondente nel modo suddetto. Carlotti esprimeva anche qualche dubbio sulla possibilità

---

liano telegrafava ancora a Imperiali il giorno seguente: vedi ivi, D. 726.

[30] Tittoni era allora ambasciatore a Parigi e Carlotti a Pietrogrado.

[31] Tel. 1061 di San Giuliano, in *DDI*, serie quinta, vol. I, D. 776.

[32] Tel. 1066 di San Giuliano del 25 settembre 1914, ivi, D. 803.

[33] Tel. 350 da Londra del 24 settembre 1914, ivi, D. 785.

[34] Tel. da Nish del 24 settembre 1914, ivi, D. 788.

d'avere l'intera Dalmazia [35]. Tittoni invece era contrario a qualsiasi insediamento sul litorale dalmata, perché erano italiane
solo alcune città e si sarebbe creato un irredentismo slavo peri-
coloso per l'avvenire, mentre riteneva indispensabile il possesso, per ragioni strategiche, di quelle isole che fossero state desi-
gnate dallo Stato Maggiore della Marina. In compenso la Serbia
doveva lasciare all'Italia il litorale albanese [36].

San Giuliano scartò il suggerimento di Carlotti di negoziare
con la Serbia, come vedremo più avanti, ma non rimase convinto nemmeno dalle argomentazioni di Tittoni circa i pericoli insiti
nell'irredentismo slavo, e si tenne per il momento su una posizione possibilista che non escludeva un insediamento in Dalmazia. Nella revisione delle condizioni per l'intervento italiano, datata 4 ottobre, egli previde infatti che «la eventuale estensione di
acquisti italiani lungo la costiera dell'Adriatico dipende da elementi complessi che risulteranno dallo svolgimento della guerra
e dalla parte che vi avranno preso i singoli belligeranti. Perciò
sarebbe difficile determinarne i confini fin d'ora. Ma, con tale riserva, si deve stabilire *come minimo* che la frontiera sarà al
Quarnaro in modo da comprendere Trieste e l'Istria. Per il caso
che la frontiera fosse fissata al Quarnaro occorreranno speciali
stipulazioni a garanzia dell'elemento italiano di Fiume, di Zara e
di altre città dalmate». Quanto alle isole aggiungeva: «Si riserva a
ulteriore esame decidere quali isole della Dalmazia spetteranno
all'Italia. In ogni caso le spetteranno le isole istriane del Quarnaro e quelle che saranno giudicate necessarie dal punto di vista
strategico, nonché Pelagosa con isole dipendenti» [37].

Quest'ultima stesura delle istruzioni per Imperiali è sufficien-
temente indicativa del pensiero di San Giuliano da non richiedere molti commenti. Egli non escludeva affatto che l'Italia potesse
insediarsi in Dalmazia e non solo per motivi strategici, per i quali
sarebbe forse bastato il possesso delle isole – possesso che egli

[35] Tel. 89 da Pietrogrado del 28 settembre 1914, ivi, D. 827.
[36] Tel. 208 da Bordeaux del 28 settembre 1914, ivi, D. 834.
[37] Progetto di tel. di San Giuliano ad Imperiali, ivi, vol. II, allegato I al D. 164.

non metteva ora neppure in discussione – ma anche per ragioni etniche.

A fornire maggiori chiarimenti di quest'aspetto del modo con cui San Giuliano considerava il problema dalmata soccorrono altri documenti della raccolta italiana. Il 30 settembre telegrafò ad Imperiali: «Da qualche tempo si nota propaganda panslava tendente creare costà false opinioni circa pertinenza etnica di alcune regioni del litorale adriatico. Occorre provvedere efficacemente mediante contropropaganda»[38]. Imperiali fu di parere contrario in quanto, a suo giudizio, una tale contropropaganda sarebbe stata «prematura, inutile e lesiva dei nostri interessi», perché, egli scriveva, «a noi conviene mantenere indiscusse e considerare indiscutibili le nostre affermazioni sulla italianità di certe regioni, ora austriache, dal duplice punto di vista storico ed etnico»[39]. San Giuliano però rimase della sua idea e, dopo un articolo di Henry Wickham Steed a favore delle aspirazioni serbe, scrisse nuovamente ad Imperiali l'8 ottobre: «Articolo di Steed ... mi fa rilevare opportunità di far tornare a Londra prof. Cippico, il quale potrebbe pubblicare articoli circa gli interessi dell'Italia nell'Adriatico»[40]. E per rendersi pienamente conto di che cosa significasse il proposito d'inviare il prof. Antonio Cippico a Londra, occorre leggere gli articoli che questi, come irredento della Dalmazia, aveva scritto nel settembre sul «Giornale d'Italia». Imperiali espresse ancora parere contrario, accampando questa volta le difficoltà che il Cippico avrebbe potuto incontrare a Londra per la sua qualità di suddito austriaco[41].

La disputa con Imperiali fu interrotta, quattro giorni dopo, dalla morte di San Giuliano. Ma essa è oltremodo indicativa dell'evoluzione che stava continuando a subire il pensiero di San Giuliano nei riguardi della Dalmazia. Il fermarsi alla frase del dispaccio dell'11 agosto, per presentare l'opinione di San

---

[38] Tel. 1084 di San Giuliano, ivi, vol. I, D. 855.
[39] Tel. 360 da Londra del 2 ottobre 1914, ivi, D. 868.
[40] Tel. 1114, ivi, D. 919.
[41] Tel. 371 da Londra del 10 ottobre 1914, ivi, D. 927.

Giuliano circa la Dalmazia, mi pare quindi estremamente fuorviante.

4. – Un ultimo punto legato alla politica di San Giuliano appare meritevole d'attenzione: la sua indisponibilità a discutere le rivendicazioni italiane con la Serbia. I documenti italiani indicano che ci furono delle aperture e che egli le lasciò cadere.

Insieme al preciso suggerimento di Carlotti di negoziare con la Serbia per la Dalmazia – che, non ci vuol molto a supporlo, doveva essere stato ispirato da Sazonov – San Giuliano ricevette anche, alla fine di settembre, una sollecitazione diretta da Nish. Dopo aver riferito sulle rivendicazioni serbe, Squitti comunicava infatti il pensiero del governo serbo circa i possibili acquisti dell'Italia. La base del negoziato era dunque la seguente: se l'Italia fosse intervenuta subito, si sarebbe assicurata il possesso di Trento, Trieste, Gorizia e dell'Istria, partecipando in tal modo allo smembramento della Monarchia asburgica «sulla base del principio di nazionalità, sostenuto dall'intervento armato degli Stati interessati». Avrebbe inoltre preso parte alla spartizione dell'Albania, ottenendo Valona. Se invece fosse rimasta neutrale le sarebbe toccata solo Trento, perché Trieste, Gorizia e l'Istria sarebbero state reclamate dagli slavi, e non avrebbe avuto nemmeno Valona [42].

Non sembri contraddittorio che Trieste, Gorizia e l'Istria potessero essere italiane o jugoslave in base al principio di nazionalità, perché questo principio, come scriveva Squitti, doveva essere «sostenuto dall'intervento armato», ovverosia era la conquista militare che avrebbe fatto prevalere l'una o l'altra nazionalità. Lo stesso criterio insomma che San Giuliano adombra per la Dalmazia nel suo progetto del 4 ottobre.

A queste proposte, che, come si vede, contenevano già tutta la materia del contendere tra Italia e Serbia, San Giuliano rispose

---

[42] Tel. 111 da Nish del 28 settembre 1914, ivi, D. 837, da completare con le ripetizioni dello stesso ai DD. 912 e 924 e, per Valona, con il tel. 103 di Squitti del 19 settembre 1914, ivi, D. 745.

garbatamente, o forse ironicamente, che, essendo l'Italia neutrale, era «nell'impossibilità di trattare o concludere qualsiasi accordo anche preventivo colla Serbia che è belligerante»[43].

Un invito a trattare venne a San Giuliano anche da Steed. Nel dispaccio con cui Imperiali si dichiarava contrario a promuovere una campagna di contropropaganda a favore delle rivendicazioni italiane, l'ambasciatore riferiva il consiglio di Steed «di far chiamare segretamente a Roma il noto Supilo» e di «venire con lui a trattative per stabilire di comune accordo soluzione intricatissimo problema» dell'Istria e della Dalmazia[44]. San Giuliano non solo non raccolse il consiglio, ma, come si è visto, rimase dell'idea che occorresse contrastare le aspirazioni jugoslave su quelle terre.

Naturalmente, se non era in generale disposto a trattare con l'Intesa o con gli alleati prima che lo sviluppo delle operazioni militari avesse dato indicazioni circa il probabile vincitore, San Giuliano era ancora meno disposto a stabilire contatti con altri. Se tuttavia in un senso influirono, sia la propaganda e l'azione del movimento jugoslavo, sia la precisa conoscenza del punto di vista e dei propositi della Serbia, sull'atteggiamento di San Giuliano, fu mi pare nel senso di contribuire discretamente a portarlo sulle posizioni registrate nel progetto del 4 ottobre. Insomma, anche nel suo caso si può parlare di insensibilità o almeno di limitata sensibilità verso gli jugoslavi, come si è fatto per Sonnino!

5. – È tempo di toccare qualche punto relativo a quest'ultimo. Di interesse per i rapporti italo-serbi sono in grado di svilupparne tre: le origini della richiesta della Dalmazia ed il motivo che l'ha determinata; le tappe del negoziato ed il tentativo di farvi partecipare la Serbia; l'attribuzione di Fiume alla Croazia.

Prima vorrei però fare una premessa di ordine generale. Con l'assunzione del Ministero degli esteri da parte di Sonnino, il 5 novembre 1914, cambia totalmente lo stile ed il principio ispira-

---

[43]   Tel. 1104 del 6 ottobre 1914, ivi, D. 900.
[44]   Doc. citato nella nota 39.

tore della politica estera italiana rispetto al periodo San Giuliano. Sonnino non si propone più d'attendere il profilarsi d'un vincitore per porsi dalla sua parte alle migliori condizioni possibili, e di conseguenza non tende a tenere più o meno aperti i due negoziati, quello con gli alleati sui compensi in base all'art. 7, e quello con l'Intesa sulle condizioni dell'intervento. Non solo egli è convinto che questa via, che possiamo definire dei guadagni a buon mercato, porta a non ottenere nulla né da una parte né dall'altra; ma egli non sarebbe neanche in grado di seguirla – pure se ne vedesse dei vantaggi – a causa del suo carattere. Tanto era flessibile quello di San Giuliano e contorto il suo modo di procedere, quanto era rigido quello di Sonnino e lineare il suo modo di regolarsi.

Quod aliis licet, tibi non licet: era il suo motto e ad esso ispirò la sua politica. Ciò gli è valsa la critica di essere un uomo duro, chiuso e insensibile alla realtà esterna. Il che può essere in parte vero, ma si manca sempre d'aggiungere che tale carattere aveva pure i suoi risvolti positivi, d'essere egli uomo risoluto, affidabile e serio; e queste qualità costituirono un patrimonio grandemente apprezzato dai suoi interlocutori stranieri, ed anche da qualche italiano. «Inviandoti questo piccolo ma caratteristico ricordo della nostra guerra» (un distintivo austriaco con la scritta *Strafe dem treulosen Italien*), gli scrisse Bissolati nell'imminenza della vittoria, «voglio dirti – nonostante i contrasti che han potuto e potranno essere fra noi in alcune parti dell'opera per la quale fummo e siamo uniti – tutta la mia riconoscenza di italiano»[45].

Sonnino dunque partì dal principio che occorresse far chiarezza nella politica italiana, il che significava anzitutto non condizionare le decisioni agli sviluppi del conflitto ma fare delle scelte autonome, in rapporto all'obbiettivo da raggiungere. E questo restava il completamento dell'unità nazionale. Ora, se l'Austria-Ungheria era realmente disposta a cedere le sue provin-

---

[45] Lettera di Bissolati a Sonnino dell'11 ottobre 1918, in SIDNEY SONNINO, *Carteggio 1916-1922*, a cura di PIETRO PASTORELLI, Bari, Laterza, 1975, p. 354.

ce italiane, ovverosia a cederle entro un tempo definito e non all'imprevedibile termine del conflitto, avrebbe ottenuto in cambio una effettiva libertà d'azione per la sua guerra, liberandosi da ogni preoccupazione proveniente dal suo fianco Sud. Si sarebbe quindi scelta la politica della neutralità che sarebbe stata condotta con scrupolo e lealtà. Altrimenti, occorreva andarsi a conquistare ciò che l'Austria-Ungheria rifiutava di concedere, ma in questo caso il sacrificio della guerra doveva comportare non solo l'acquisto di tutte le terre italiane ma anche il conseguimento della sicurezza nell'Adriatico, non tanto verso l'Austria-Ungheria sconfitta quanto piuttosto nei confronti degli Stati slavi vittoriosi. Si sarebbe quindi optato per l'intervento a fianco dell'Intesa, concordandone le condizioni, affinché non sorgessero equivoci al momento della pace, e conducendo lo sforzo bellico con estremo impegno e fino in fondo con i nuovi alleati.

In termini pratici, il *modus operandi* di questa politica contemplava prima lo studio approfondito delle due possibilità, poi l'accertamento delle intenzioni austriache, e, infine, se non si fosse raggiunto l'accordo con Vienna, il negoziato con l'Intesa, condotto con l'intenzione di definire e non di mercanteggiare l'intervento. Questo schema fu strettamente seguito da Sonnino, salvo qualche breve sfasatura dovuta alle esitazioni e alle titubanze di Salandra, come dimostra l'intero carteggio fra loro che ho pubblicato.

6. – Venendo ora ai tre punti indicati, comincio dal primo: la Dalmazia.

Quando si insediò alla Consulta Sonnino già conosceva il progetto di San Giuliano del 4 ottobre e, a richiesta di Salandra, vi aveva fatto le sue osservazioni che, in tema di Dalmazia, erano due sole: qualche specificazione sulle garanzie per gli italiani di Dalmazia e, tra le isole, l'aggiunta di Pelagosa e Lissa [46]. La sua prima mossa fu di chiedere il parere della Marina sull'intero

---

[46] Sonnino a Salandra, ottobre 1914, in *DDI*, serie quinta, vol. II, allegato II al D. 164.

problema. Il ministro Viale rispose che il dominio dell'Adriatico dipendeva dal possesso della sua sponda orientale e delle molte isole che la fronteggiavano, ma che un programma minimo di sicurezza poteva realizzarsi con il controllo delle isole esterne che dall'Istria si estendono fino a Sebenico, più alcune isole del gruppo delle Curzolari [47]. Nell'esame della questione che fece il 28 novembre con Salandra e con Imperiali, Sonnino incluse nel progetto l'elenco delle isole chieste dalla Marina e, per parte sua, soppresse le garanzie per gli italiani di Dalmazia, perché avrebbero comportato analoghe garanzie per gli slavi esistenti negli acquisti italiani [48].

La richiesta della Dalmazia di terraferma, da Zara fino alla Narenta, compare per la prima volta il 27 dicembre, in un'annotazione del diario di Sonnino [49], e dal suo contesto appare che la relativa decisione d'includerla tra le condizioni dell'intervento fu presa proprio allora. Nelle istruzioni spedite ad Imperiali il 16 febbraio 1915 figurò all'art. 5 la formula: «Spetterà pure all'Italia la provincia di Dalmazia secondo l'attuale sua delimitazione amministrativa», accompagnata dall'elenco delle isole prospicienti e seguita dalla nota esplicativa che lasciava «impregiudicate le decisioni dell'Europa», a guerra finita, riguardo ai restanti territori della sponda orientale adriatica: da Volosca fino al confine settentrionale della Dalmazia, «nell'interesse pure dell'Ungheria e della Croazia», e dalla Narenta fino al Drin, «nell'interesse anche della Serbia e del Montenegro» [50]. Sonnino, in sostanza, immaginò una divisione della costa orientale adriatica in tre tronconi: il primo, da Volosca alla Dalmazia, destinato «alla Croazia sia che resti unita all'Austria-Ungheria sia che se ne distacchi»; il secondo, da Zara alla Narenta, all'Italia; il terzo, dalla Narenta al Drin, «alla Serbia e al Montenegro, che probabilmente si fonderanno o

[47] Lettera di Viale a Sonnino del 15 novembre 1914, in SONNINO, *Carteggio 1914-1916* ... cit., D. 44.
[48] Vedi ivi, D. 53.
[49] SONNINO, *Diario 1914-1916* ... cit., p. 54.
[50] Sonnino a Imperiali, 16 febbraio 1915, in *DDI*, serie quinta, vol. II, D. 816.

si consocieranno»[51]. All'Italia doveva anche andare parte delle isole prospicienti il primo e il terzo troncone.

Riguardo alle origini di queste richieste si deve anzitutto precisare che le esigenze strategiche della Marina sono chiaramente limitate alle isole. Né mi pare che le ragioni etniche vi abbiano avuto un peso determinante. La documentazione italiana indica che si è trattato, soprattutto per la terraferma, di un motivo squisitamente politico, consistente nel porre un limite preciso alle aspirazioni jugoslave. «... non varrebbe la pena di mettersi in guerra per liberarsi dal prepotente predominio austriaco nell'Adriatico», scrive Sonnino, «quando dovessimo ricadere subito dopo nelle stesse condizioni d'inferiorità e di costante pericolo di fronte alla lega dei giovani ambiziosi Stati jugoslavi»[52]. Salandra, più sinteticamente, scrive: «Non possiamo desiderare la surrogazione della rivalità con Serbia alla rivalità con Austria forse meno pericolosa perché vecchio Stato in decadenza»[53]. Che è poi lo stesso concetto espresso da San Giuliano il 16 settembre, le cui parole conviene qui ripetere per sottolineare la continuità di pensiero della Consulta a questo riguardo: «Non potremmo dall'incubo della minaccia austriaca passare all'incubo della minaccia slava e per ciò ci occorrono chiare garanzie»[54]. E mentre San Giuliano aveva lasciato nel vago, nel suo progetto del 4 ottobre, quanto si riferiva alla terraferma, rinviandone la definizione allo sviluppo delle operazioni militari, Sonnino volle essere chiaro anche su questo punto. Riesaminò il problema, documentandosi sulle offerte russe dell'agosto, che contemplavano la Dalmazia da Zara a Ragusa[55], trovò che esse erano eccessive e propose quella che, a suo giudizio, era un'«equa transazione».

Rispetto a quelle fatte presentare da San Giuliano il 12 agosto, le richieste di Sonnino risultavano certo accresciute, ed egli

---

[51] Tel. di Sonnino a Imperiali, 21 marzo 1915, ivi, vol. III, D. 164.
[52] Ivi.
[53] Salandra a Sonnino, 2 aprile 1915, ivi, D. 257.
[54] Tel. 1040 di San Giuliano, ivi, vol. I, D. 703.
[55] È testimoniato dal tel. di Sonnino a Imperiali del 12 marzo 1915, ivi, vol. III, D. 86.

ne espose chiaramente le ragioni a Grey nel memorandum del 4
marzo: «Nel partecipare alla guerra ci troveremo a fianco alcuni
compagni d'arme, certo stimabilissimi, ma che hanno, per qualche riguardo, interessi e ideali politici diversi e in parte perfino
opposti ai nostri. Onde c'incombe fin da ora il dovere di considerare i termini generali di una equa transazione sui punti più
controversi, determinando qual'è il minimo di concessioni a nostro favore che, pur dando qualche soddisfazione alle giustificate richieste altrui, basti a garantirci che, a guerra finita ..., le nostre speranze non abbiano a restare frustrate e deluse per effetto
della pressione che avessero ad esercitare a nostro danno quegli
stessi compagni al cui fianco avremmo combattuto ...»[56].

E da queste parole mi pare risulti che, oltre all'abitudine alla
chiarezza e alla precisione di Sonnino, abbiano influito a determinare un preciso limite alle aspirazioni jugoslave la forte campagna a favore di queste, la conoscenza della loro amplissima
estensione – elementi che già, come ho detto, avevano influen-
zato anche San Giuliano –, le pressioni ricevute [57], e, infine, il
modo di procedere dei serbi e degli anglo-franco-russi nella
questione albanese, proprio nel dicembre [58]. Ed infatti l'idea
della precisazione si afferma solo alla fine di quel mese, come si
è visto. Se si volesse fare ricorso ad un'espressione sintetica,
penso che si potrebbe parlare di una «crisi di fiducia» nella possibilità di riuscire a trovare poi un equo contemperamento fra le
reciproche esigenze. Questo naturalmente non vuol dire che il
rimedio alla crisi di fiducia trovato da San Giuliano, Sonnino e
Salandra fosse il migliore, ma qui premeva indicare qual'era la
situazione e come i protagonisti d'allora la fronteggiarono.

7. – Sul secondo punto, le tappe del negoziato e il tentativo
di farvi partecipare la Serbia, si può essere più sintetici.

---

[56] Ivi, vol. II, D. 816.
[57] Si veda, ad esempio, la lettera di Steed a Sonnino del 18 novembre 1914, in
SONNINO, *Carteggio 1914-1916* ... cit., D. 46.
[58] Si veda in proposito *DDI*, serie quinta, vol. II, DD. 359, 366, 370, 376, 405, 422
e 426.

Il negoziato si svolse brevemente dal 12 marzo al 14 aprile per la sua parte sostanziale e fu contrassegnato dalla rinunzia di Sonnino al litorale da Capo Planka alla Narenta, onde lasciare alla Serbia Spalato, oltre Ragusa [59], e dalla disputa sulla penisola di Sabbioncello e sulla neutralizzazione delle coste e delle isole, sulla quale si raggiunse l'accordo appunto il 14 aprile. Non potendone fare la storia completa, mi limito ad alcuni tratti salienti.

L'opposizione alla richiesta della Dalmazia nella sua primitiva estensione venne in misura pressoché uguale dalla Russia, come è noto, ma anche dalla Gran Bretagna, come è meno noto. «Con il primo ministro e con alcuni colleghi», disse Grey il 20 marzo, «fummo unanimi nel riconoscere che le proposte italiane non lasciano un adeguato sbocco al mare per gli jugoslavi o la Serbia» [60]. Per quanto riguarda la Russia in particolare, occorre notare che il suo appoggio alle ragioni dei serbi non giunse mai fino a punte di assoluta intransigenza. Lo si deduce sia dalle risposte che Londra dava a nome dell'Intesa, sia dai dispacci di Carlotti [61]. Infine è interessante osservare che se una delle ragioni che indussero Sonnino a ridurre talune delle richieste fatte è costituita dalla volontà di arrivare in ogni modo a concludere la trattativa, come si sapeva, un'altra è data dal desiderio di facilitare l'accordo dell'Intesa con la Bulgaria [62], considerata la grande importanza che, come si vedrà in seguito, egli attribuiva all'atteggiamento di quel paese in relazione alla sicurezza della Serbia.

Questo accenno ci porta al tentativo di far partecipare i serbi al negoziato. Nella nota di risposta dell'Intesa del 20 marzo si trova un invito indiretto in questo senso. «Le tre potenze», diceva la nota, «chiederebbero al governo italiano di riesaminare le sue esigenze riguardo [alla Dalmazia] e possibilmente di trovare il

---

[59] Tel. di Sonnino a Imperiali del 27 e 29 marzo 1915, ivi, vol. III, DD. 205 e 213.
[60] Tel. di Imperiali del 20 e 21 marzo 1915, ivi, DD. 161, 162 e 163 (p. 131 per la citazione).
[61] Tel. di Carlotti del 24 marzo e 6 aprile 1915, ivi, DD. 178 e 278.
[62] Tel. di Carlotti del 29 marzo, di Sonnino a Imperiali del 15 aprile e di Imperiali del 16 aprile 1915, ivi, DD. 216, 337 e 356.

modo di accertare i desiderata dei capi jugoslavi»[63]. Sonnino non rispose affatto ad Imperiali circa questo invito, ma occorre precisare che nel testo giunto a Roma era scritto «accettare» al posto di «accertare», e questo cambiava il senso della frase. Né da qualche segno sulla copia letta da Sonnino si può arguire che egli avesse scoperto l'errore. Grey comunque, di fronte alla riduzione della richiesta a Capo Planka, non ne parlò più.

Quella del negoziato diretto era, d'altra parte, un'idea di Sazonov, il quale, come s'è visto, l'aveva avanzata nel settembre 1914, più, si deve ritenere, per cavarsi d'impaccio di fronte al profilarsi di un accoglimento da parte italiana delle sue offerte circa la Dalmazia prima declinate, che per convinzione d'indicare il metodo migliore e più facile per un accordo. Sull'idea tornò con Carlotti alla fine di marzo, facendo intendere che, nel negoziato con l'Italia, l'Intesa desiderava «procurarsi un margine di compensi in favore della Serbia che renda meno ingrata a quest'ultima la progettata applicazione del trattato del 1912 per la Macedonia». Insomma, concludeva Carlotti, «risulta dalla suesposta considerazione che la Triplice Intesa deve ravvisare nella soluzione del problema dalmatico un interesse non soltanto serbo ma ben più esteso ed avente una portata su tutta la sua politica balcanica»[64]. E dal testo del dispaccio appare evidente che era stato Sazonov a far scivolare nel discorso il suggerimento di una trattativa diretta tra Italia e Serbia per la Dalmazia, con l'Italia in posizione di mediatrice nella disputa serbo-bulgara per la Macedonia.

Tre giorni dopo essere stato oggetto di questo *ballon d'essai*, Sonnino dovette ricevere l'incaricato d'affari serbo a Roma, Mihajlovic, dico dovette, perché si trattava della visita di congedo. Mihajlovic disse che l'Italia doveva «intendersi con la Serbia sulle questioni adriatiche», e che se si fosse riusciti a ciò le potenze dell'Intesa ne sarebbero state lietissime ed avrebbero accettato senz'altro le conclusioni cui i due paesi fossero pervenuti.

---

[63] Ivi, D. 161 (p. 131 per la citazione).
[64] Tel. di Carlotti del 29 marzo 1915, ivi, D. 216.

Mihajlovic precisò che «per poter trovare un componimento riguardo alla Dalmazia, occorreva» che l'Italia accogliesse «il principio di una fusione della Serbia con la Croazia». «Risposi», annota Sonnino, «convenendo sulla grande utilità della cosa, se ci si potesse arrivare. Ma vedevo infinite le difficoltà, per le troppe pretese ed illusioni di tutti» [65]. E con questa spiegazione del rifiuto di un contatto diretto mi pare che si torni al motivo di fondo che ho prima definito «crisi di fiducia».

8. – Passo infine all'attribuzione di Fiume alla Croazia nel Patto di Londra. Salandra se ne attribuisce la responsabilità nelle sue memorie, ma scrive «non saprei dire perché» avvenne [66], ed Aldrovandi Marescotti gli dedica un capitolo della sua *Guerra diplomatica* senza giungere a spiegarlo chiaramente [67]. Anche Sonnino, in quelle che, pubblicando il *Diario*, ho chiamato «annotazioni retrospettive» vi accenna per rimproverarsi («feci male», dice) d'aver accettato la modifica della frase iniziale della nota all'art. 5 del memorandum di Londra [68].

Esaminando i documenti si vede che si trattò di una questione del tutto marginale, sollevata a negoziato ormai concluso, mentre si predisponeva la traduzione francese del memorandum e sulla quale Sonnino fu d'accordo, non tanto per la fretta di arrivare ormai alla firma, come sembra indicare nelle sue annotazioni retrospettive, quanto perché riteneva che Fiume dovesse essere il «porto principale» della Croazia «sia che resti unita all'Austria-Ungheria sia che se ne distacchi» [69].

Ad ogni modo, la vicenda si svolse così. Il 21 aprile l'amba-

---

[65] SONNINO, *Diario 1914-1916 ... cit.*, p. 121.
[66] ANTONIO SALANDRA, *L'intervento (1915): Ricordi e pensieri*, Verona, Mondadori, 1930, p.195.
[67] LUIGI ALDROVANDI MARESCOTTI, *Guerra diplomatica: Ricordi e frammenti di diario (1914-1919)*, Milano, Mondadori, 1936, cap. II.
[68] SIDNEY SONNINO, *Diario 1916-1922*, a cura di PIETRO PASTORELLI, Bari, Laterza, 1972, p. 392.
[69] Tel. di Sonnino ad Imperiali del 21 marzo 1915, in *DDI*, serie quinta, vol. III, D. 164.

sciatore francese a Londra, Cambon, che curava la traduzione, chiese, a nome di Sazonov, che fosse modificato l'inizio della nota all'art. 5 sostituendo la «futura decisione dell'Europa» per l'attribuzione del litorale e delle isole dalmate con una decisione immediata delle quattro potenze a favore di Croazia, Serbia e Montenegro [70]. Nella formula di Sonnino era indicata, tra i futuri possibili beneficiari, anche l'Ungheria. Su questa base tutti gli esegeti del dopoguerra hanno scritto che Sonnino pensava di lasciare Fiume all'Ungheria.

Sennonché questa idea non c'era, come emerge chiaramente dalla frase su citata. La modifica chiesta da Sazonov e Cambon, da un punto di vista sostanziale, si riduceva ad accettare l'ipotesi, già prevista e accettata da Sonnino, che la Croazia si separasse dall'Ungheria, perché l'Ungheria era menzionata solo per l'altra ipotesi della permanenza dell'Unione. Sonnino non ebbe quindi motivo di non accoglierla, e lo comunicò subito il 22 aprile [71]. Tuttavia il giorno dopo ricevette da Carlotti la notizia che Sazonov si proponeva di fare una dichiarazione separata, con la quale avrebbe precisato che, dal canto suo, considerava i territori e le isole del litorale adriatico non attribuiti all'Italia come terre da ripartirsi tra la Croazia, la Serbia e il Montenegro [72]. Sonnino allora richiamò l'attenzione di Grey sul fatto che Sazonov si contentava di questa formula, ma non chiese esplicitamente che si tornasse a quella da lui proposta [73]. Grey replicò che Sazonov considerava la propria preferibile [74] e Sonnino confermò allora il suo assenso [75].

In conclusione, più che dell'assenso per l'attribuzione di Fiume alla Croazia, si trattò del consenso alla separazione della Croazia dall'Ungheria, che Sonnino non aveva mai pensato di negare. Quanto a Fiume, nell'«equa transazione» da lui proposta,

[70] Tel. di Imperiali del 21 aprile 1915, ivi, D. 414.
[71] Tel. di Sonnino ad Imperiali del 22 aprile 1915, ivi, D. 424.
[72] Tel. di Carlotti del 23 aprile 1915, ivi, D. 435.
[73] Tel. di Sonnino ad Imperiali del 24 aprile 1915, ore 12, ivi, D. 441.
[74] Tel. di Imperiali del 24 aprile 1915, ore 23,30, ivi, D. 454.
[75] Tel. di Sonnino ad Imperiali del 25 aprile 1915, ivi, D. 463.

era già previsto che fosse il principale porto della Croazia [76].

9. – Anche nell'ultima fase del periodo qui considerato, quella dal maggio all'ottobre 1915, i rapporti italo-serbi continuarono a costituire per l'Italia un aspetto particolare di un problema maggiore, quello della condotta militare e politica del conflitto a fianco dell'Intesa. Sotto il primo profilo meriterebbe di essere approfondita la partecipazione della Serbia al negoziato per la convenzione militare italo-russa del 21 maggio 1915 per le conseguenze che ebbe nel rapporto diretto tra i due paesi. Preferisco però lasciare l'argomento allo stato di segnalazione, per trattare l'altro profilo, quello politico, che mi risulta sia ancor meno conosciuto.

L'Intesa era, come è noto, impegnata, nell'estate del 1915, nel tentativo di dipanare la matassa balcanica per risolvere a suo favore la guerra, in quel settore, più con la diplomazia che con le armi, visto che queste si dimostravano impari al compito, sia perché i serbi non potevano altro che reggere una posizione difensiva, sia perché la spedizione ai Dardanelli non aveva prodotto gli effetti sperati. La situazione militare si era infine ancora più complicata con le sconfitte subite dalla Russia in Galizia e in Polonia.

La posizione chiave era occupata dal problema bulgaro. Poco dopo l'intervento italiano, il 29 maggio, l'Intesa aveva offerto alla Bulgaria, in cambio della sua partecipazione alla guerra contro l'Impero ottomano, la Tracia, fino alla linea Enos-Midia, e la parte di Macedonia riservata ai bulgari dal trattato serbo-bulgaro del 29 febbraio 1912, a condizione però che la Serbia ricevesse «equi compensi in Bosnia, in Erzegovina e sulla costa adriatica» [77].

L'istituzione di questo collegamento dichiarato tra il negoziato con la Bulgaria ed i futuri confini della Serbia si rivelò un erro-

---

[76] L'argomento è più ampiamente trattato nel capitolo 2.

[77] Nota dell'Intesa del 29 maggio, in *DDI*, serie quinta, vol. IV, Istituto Poligrafico dello Stato, Roma 1973, D. 54.

re disastroso per l'Intesa. Alle sue origini c'era la reazione serba al Patto di Londra. Il 4 maggio, con una nota ufficiale agli anglo-franco-russi, i serbi avevano violentemente protestato per i sacrifici che il negoziato con l'Italia stava imponendo alle aspirazioni jugoslave [78]. La prima risposta dell'Intesa era stata alquanto dura, ma molto realista, laddove aveva sottolineato che quanto la Serbia avrebbe ottenuto, al termine del conflitto, andava molto al di là delle possibilità del suo esercito, e che quindi l'avrebbe potuto ottenere solo in virtù dei successi militari dei suoi alleati maggiori [79].

Sennonché questo atteggiamento era stato poi modificato, per motivi che qui tralascio, nel senso di passare dalla durezza alla persuasione, la cui prima manifestazione fu appunto la nota del 29 maggio alla Bulgaria, che dava una precisa carta in mano alla diplomazia serba, ma che fu anche fonte di una pericolosa illusione per la Serbia. Questa, infatti, intese il collegamento istituito dalla nota del 29 maggio tra gli acquisti della Bulgaria ed i compensi per sé come una risposta positiva alla parte costruttiva della sua nota del 4 maggio, con la quale si chiedeva in pratica un accordo con l'Intesa circa i suoi futuri confini. L'occasione, insomma, se mi si passa l'espressione, per stipulare il «suo patto di Londra».

Quando Sonnino si rese conto di ciò, nel giugno, intervenne in maniera energica e pesante. La documentazione italiana consente di affermare con precisione che Sonnino non era contrario al fatto in sé che la Serbia tentasse di fare quanto l'Italia stessa aveva fatto. Egli contestava che la Serbia potesse farlo allora, non avendo, a suo giudizio, né la forza politica, né una situazione militare favorevole per farlo. Quando l'Italia aveva negoziato, il suo contributo allo sforzo bellico era desiderato, si trovava in posizione di neutralità, né correva alcun pericolo di natura militare. La Serbia, al contrario, era già belligerante – e non poteva certo cambiare fronte –, cominciava ormai a rap-

---

[78] Toscano, *La Serbia e l'intervento in guerra dell'Italia* ... cit., pp. 44-45.
[79] Le risposte dei tre governi ivi, pp. 47-49.

presentare un peso per l'Intesa, e, soprattutto, poteva correre seri pericoli al fianco sud-orientale se l'Intesa non fosse riuscita a risolvere il problema bulgaro. Per l'economia generale del conflitto nei Balcani, ma anche per la stessa sicurezza della Serbia, era questo l'elemento che più preoccupava Sonnino.

Insieme alla nota del 4 maggio all'Intesa, il governo serbo aveva fatto giungere le sue vivaci proteste anche a Roma [80]. Sonnino aveva fatto sapere a Pasic che l'Italia avrebbe proceduto d'accordo con le altre potenze dell'Intesa «senza alcuno spirito di intransigenza, ma con lo scopo di contemperare, nel miglior modo possibile, gli interessi dell'Italia e della Serbia nell'Adriatico», e che si riprometteva «di potere procedere nell'avvenire in perfetto accordo con lei per fini di politica comune» [81]. E quando, pochi giorni dopo, era sembrato che Pasic potesse dimettersi, aveva telegrafato a Squitti: «È nostro interesse che Pasic non lasci il potere ed è nostro interesse facilitargli il compito. V.S. potrà dichiarargli che le affermazioni del Comitato italiano pro Dalmazia ... non corrispondono affatto al pensiero del R. Governo che vuole i buoni rapporti con la Serbia e perciò terrà sempre conto in equa misura delle sue aspirazioni ed interessi» [82]. Pasic aveva espresso soddisfazione per queste dichiarazioni, ma aveva chiesto che si giungesse subito ad un accordo italo-serbo sulle reciproche aspirazioni [83].

Sonnino, in linea con il primitivo atteggiamento dell'Intesa, aveva lasciato cadere la richiesta, ma, all'atto dell'entrata in guerra, tenne ad assicurare al governo di Sofia che «l'Italia desidera sovrattutto accordi durevoli e cordialità di relazioni tra gli Stati balcanici, e che quando, come desideriamo e speriamo, la Serbia possa, in seguito alla presente guerra, ingrandirsi con la Bosnia e Erzegovina ed avere accesso all'Adriatico, non avremmo assolutamente nulla da obiettare alla cessione della Macedonia alla

---

[80] Tel. di Squitti del 3 maggio 1915, in *DDI*, serie quinta, vol. III, D. 553.
[81] Tel. di Sonnino a Squitti del 5 maggio 1915, ivi, D. 574.
[82] Tel. di Sonnino a Squitti dell'8 maggio 1915, ivi, D. 623.
[83] Tel. di Squitti del 10 maggio 1915, ivi, D. 645.

Bulgaria come mezzo di pacificazione tra i due Regni»[84]. Già da questo dispaccio, che pure anticipava in termini generici il contenuto della nota dell'Intesa alla Bulgaria del 29 maggio, si vede che Sonnino impostava il problema degli acquisti territoriali della Serbia e della Bulgaria in termini di parallelismo più che di condizionamento dell'uno all'altro, come avvenne in quella nota, che pure approvò.

La Bulgaria, dopo le esperienze fatte nella seconda guerra balcanica in parte per sua colpa in parte per l'avidità di suoi ex soci, e resa forte dalla favorevole situazione politica e militare, rispose il 15 giugno non dichiarandosi soddisfatta di promesse condizionate[85]. E Sonnino fu informato direttamente dal rappresentante bulgaro di quanto il governo di Sofia desiderava: «garanzie magari segrete da darsi dalle potenze per una messa in possesso della Bulgaria nei territori promessi alla fine della guerra»[86].

Questa richiesta parve a Sonnino ragionevole e soprattutto appropriata allo scopo da raggiungere: ottenere il coinvolgimento della Bulgaria al fianco dell'Intesa, e se ne fece portatore con gli alleati. Ne parlò subito all'ambasciatore russo, Giers, facendogli un'analisi della situazione che meriterebbe di essere riportata integralmente per la sua lucidità. Il punto essenziale del negoziato era, per Sonnino, «calmare le diffidenze» bulgare. «La Bulgaria», egli disse, «teme sostanzialmente che a guerra finita le promesse delle potenze ... restino lettera morta per effetto dell'ostinata opposizione della Serbia e della Grecia e della nessuna disposizione delle potenze stesse di adoperare la forza per mettere a dovere l'una o l'altra. Essa teme di dovere, a guerra finita, trovarsi nel bivio o di muovere essa sola in campo contro la Serbia e la Grecia, riunite per sloggiarla dalla Macedonia, e dalla regione di Kavala, e ciò con l'esercito suo già esausto dalla lunga

---

[84] Tel. di Sonnino a Cucchi Boasso del 24 maggio 1915, ivi, vol. IV, D. 2.

[85] ALBERT PINGAUD, *Histoire diplomatique de la France pendant la grande guerre*, vol. II, *Les alliances et les interventions*, Paris, Alsatia, s. d. (ma 1940), p. 38.

[86] SONNINO, *Diario 1914-1916* ... cit., pp. 167-168 (29 giugno 1915).

e ardua campagna contro i turchi, oppure di dover rinunziare all'acquisto di quelle province»[87].

La proposta di Sonnino non fu accolta da inglesi, francesi e russi, i quali nel frattempo avevano optato, come ho detto, per la politica della persuasione nei confronti della Serbia. Il che portava inevitabilmente alla instaurazione di un negoziato, quello che ho chiamato per «un patto di Londra» della Serbia, senza sbocco e pericolosissimo. Infatti, da un lato, non c'era offerta territoriale che potesse indurre il governo di Nish a rinunziare alla Macedonia; perché era impossibile soddisfare tutte le aspirazioni delle forze politiche interne e di quelle dell'emigrazione. Non si dimentichi che i memoriali di Supilo prevedevano uno Stato di 14 milioni di abitanti – e quindi con minoranze italiane, tedesche, magiare e rumene per un milione e 300 mila – per dare l'indipendenza a tutti i 12 milioni e 700 mila jugoslavi[88]. E, dall'altro, l'alternativa alla conclusione dell'accordo era costituita dal vedere piombare i bulgari alle spalle dei serbi.

Si delineò quindi un aperto dissenso tra Sonnino ed i suoi colleghi dell'Intesa sul problema bulgaro, che si mutò in aspra controversia quando, dopo le note dell'Intesa del 3 agosto a Bulgaria, Serbia e Grecia[89], la logica del negoziato portò inglesi, francesi e russi, per ottenere il consenso serbo alla cessione della Macedonia, a cercare d'aumentare le offerte alla Serbia, passando dalla semplice comunicazione in linea generale di quanto nel Patto di Londra la riguardava direttamente, come Serbia, ad indicazioni e promesse maggiori sul futuro Stato jugoslavo. Il contrasto fu tanto aspro, nella prima metà di agosto, che Sonnino si dissociò dalla risposta comune, data il 15 agosto, ai quesiti di Pasic, e fece presentare una nota separata nella quale non figurava la promessa della Slavonia[90].

In questa disputa ciò che lo irritava più della divulgazione e

---

[87] Ivi, pp. 169-170 (30 giugno 1915).
[88] VALIANI, *La dissoluzione dell'Austria-Ungheria* ... cit., pp. 161-162.
[89] PINGAUD, *Histoire diplomatique* ... cit., pp. 43-44.
[90] Si vedano in particolare i tel. di Sonnino dell'11, 12, 13, 16 e 17 agosto 1915, in *DDI*, serie quinta, vol. IV, DD. 570, 575, 580, 602 e 606.

del superamento del Patto di Londra – cui era naturalmente sen-
sibilissimo – era l'inutilità degli sforzi dell'Intesa in rapporto al-
l'obiettivo di risolvere il problema bulgaro. E il 18 agosto, dopo
un violento scontro, attraverso l'ambasciatore Rodd, con Grey,
avanzò nuovamente e in modo formale la sua proposta di «fare
collettivamente una netta e solenne dichiarazione a Sofia che le
quattro potenze garantivano alla Bulgaria il possesso della Macedonia (come nel trattato del 1912) al termine della guerra»[91].
Nemmeno questa volta essa fu accolta, finché la replica serba
del 1° settembre, che poneva in campo nuovi quesiti, rese chiaro
a Grey, Delcassé e Sazonov che battevano una via sbagliata.
    La richiesta bulgara era rimasta praticamente senza risposta –
giacché tale non era quella del 3 agosto – da un mese e mezzo, e
il governo di Sofia, dopo una certa attesa, aveva cominciato a
stringere con gli austro-tedeschi: i tempi di questo negoziato[92]
dimostrano che ancora, intorno al 20 agosto, l'Intesa aveva un
margine per non perdere la partita.
    Dopo un ultimo violento rabbuffo di Sonnino[93], Grey gli
fece comunicare il 4 settembre non l'accoglimento della sua proposta, ma l'iniziativa britannica di una proposta identica alla sua.
Sonnino non stette a sottilizzare, e dette subito la sua adesione[94]; ma ci vollero ben dieci giorni finché la nota non fu definitivamente concordata e presentata a Sofia. Il 6 settembre, come è
noto, la Bulgaria si era già accordata con gli Imperi centrali e
s'era impegnata ad attaccare la Serbia entro trentacinque giorni,
come puntualmente fece.
    Quando, il 21 settembre, trapelarono le notizie della mobili-
tazione bulgara, cominciarono anche a piovere sull'Intesa le richieste di aiuto della Serbia. Già il 15 settembre, percependo
l'aggravarsi della situazione, Pasic aveva confidato a Squitti che
«solamente un intervento di parecchi corpi d'armata dei nostri

---

[91] SONNINO, *Diario 1914-1916 ...* cit., pp. 208-209 (18 agosto 1915).
[92] Lo si può seguire in C. MÜHLMANN, *Der Eintritt Bulgariens in den Weltkrieg
Herbst 1915*, in «Berliner Monatshefte», Oktober 1935, pp. 829-844.
[93] Tel. di Sonnino del 3 settembre 1915, in *DDI*, serie quinta, vol. IV, D. 705.
[94] SONNINO, *Diario 1914-1916 ...* cit., p. 215 (4 settembre 1915).

alleati» poteva salvare la Serbia. Se esso è impossibile, aveva aggiunto, «si compia il destino»[95]. Il 22 settembre ne fece richiesta formale ai quattro rappresentanti dell'Intesa a Nish [96]. Ma anche il ministro serbo a Roma, Ristic, nonostante la ruggine che s'era accumulata sui rapporti italo-serbi, chiese direttamente aiuto a Sonnino. Questi rispose che si sarebbe consultato con gli alleati, e sappiamo che poi l'appello dei serbi fu accolto. Ma sul momento non si trattenne dal dire che deplorava che «la risposta data dalla Serbia al passo fatto presso di lei dalle potenze avesse cagionato a queste grande imbarazzo nell'esercitare un'azione efficace presso la Bulgaria, facendo perdere un tempo prezioso»[97].

Il rimprovero era in quel momento assai inappropriato, sia perché chiudeva con un gesto ingeneroso una politica di vera e sostanziale sollecitudine per la sicurezza della Serbia, sia perché doveva essere quasi esclusivamente indirizzato agli alleati dell'Intesa, che di quell'errore erano stati gli artefici. Ma c'è anche da dire che la proposta italiana non era stata considerata in tutto il suo valore perché fin da allora erano divenuti difficili i rapporti tra l'Italia e i suoi alleati a causa della mancata dichiarazione di guerra alla Germania. Ma di ciò, come i documenti dimostrano, Sonnino non aveva colpa.

---

[95] Tel. di Squitti del 15 settembre 1915, in *DDI*, serie quinta, vol. IV, D. 751.
[96] Tel. di Squitti del 22 settembre 1915, ivi, D. 786.
[97] SONNINO, *Diario 1914-1916* ... cit., pp. 224-225 (23 settembre 1915).

2.

FIUME E IL PATTO DI LONDRA

1. – Al tempo della Conferenza della pace, nella vivace polemica sulla questione adriatica ed in particolare sulla sorte di Fiume, fu rimproverato agli autori del Patto di Londra di non avere incluso l'«italianissima» città nell'elenco delle richieste italiane, ed anzi d'averne positivamente accettato in quel documento l'attribuzione alla Croazia. Il rimprovero si fece particolarmente aspro fino a divenire accusa di tradimento della nazione italiana da parte dei nazionalisti più accesi; ma anche nell'espressione dei più moderati la critica risultò assai dura. Disse Giolitti, nel noto discorso di Dronero: «È doloroso al cuore di ogni italiano il rifiuto di riconoscere all'italiana città di Fiume di ricongiungersi alla madre patria ... La responsabilità risale senza dubbio a quel ministero che nel Patto di Londra del 26 aprile 1915 scrisse la triste clausola nella quale è dettato espressamente che Fiume deve essere data ai croati». E aggiunse: «Nessun argomento per negare Fiume all'Italia avrebbe potuto trovare il presidente Wilson che fosse così forte come la esplicita adesione del governo italiano a consegnarla ai croati»[1].

Effettivamente, per strano che possa sembrare da parte di chi misconosceva l'assetto adriatico previsto dal Patto di Londra, anche Wilson usò per Fiume quest'argomento [2] come facevano,

---

[1] GIOVANNI GIOLITTI, *Discorsi extraparlamentari*, Torino, Einaudi, 1952, pp. 304-305.

[2] L'affermò nella seduta del Consiglio dei Quattro del 20 aprile 1919: lo riferi-

ma loro con fondamento, Lloyd George e Clemenceau quando affermavano di voler rispettare i loro impegni sia verso l'Italia che verso la Croazia assegnandole quindi Fiume. I due accusati sono dunque Salandra e Sonnino. Perché compresero Fiume nel Patto di Londra solo per sancirne l'attribuzione ad altri? Salandra nelle sue memorie non elude l'interrogativo: «Sonnino ed io», scrive, «non possiamo esimerci dalla responsabilità per l'abbandono di Fiume» e spiega che ciò avvenne perché si ritenne che l'Ungheia, o, in caso di separazione, la Croazia, dovesse avere uno sbocco al mare per le esigenze commerciali della sua popolazione. Avevano peraltro perfetta coscienza che si trattava di una città a maggioranza italiana. «Sentimmo», scrive, «che era il nostro un sacrifizio; ma deliberatamente reputammo di doverlo fare per conseguire d'altra parte il non disputabile predominio militare» nell'Adriatico attraverso l'acquisizione del tratto di Dalmazia da Zara a Sebenico e le isole dalmate. Ma precisa che il progetto italiano dell'accordo di Londra, se conteneva l'indicata rinunzia, non ne contemplava l'assegnazione alla Croazia: la decisione in proposito veniva rinviata alla fine della guerra. «Non saprei dire perché», conclude, questa formula fu mutata in quella compresa nel testo finale [3].

A sciogliere questo secondo interrogativo si cimenta, in un capitolo delle sue memorie, Aldrovandi Marescotti, che di Sonnino era stato il principale collaboratore come capo di gabinetto. «Sono in grado», egli scrive, «di dare particolari» su questo perché. «Dalla trascrizione di taluni frammenti del mio diario a ciò relativi», spiega, «si vedrà come la redazione della proposta

scono, sia pure in modo vario, tutti e tre i verbali esistenti: di Aldrovandi Marescotti (LUIGI ALDROVANDI MARESCOTTI, *Guerra diplomatica: Ricordi e frammenti di diario (1914-1919)*, Milano, Mondadori, 1936, p. 245); di Hankey (in *Papers relating to the Foreign Relations of the United States, 1919: The Paris Peace Conference*, vol. V, Washington, United States Government Printing Office, 1944, p. 99); di Mantoux (PAUL MANTOUX, *Les délibération du Conseil des Quatre (24 mars-28 juin 1919)*, Paris, Editions du Centre National de la Recherche Scientifique, 1955, vol. I, p. 296).
[3] ANTONIO SALANDRA, *L'intervento (1915): Ricordi e pensieri*, Verona, Mondadori, 1930, pp. 194-195.

italiana che lasciava "impregiudicate le decisioni dell'Europa, a guerra finita" per taluni territori adriatici, compreso Fiume, fu, all'ultimo momento, e quasi di sorpresa, radicalmente alterata. La nuova redazione dichiarava infatti che quei territori adriatici, compreso Fiume, "sarebbero stati attribuiti dalle quattro potenze" alla Croazia, alla Serbia e al Montenegro». E imputa il mutamento all'ambasciatore di Francia a Londra Paul Cambon «il quale sembrò oltrepassare lo stesso desiderio espresso su tale punto dal ministro degli esteri russo Sazonov»[4]. Sennonché i frammenti di diario che riporta a sostegno di questa affermazione la suffragano solo parzialmente. Ma la cosa più interessante è che tali frammenti altro non sono che un largo riassunto della corrispondenza ministeriale relativa all'argomento, come si può constatare ora che essa è tutta consultabile e pubblicata[5].

2. – Che cosa risulta dunque da questa documentazione? Si può dire, riassuntivamente, che a Fiume si pensò; che ne fu scartata la richiesta ritenendo la città fuori dal confine geografico naturale d'Italia; che l'incertezza sul futuro assetto politico della zona portava a rinviare la decisione sull'attribuzione di Fiume a fine guerra; ma che, di fronte alla richiesta russa di dare per scontato che l'Austria e l'Ungheria dovessero lasciare tutte le terre adriatiche, si accettò di precisare che quanto non andava all'Italia sarebbe stato attribuito a Croazia, Serbia e Montenegro.

Cominciamo dal primo punto. A Fiume si pensò. Per semplificare l'esposizione occorre premettere che il documento presentato a Londra il 4 marzo 1915 con le richieste italiane su cui si negoziò il Patto ebbe una lunga gestazione che si può riassumere nelle tre stesure del periodo San Giuliano (11 agosto, 25 settembre e 4 ottobre 1914) e nelle due del periodo Sonnino (28 novembre 1914 e, quella finale, 16 febbraio 1915)[6]. Il caso di

---

[4] ALDROVANDI MARESCOTTI, *Guerra diplomatica* ... cit., pp. 63-64.
[5] *I documenti diplomatici italiani*, serie quinta, voll. I, II e III, Roma, Istituto Poligrafico dello Stato, 1954, 1984 e 1985; SIDNEY SONNINO, *Carteggio 1914-1916*, a cura di PIETRO PASTORELLI, Bari, Laterza, 1974.
[6] I loro testi sono rispettivamente in *DDI*, serie quinta, vol. I, DD. 201 e 803;

Fiume e delle città italiane della costa dalmata fu considerato
nella terza e nella quarta stesura in base al criterio seguito per
determinare le richieste terrestri, che fu quello del «confine naturale», ch'era il criterio cui si atteneva il mondo politico fin dal
tempo dell'Unità. E per confine naturale s'intendeva non la linea
puramente etnica, ma la linea etnico-geografica di quella che i
geografi chiamano la regione italiana. In breve, la linea della
displuviale alpina dalle Alpi Marittime alle Alpi Giulie, in quanto
si riteneva che solo appoggiando il confine sulla barriera alpina
si sarebbe ottenuta per la nazione italiana una frontiera sicura,
cioè ben difendibile; si sarebbero potute chiudere «le porte di
casa», come allora usava dire.

Naturalmente questo criterio comportava sacrifici al principio etnico, ma non si consideravano possibili delle eccezioni se
non nel caso della Svizzera, amica e neutrale, verso la quale si
accettò una frontiera ormai consolidata storicamente che lasciava a questa gli italiani del Ticino e della Val di Poschiavo, e non
si pensò mai, ad eccezione del tardo tempo fascista, al Gottardo
e al Bernina. Verso la Francia, invece, il confine del trattato di
Torino del 24 marzo 1860 [7] seguiva strettamente la displuviale
alpina con sacrificio, com'è noto, degli italiani del Nizzardo e dei
francesi della Val d'Aosta. Lo stesso dicasi per il confine nord-
orientale. Del necessario sacrificio dei tedeschi del Sudtirolo ne
scrisse anche Mazzini nel 1866 [8]. Un problema sorgeva, e fu discusso, per l'estremo limite delle Alpi Giulie dove l'attenuarsi dei
rilievi dopo il Monte Nevoso lasciava alquanto incerta la linea
della displuviale alpina potendo essa estendersi fino al passo
Vrata scendendo al mare, nel Vallone di Buccari, a sud-est di
Fiume, oppure tagliare dritto da quel monte verso il mare fino

---

SONNINO, *Carteggio* ... cit., pp. 52-57 e 77-78; *DDI*, serie quinta, vol. II, D. 816.

    [7] VITTORIO ADAMI, *Storia documentata dei confini del Regno d'Italia*, vol. I, *Con-
fine italo-francese*, Roma, Poligrafico per l'Amministrazione della Guerra, 1919, pp.
340-342 e 11-75; ERSILIAGRAZIA SPATAFORA, *Le frontiere dell'Italia*, Milano, Giuffrè,
1979, pp. 32-36.

    [8] GIUSEPPE MAZZINI, *Scritti politici*, Torino, Unione Tipografico-Editrice Torinese,
1972, p. 981 (l'articolo sulla pace di Vienna).

all'insenatura di Volosca. La scelta cadde su questa seconda ipotesi perché, in mancanza di una linea geografica che desse sicurezza, Fiume risultava abbastanza lontana dalle ultime cittadine italiane dell'Istria orientale. E fu una scelta non facile. Nella terza stesura (l'ultima di San Giuliano) si legge infatti: «Da questo punto [il passo d'Idra] verso sud correre con andamento generale di sud est verso lo Schneeberg lasciando oltre il confine tutto il bacino della Sava e dei suoi affluenti. La eventuale estensione di acquisti italiani lungo la costiera dell'Adriatico dipende da elementi complessi che risulteranno dallo svolgimento della guerra e dalla parte che vi avranno preso i singoli belligeranti. Ma, con tale riserva, si deve stabilire, come minimo, che la frontiera sarà al Quarnero in modo da comprendere Trieste e l'Istria. Per il caso che la frontiera fosse fissata al Quarnero occorreranno speciali stipulazioni a garanzia dell'elemento italiano di Fiume, di Zara e di altre città dalmate»[9]. Quindi, costa dalmata a parte, c'è ancora incertezza tra i due tracciati e, per il caso che si decida per Volosca, c'è, per Fiume, la previsione di uno statuto d'autonomia, diremmo in termini attuali.

Sonnino esaminando questo testo osservò: «Dove si parla di frontiera del Quarnero come minimo, ... converrebbe ... indicare fin dove si intende che si estenda il confine, lasciando fuori Fiume». E aggiunse: «Occorrerebbe qualche cenno sulle speciali garanzie che si richiederebbero per gli italiani di Fiume, di Zara ecc.»[10]. Sonnino è dunque per la linea di Volosca per la suddetta ragione e della stessa opinione è anche Tittoni[11]. Salandra condivide quest'opinione e scrive al segretario generale De Martino: «Occorrerebbe, anche a soddisfazione dell'opinione pubblica italiana sulla quale gli italiani di Fiume e di Dalmazia, per quanto scarsi, avrebbero presa, specificare un po' meglio queste garanzie, per esempio aggiungendo le parole: "specialmente per ciò che si attiene alle autonomie comunali e alla difesa della cultura

---

[9] SONNINO, *Carteggio* ... cit., pp. 53-54.
[10] Ivi, p. 60.
[11] Tittoni a Sonnino, 23 marzo 1915, in *DDI*, serie quinta, vol. III, D. 172.

e della lingua italiana mediante le istituzioni scolastiche così governative e municipali come private"»[12]. Prima però di prendere una decisione definitiva, si interpellò lo Stato Maggiore che fornì una risposta positiva per la linea di Volosca prima della riunione del 28 novembre dalla quale venne la quarta stesura. Non ho fatto ricerche nell'archivio dello Stato Maggiore, ma lo si deduce in modo inequivoco dalla seguente nota di Sonnino sulla riunione: «esaminare se non gioverebbe inserire una formula che parlasse dei "confini geografici naturali dell'Italia" e se questa abbraccierebbe quelli qui specificati dallo Stato Maggiore»[13]. Lo Stato Maggiore quindi si pronunciò, con buona pace di quanto afferma Cadorna nelle sue memorie[14]; e si pronunciò per Volosca come estremo limite orientale del confine geografico naturale d'Italia. E questa definizione, con l'indicazione dei punti che la traducevano sul terreno dal Pizzo Umbrail fino a Volosca compresa, figurò nella stesura definitiva del 16 febbraio. Il criterio fu seguito tanto strettamente che furono escluse, perché situate al di là dello spartiacque, la conca di Sesto e quella di Tarvisio, che pure erano nodi stradali importanti. Fin dalla stesura del 28 novembre erano state invece eliminate le garanzie per l'italianità di Fiume perché il console a Trieste, Galli, spiegò, in una relazione che ancora non sono riuscito a trovare, che «ci esigerebbe corrispondenti garanzie per gli slavi che resterebbero conglobati nei possedimenti italiani», scrive Sonnino sintetizzandola[15].

3. – Ci restano da vedere gli altri due punti cui si è sopra accennato, quelli relativi all'assegnazione di Fiume alla Croazia. Questa è legata alla richiesta della Dalmazia che compare nella quinta e ultima stesura e non viene introdotta da Sonnino per puro spirito imperialista di conquista, come si continua a soste-

---

[12] Sonnino, *Carteggio* ... cit., p. 58.
[13] Ivi, p. 77.
[14] Luigi Cadorna, *La guerra alla fronte italiana fino all'arresto sulla linea del Piave e del Grappa*, Milano, Treves, 1921, vol. I, p. 68.
[15] Sonnino, *Carteggio* ... cit., p. 77.

nere trascurando le fonti [16], ma esclusivamente per la ragione politica di porre un limite alle aspirazioni jugoslave garantendo all'Italia il predominio dell'Adriatico. E in ciò Sonnino non fece altro che proseguire un ragionamento che aveva già iniziato San Giuliano, come ho dimostrato in altra occasione [17]. Non ci torno sopra perché, ai nostri fini, interessa solo ricordare, da un lato, che la Russia, nell'agosto 1914, per ottenere l'intervento italiano aveva offerto, tra l'altro, la Dalmazia «da Zara a Ragusa», e, dall'altro, che Sonnino limitò la richiesta da Zara alla Narenta, cioè alla provincia di Dalmazia vera e propria (diceva il testo: «secondo l'attuale sua delimitazione amministrativa»), sia perché in sé sufficiente allo scopo, sia perché rimanesse spazio per uno sbocco al mare per la Croazia a nord e per la Serbia e il Montenegro al sud, onde realizzare un'«equa transazione». Il punto è ben chiarito da Sonnino stesso in due testi che furono già in gran parte pubblicati da Salandra nelle sue memorie [18].

Il primo è costituito dalle spiegazioni che Imperiali doveva fornire a Grey in merito alle richieste italiane. Scrive Sonnino: «Nel partecipare alla guerra ci troveremo a fianco alcuni compagni d'arme, certo stimabilissimi, ma che hanno, per qualche riguardo, interessi e ideali politici diversi e in parte perfino opposti ai nostri. Onde c'incombe sin da ora il dovere di considerare i termini generali di una equa transazione sui punti più contrastanti, determinando qual'è il minimo di concessioni a nostro favore che, pur dando qualche soddisfazione alle giustificate richieste altrui, basti a garantirci che, a guerra finita e nel supposto di un esito favorevole, le nostre speranze non abbiano a restare frustrate e deluse per effetto della pressione che avessero ad esercitare a nostro danno quegli stessi compagni al cui fianco avremmo combattuto, e ciò specialmente per quanto riguarda

---

[16] WILLIAM A. RENZI, *In the Shadow of the Sword: Italy's Neutrality and Entrance Into the Great War 1914-1915*, New York, Peter Lang, 1987; JAMES BURGWYN, *The Legend of the Mutilated Victory. Italy, the Great War, and the Paris Peace Conference, 1915-1919*, Westport, Greenwood Press, 1993.

[17] Vedi capitolo 1.

[18] SALANDRA, *L'intervento* ... cit., pp. 155-156 e 167-168.

l'appagamento di alcune antiche nostre aspirazioni nazionali e le indispensabili garanzie della nostra situazione militare nell'Adriatico. A questo riguardo, e a riprova dell'equità del proposto riparto, attiro più specialmente la sua attenzione sulla nota illustrativa all'articolo 5 dell'accordo». E questa diceva: «Le assegnazioni di cui negli articoli 4 e 5 lasciano impregiudicate le decisioni dell'Europa, a guerra finita, riguardo ai seguenti territori adriatici: Nell'alto Adriatico (nell'interesse pure dell'Ungheria e della Croazia) tutta la costa dalla baia di Volosca sui confini dell'Istria fino al confine settentrionale della Dalmazia, comprendente l'attuale litorale ungarico e tutta la costa della Croazia, col porto di Fiume e con quelli minori di Novi e Carlopago, oltre le isole di Veglia, Pervicchio, Gregorio, Goli e Arbe. E nell'Adriatico inferiore (nell'interesse anche della Serbia e del Montenegro) tutta la costa dal fiume Narenta in giù (compreso un lungo tratto ora ascritto alla Dalmazia) fino al fiume Drin, con gl'importanti porti di Ragusa, di Cattaro, di Antivari, di Dulcigno e di San Giovanni di Medua, e le isole di Jaklian, Giuppana, Mezzo, Calamotta» [19].

Il secondo è un telegramma a Imperiali con il quale Sonnino rispondeva alle obiezioni di Sazonov circa la Dalmazia. Scrive Sonnino: «Il movente principale determinante la nostra entrata in guerra a fianco dell'Intesa è il desiderio di liberarci dall'intollerabile situazione attuale di inferiorità nell'Adriatico di fronte all'Austria per effetto della grande diversità delle condizioni fisiche e geografiche delle due sponde al punto di vista della offesa e della difesa militare, diversità che è stata resa tanto più grave dalle armi e dalle forme della guerra moderna. ... Ora non varrebbe la pena di mettersi in guerra per liberarsi dal prepotente predominio austriaco nell'Adriatico quando dovessimo ricadere subito dopo nelle stesse condizioni di inferiorità e di costante pericolo di fronte alla lega dei giovani ambiziosi Stati jugoslavi ... Alla Croazia sia che resti unita all'Austria-Ungheria sia che se ne

---

[19] Sonnino a Imperiali, 16 febbraio 1915, in *DDI*, serie quinta, vol. II, D. 816.

distacchi resterà la costa da Volosca fino alla Dalmazia, con le isole più prossime di Veglia, Arbe, Pago, ecc. Come porto principale avrebbe Fiume oltre altri porti minori nel Canale di Morlacco. Alla Serbia e al Montenegro, che probabilmente si fonderanno o si consocieranno presto, resterà la costa dalla Narenta fino al Drin, coi porti importanti di Ragusa e di Cattaro oltre quelli minori di Antivari, Dulcigno, San Giovanni di Medua e le foci della Bojana, i quali tutti possono servire di sbocco a ferrovie trasversali, dando accesso al mare, senza uscire dal proprio territorio, alla Bosnia-Erzegovina diventata presumibilmente serba e a tutto l'hinterland serbo-montenegrino»[20].

Rilevato che la nota all'art. 5 è una delle maggiori prove della linearità e della schiettezza di Sonnino, giacché sul piano negoziale non era necessario toccare impegnativamente l'argomento, i testi citati ci fanno ben comprendere che cosa significasse l'espressione «Fiume ai croati», come sinteticamente si disse nel calore delle polemiche. Si trattava di garantire l'assenso italiano alle varie ipotesi di riassetto politico-territoriale conseguenti all'eliminazione del dominio austro-ungarico dalle terre adriatiche che si potevano formulare: una grande Serbia, con l'acquisto della Bosnia e dell'Erzegovina, che si univa o si federava con il Montenegro; una Croazia che poteva essere da sola indipendente o rimanere legata all'Ungheria e questa che a sua volta poteva riacquistare per sé la corona di Santo Stefano. Si escludeva forse l'ipotesi jugoslava del Regno dei serbi-croati-sloveni ma, conoscendo programmi e aspirazioni dei serbi e dei croati, non era un'ipotesi allora plausibile, nonostante i consensi che i vagheggiamenti di Frano Supilo incontravano a Londra da parte di alcuni cosiddetti esperti della zona, quali Henry Wickham Steed e Robert Seton-Watson. Lo divenne per effetto del crollo russo del 1917 che nessuno prevedeva. Questo rimprovero mi pare di dover muovere a Sonnino e a tutti gli altri uomini del suo tempo e non quello dello smembramento della duplice monarchia per

---

[20] Sonnino a Imperiali, Tittoni e Carlotti, 21 marzo 1915, ivi, vol. III, D. 164.

effetto della sconfitta, previsto e considerato, sol che si pensi alla vastità delle perdite territoriali sopra indicate cui vanno almeno aggiunte le rivendicazioni della Romania che l'Italia sosteneva, vale a dire la Transilvania e il Banato. Più ipotesi quindi, in presenza delle quali pareva logico a Sonnino lasciare «impregiudicate le decisioni dell'Europa, a guerra finita».

Sennonché nelle ultime battute del negoziato, ad accordo ormai raggiunto in tutti i punti sostanziali, Sazonov mostra perplessità per una delle ipotesi considerate nella nota all'art. 5, quella della conservazione di un legame tra Ungheria e Croazia. Tali perplessità sono evidentemente il frutto delle pressioni dei serbi, che sanno del «segretissimo» negoziato in corso tra l'Italia e l'Intesa anche se non dei particolari, e vorrebbero inserirvisi. Sazonov resiste a questa richiesta ma, dopo aver ottenuto la riduzione della costa dalmata assegnata all'Italia, si preoccupa che gli slavi, i quali già avrebbero protestato fin per la perdita di Trieste, potessero dubitare dell'intenzione russa di liberare tutta l'area jugoslava dalla presenza e dell'Austria e dell'Ungheria [21]. E propone pertanto a Grey di sopprimere la menzione dell'Ungheria modificando, a questo scopo, la prima frase della nota all'art. 5 nel senso di indicare i beneficiari della residua eredità asburgica solo in Croazia, Serbia e Montenegro, oppure, se ciò non fosse stato possibile per l'opposizione italiana, di rimettere alle altre parti una nota dichiarativa nella quale si precisava il punto di vista russo. Grey preferì la prima formula e fece chiedere a Sonnino la modifica [22]. Questi, non avendo obiezioni di sostanza, consentì subito [23]. Poche ore dopo seppe dall'Ambasciata a Pietrogrado dell'alternativa indicata da Sazonov [24], di cui da Londra non gli si era data conoscenza. Lo segnalò a Imperiali [25]

[21] LEO VALIANI, *La dissoluzione dell'Austria-Ungheria*, Milano, Il Saggiatore, nuova ed. 1985, pp. 169-172; W.W. GOTTLIEB, *Studies in Secret Diplomacy during the First World War*, London, Allen and Unwin, 1957, p. 352.
[22] Imperiali a Sonnino, 21 aprile 1915, in *DDI*, serie quinta, vol. III, D. 414.
[23] Sonnino a Imperiali, Tittoni e Carlotti, 22 aprile 1915, ivi, D. 424.
[24] Carlotti a Sonnino, 23 aprile 1915, ivi, D. 435.
[25] Sonnino a Imperiali, Tittoni e Carlotti, 24 aprile 1915, ivi, D. 441.

che, parlatone a Grey, la sera del 24 aprile telegrafò: «Circa la nota esplicativa dell'art. 5 [Grey] ha osservato avergli Sazonov già da vari giorni fatto sapere che, tutto compreso, considera preferibile non fare dichiarazione separata mantenendo il testo della modificazione da me telegrafata a V.E.» [26]. E ciò perché, chiarì poco dopo Imperiali, il nuovo testo si esprimeva in termini più precisi «per le attribuzioni interessanti gli slavi» [27].

In definitiva, il testo sottoscritto diceva: «I territori dell'Adriatico sottoindicati saranno attribuiti dalle quattro potenze alleate alla Croazia, alla Serbia e al Montenegro» [28]. E nel secondo capoverso spariva l'intera parentesi dopo l'alto Adriatico, ma non quella dopo il basso Adriatico. Certamente, se fosse rimasta la formula proposta da Sonnino non si sarebbe potuto parlare in senso stretto di attribuzione di Fiume alla Croazia, poiché la decisione veniva lasciata impregiudicata. Sarebbe però rimasta la rinunzia a Fiume da parte italiana, perché tutto quanto richiesto era specificamente indicato, e la dichiarata intenzione di attribuirla allo Stato confinante perché esterna al confine geografico naturale d'Italia, e quindi da sacrificare, anche nel quadro dell'equa transazione con i nuovi vicini. Come argomento polemico, quindi, l'affermazione dell'attribuzione di Fiume ai croati aveva fondamento, non l'aveva invece quanto al significato deteriore di insensibilità, incapacità, imprevidenza che ad essa si è implicitamente dato. Ma la concezione dell'assetto adriatico alla quale la rinunzia a Fiume rispondeva non è mai stata neppure presa in considerazione dalla storiografia, forse perché non si è avuto occasione di leggere le fonti relative.

---

[26] Imperiali a Sonnino, 24 aprile 1915, ivi, D. 454.
[27] Imperiali a Sonnino, 25 aprile 1915, ivi, D. 464.
[28] Accordo di Londra, ivi, D. 470.

3.

L'ITALIA E LA NAZIONE FINLANDESE 1917-1919

1. – Questo capitolo ha per oggetto l'atteggiamento tenuto dall'Italia verso l'indipendenza della nazione finlandese dal momento della sua proclamazione (6 dicembre 1917) fino al giorno del suo riconoscimento *de jure* da parte italiana (27 giugno 1919). Si tratta di un argomento minore sia per la storia della Finlandia che per quella dell'Italia; nondimeno, merita di essere conosciuto perché segna l'inizio, alquanto travagliato, di un rapporto fra i due paesi che si è sviluppato, da allora, in forma sempre amichevole e che ha conosciuto anche, in periodi difficili per entrambi, analogie di situazioni, se non di comportamenti, che cercai di analizzare in altra occasione [1].

Il riconoscimento dell'indipendenza finlandese da parte dei vincitori della grande guerra è stato trattato con molta accuratezza dal prof. Paasivirta, il quale ha studiato le relazioni della Finlandia con i governi inglese, francese e statunitense nel 1918-1919 [2]. Egli naturalmente non ha dimenticato che tra i vincitori c'era anche l'Italia, ma, valutando come scarsamente incidente il suo peso nel consesso dei Grandi, e non disponendo delle fonti italiane, ha dedicato all'atteggiamento dell'Italia solo accenni molto brevi: menziona Orlando, di cui anzi traccia un sintetico ritratto [3], ma non cita nemmeno il nome di Sonnino, che della

---

[1] Nel I Convegno storico italo-finlandese, ricordato in Prefazione.
[2] JUHANI PAASIVIRTA, *The Victors in World War I and Finland*, Helsinki 1965.
[3] Ivi, p. 37.

vicenda finlandese fu il vero protagonista. Anche da parte della
storiografia italiana l'argomento è stato del tutto trascurato. E
questo mi pare molto strano, dato l'interesse suscitato in Italia
dal tema della nazionalità nella prima guerra mondiale. In alcuni
studi [4] si cita qua e là la nazione finlandese, ma la sensazione
che si trae da tali citazioni è che si tratti di una realtà che in sostanza non interessa, come non interessano le altre minoranze
nazionali dell'Impero zarista – eccetto quella polacca – e le nazionalità dell'Impero ottomano, quasi che le «vere» nazionalità
fossero solo quelle «oppresse» dell'Impero asburgico. La spiegazione della stranezza può essere proprio questa: che gli studi di
oggi riproducano il diverso grado di interesse, di rapporti e di
conoscenze dell'Italia d'allora con il mondo asburgico, con quello ottomano e con quello zarista, vicino e noto il primo, più o
meno lontani e sconosciuti gli altri due, in particolare il mondo
zarista. Soltanto di recente, in un pregevole studio che Giorgio
Petracchi ha dedicato alle relazioni italo-sovietiche dal 1917 al
1925 [5], il problema della nazione finlandese ha trovato uno spazio meno occasionale, forse anche per effetto delle conversazioni che ho avuto con l'autore. Ma si tratta ancora di un'eccezione.

Questa situazione era naturalmente reciproca. Anche da parte finlandese credo che l'Italia fosse allora una realtà lontana e
sconosciuta, fuori che nel campo dell'arte, fino a trascurare il fatto che, fra i maggiori paesi dell'Intesa, l'Italia era l'unica ad aver
raggiunto da poco la sua indipendenza nazionale. Certo è che il
primo appello per il riconoscimento, contenuto nel messaggio di
Svinhufvud del 5 dicembre 1917, era indirizzato alla Francia, alla
Gran Bretagna e agli Stati Uniti, oltre che ai tre vicini scandinavi
(Svezia, Norvegia e Danimarca), ma non all'Italia [6].

---

[4] Si veda ad esempio uno dei migliori, quello di ANGELO TAMBORRA, L'idea di
nazionalità e la guerra 1914-1918, in Atti del XLI Congresso di storia del Risorgimento italiano, Roma, Istituto italiano per la storia del Risorgimento, 1963.

[5] GIORGIO PETRACCHI, La Russia rivoluzionaria nella politica italiana: le relazioni italo-sovietiche 1917-1925, Bari, Laterza, 1982.

[6] Finland and Russia 1808-1920: A Selection of Documents, a cura di D.G.
KIRBY, London 1975, p. 203.

Di quanto era accaduto a Helsinki il governo italiano ebbe notizia il 9 dicembre dall'ambasciatore francese a Roma, Barrère, il quale aveva l'incarico di sondare se l'Italia era disposta a riconoscere subito, insieme con gli altri alleati, il nuovo Stato. Sonnino consigliò di rispondere all'appello di Svinhufvud che «gli alleati non avevano in massima nulla da opporre ad una indipendenza finlandese che risultasse voluta dalle popolazioni, ma che dovevano riservare ogni decisione officiale a quando si fosse meglio assestata la situazione in Russia»[7]. Contro un riconoscimento formale, spiegò Sonnino, ostavano due ragioni: la decisione, presa dagli alleati nella conferenza di Parigi una settimana prima, di non compiere atti che potessero essere interpretati come un abbandono completo dell'alleanza con la Russia; e la possibilità che i tedeschi sfruttassero il riconoscimento per dimostrare che gli alleati tendevano a «sbriciolare» lo Stato russo. L'obiettivo di Sonnino era di non scoraggiare «l'elemento russo a noi amico» nella speranza di favorirne un ritorno al potere in Russia. Egli era riuscito a far prevalere questo punto di vista nella conferenza di Parigi, nella quale s'era discusso l'atteggiamento comune degli alleati verso la Russia rivoluzionaria, e non voleva vederlo ora compromesso dall'insorgere del problema finlandese. Per l'Italia, infatti, il crollo dello Stato russo verificatosi dal marzo 1917 aveva avuto un significato particolare: non era stata soltanto la perdita di un alleato, come per Francia e Inghilterra, ma era stata la perdita di quell'alleato che con lei doveva condividere il peso della guerra contro l'Austria-Ungheria in base alla convenzione militare italo-russa del 21 maggio 1915, stipulata a Baranovic in applicazione dell'art. 1° del Patto di Londra. Era stato in sostanza il venir meno di una delle condizioni essenziali sulle quali s'era fondato l'intervento in guerra dell'Italia. E le conseguenze s'erano viste a Caporetto. Ora che i bolscevichi s'erano decisamente pronunziati a favore della pace, non resta-

---

[7] SIDNEY SONNINO, *Diario 1916-1922*, a cura di PIETRO PASTORELLI, Bari, Laterza, 1972, p. 223; *I documenti diplomatici italiani*, serie quinta, vol. IX, Roma, Istituto Poligrafico dello Stato, 1983, D. 661.

va, nell'ottica di Sonnino e del governo italiano, che sperare in un cambiamento della situazione interna in Russia da non escludersi dopo l'esito delle elezioni.

Inglesi, francesi e americani avevano seguito il punto di vista di Sonnino più per solidarietà verso un alleato in difficoltà che per convinzione, giudicando la sua politica dell'attesa troppo passiva per produrre il risultato di un riallineamento della Russia nell'Intesa. E si incamminarono subito per altre strade: gli americani verso una proposta politica, che fu rappresentata dal discorso di Wilson sugli scopi di guerra dell'Intesa dell'8 gennaio 1918, tendente a influenzare i settori moderati del nuovo Parlamento russo; mentre gli anglo-francesi, da un lato, intensificarono i loro sforzi per una pace separata con l'Austria-Ungheria al fine di ottenere un parallelo indebolimento anche della coalizione avversaria, e, dall'altro, cercarono di favorire lo smembramento dello Stato russo nel tentativo di ricreare, con nuovi protagonisti, uno schieramento antitedesco ad Est.

In termini di nazionalità queste politiche erano contrastanti fra loro. La politica più coerente era quella di Wilson che prometteva i confini del 1914 alla Russia, salvo il caso polacco, e all'Austria-Ungheria, salvo le rettifiche a favore dell'Italia: il massimo cui le altre varie nazionalità potevano aspirare era per lui l'autonomia; gli anglo-francesi, invece, sostenevano anch'essi l'autonomia per le nazionalità dell'Impero asburgico, mentre puntavano all'indipendenza per quelle della Russia. Il principio di nazionalità si modellava insomma secondo gli interessi concreti delle varie potenze.

Lo stesso avveniva in Italia nei riguardi della nazione finlandese, per quanto con un certo scrupolo di coscienza – che appare bene dal suo diario – da parte di un uomo come Sonnino, sensibile ai valori ideali e rigido nei principi. Quando il 25 dicembre 1917 Barrère gli venne ancora a parlare della «convenienza» di riconoscere la Finlandia, Sonnino rispose che gli alleati «potevano mostrare simpatie per l'autonomia e magari per l'indipendenza dei finlandesi, ... aiutandoli intanto materialmente con rifornimenti alimentari o altro», ma che non era invece possibile riconoscerne ufficialmente l'indipendenza per i motivi che aveva già indicato [8]. Com'è noto, il governo francese procedette ugualmente per la sua strada, non seguito peraltro nemmeno da quello britannico, che pur condivideva la politica dello smembramento dello Stato russo. Ad un ulteriore tentativo effettuato il 4 gennaio 1918 da Barrère, usando l'argomento che i bolscevichi avevano ammesso l'indipendenza della Finlandia, Sonnino obiettò che non riconoscendo l'Intesa il governo dei bolscevichi, non si poteva «aderire formalmente ad uno smembramento dello Stato russo semplicemente perché da loro consentito». E spiegò di nuovo che l'alleanza con la Russia (quella del 5 settembre 1914, cui l'Italia aveva in seguito aderito) non era stata disdetta e si doveva anzi «lavorare a mantenerla con l'appoggio dato all'Ucraina e agli altri governi provvisori che ancora la sostenevano». In secondo luogo, «l'approvazione formale della piena indipendenza finlandese avrebbe scoraggiato tutti i patrioti russi, facendo loro perdere ogni speranza di vedere ricostituita una grande Russia, magari sotto la forma federale». Sonnino ripeté quindi che gli alleati dovevano «mostrare ai finlandesi tutte le loro simpatie, aiutandoli anche materialmente oltreché moralmente in tutto quanto era possibile, ma rinviando ogni riconoscimento formale di piena indipendenza a dopo la restaurazione di un governo legale in Russia» [9]. Ma il tenore di questa annotazione del diario, a paragone di quella del 25 dicembre precedente, indica che la causa dell'indipendenza finlandese aveva registrato alla Consulta, e non per motivi strumentali, qualche progresso fino a giungere alla disponibilità per un riconoscimento *de facto*. Restava impossibile spingersi oltre solo per ragioni di politica generale. Sonnino lo disse chiaramente ai delegati finlandesi Kihlmann e Wolff quando il governo di Helsinki decise di chiedere direttamente a Roma il riconoscimento italiano. «Mi sono espresso con loro», egli scrive, «dichiarando che

[8] SONNINO, *Diario 1916-1922* ... cit., p. 240; *DDI*, serie quinta, vol. IX, D. 801.
[9] SONNINO, *Diario 1916-1922* ... cit., p. 248; *DDI*, serie quinta, vol. X, Roma, Istituto Poligrafico dello Stato, 1985, D. 21.

l'Italia ha le maggiori simpatie per la Finlandia ... Ho detto non avere nessuna difficoltà a tenere relazioni col governo di fatto. Ma non possiamo oggi riconoscere indipendenza di parti dello Stato russo, specialmente quando hanno l'estrema importanza strategica che ha per la Russia la Finlandia ... Ho concluso che dobbiamo rimandare ogni sistemazione definitiva al Congresso della pace, facendo voti che il movimento della Finlandia verso l'indipendenza non porti ad una soggezione alla Germania che tende strenuamente a fare del Baltico un lago tedesco»[10].

Ho riportato quasi integralmente questo documento sia perché è testimonianza del primo contatto diretto fra i due paesi, sia perché chiarisce bene la posizione italiana, dimostrando lo stabilimento di relazioni di fatto tra loro ben prima del riconoscimento *de jure*, sia infine perché indica con molta lucidità per quel tempo gli ostacoli di fronte ai quali si sarebbe trovata la nazione finlandese nella sua vita di Stato indipendente.

2. – Le relazioni di fatto così stabilite non ebbero per il momento conseguenza alcuna anche perché l'Italia, a differenza delle altre grandi dell'Intesa, non aveva ad Helsinki nemmeno un console di carriera, ma va anche sottolineato che da parte finlandese non fu fatto nulla per rispondere all'apertura ricevuta a Roma. Gli eventi generali del conflitto e la situazione della Finlandia in particolare che finì con il cadere, come aveva temuto Sonnino, nell'orbita tedesca, tanto che la stessa Francia ruppe le relazioni diplomatiche (ottobre 1918), bloccarono comunque ogni contatto con gli alleati fino alla sconfitta della Germania. Nel nuovo quadro venutosi a creare dopo l'11 novembre 1918, il governo finlandese riprese la sua battaglia per il riconoscimento, partendo da posizioni ancor meno favorevoli del dicembre 1917. All'ostacolo rappresentato dal problema russo, infatti, si era aggiunto quello derivante dall'essersi la Finlandia trovata, da vari punti di vista, al fianco della Germania, divenendo perciò una

---

nazionalità che non aveva, secondo la filosofia degli alleati, gli stessi diritti delle nazionalità «buone», ossia di quelle «oppresse» dell'Austria-Ungheria.

A rovesciare questa situazione tese la missione Mannerheim a Londra e a Parigi, ma i risultati più cospicui, ai fini del riconoscimento, li ottennero le pressioni dei finno-americani in favore dei loro compatrioti e la sensibilità che gli Stati Uniti in conseguenza mostrarono per la situazione alimentare della Finlandia [11]. Infatti, mentre i franco-inglesi posero delle condizioni politiche per il riconoscimento ufficiale (elezioni, nuovo governo, orientamento favorevole all'Intesa), in sede di Comitato per il blocco fu rapidamente raggiunto l'accordo fra i delegati anglo-francesi, americano e italiano per proporre ai loro governi di considerare la Finlandia Stato neutrale e di stabilire quindi rapporti commerciali attraverso un Comitato economico interalleato composto dai consoli dei quattro paesi ad Helsinki (2 dicembre 1918). Ottenuto l'assenso dei governi, il Comitato fu istituito il 18 dicembre 1918 e alla metà di gennaio, in corrispondenza con l'inizio dei lavori della Conferenza della pace, fu insediato ad Helsinki e cominciò a lavorare pur mancando ancora il delegato italiano [12]. Il governo, infatti, non disponendo di un console di carriera ad Helsinki, dopo aver dato la sua adesione all'istituzione del Comitato, nonostante alcune riserve espresse dagli esperti di cose russe, aveva subito proceduto alla nomina a quel posto di Emanuele Grazzi, un diplomatico distaccato presso il Servizio informazioni militari a Rotterdam [13]. Sennonché, per motivi che non sono riuscito ad accertare, la destinazione ufficiale di Grazzi ad Helsinki avvenne solo nel febbraio 1919 ed egli poté raggiungere la sede e partecipare ai lavori del Comitato dal 9 aprile 1919.

Questo ritardo, voluto o no che fosse, non ebbe comunque

---

[11] PAASIVIRTA, *The Victors* ... cit., pp. 45-46 e 57-58.

[12] *DDI*, serie sesta, vol. I, Roma, Istituto Poligrafico dello Stato, 1956, pp. 250, 265, 399, 471.

[13] Telespresso di Borsarelli al Comando Supremo del 22 dicembre 1919, n. 18485, in ASDMAE.

alcuna influenza perché il fatto politico rilevante era stato la decisione dei governi alleati di istituire il Comitato di Helsinki, nella quale era implicito che essi ormai consideravano la Finlandia un'entità economica distinta rispetto alla Russia. Le conseguenze di ciò si videro assai presto. Quando si discusse il problema russo alla Conferenza della pace, e fu approvata la proposta di Lloyd George di invitare all'isola dei Principi i rappresentanti di tutti i governi che esercitavano autorità politica o controllo militare sui territori della Russia europea compresi entro i confini del 1914, nel redigere la lettera d'invito, Wilson escluse espressamente la Finlandia da tali territori. Nessuno fece obiezioni o avanzò riserve [14]. «This was generally interpreted to mean», scrive giustamente il prof. Paasivirta, «that the Western Powers did not regard Finland as any longer belonging to the Russian sphere of political control» [15]. Ma è opportuno precisare che essi continuavano a non avere un'opinione comune riguardo al riconoscimento *de jure*, che era il logico corollario di questa decisione. I francesi, proseguendo coerentemente nella politica dello smembramento della Russia, fecero subito pressione per il riconoscimento, che per loro era solo una ripresa delle relazioni diplomatiche (poi avvenuta il 3 febbraio); gli inglesi, invece, continuavano a subordinarlo all'adempimento delle condizioni politiche fissate nel novembre precedente, e gli americani erano più o meno sulla stessa posizione.

Quanto al governo italiano, il suo atteggiamento verso la nazione finlandese non era mutato rispetto al febbraio 1918. Considerava con estremo favore l'indipendenza della Finlandia, ma il suo riconoscimento *de jure* doveva rimanere legato alla soluzione del problema russo. La ragione di questa riserva non risiedeva, come per gli anglo-americani, nel realizzarsi delle condizioni politiche da loro richieste, anche se pure Sonnino auspicava una

---

[14] *Papers relating to the Foreign Relations of the United States, 1919: The Paris Peace Conference*, 13 voll., Washington, United States Government Printing Office, 1942-1947, vol. III, pp. 276, 686, 691.

[15] PAASIVIRTA, *The Victors* ... cit., p. 87.

stabilizzazione della situazione interna finlandese favorevole agli alleati; andava bensì ricercata nel desiderio di non complicare i rapporti con l'elemento antibolscevico sulla cui vittoria l'Italia puntava per reinserire la Russia negli equilibri del concerto europeo. In sostanza, il nuovo governo «legale» della Russia avrebbe dovuto consentire all'indipendenza della nazione finlandese, ma al tempo stesso avrebbe dovuto poter concordare con gli alleati, facendo valere le sue ragioni di sicurezza e strategiche, i confini del nuovo Stato finlandese. Una decisione unilaterale presa dagli alleati, oltre che essere irriguardosa verso un grande paese, avrebbe privato la stessa Finlandia di un elemento essenziale per la sua vita futura: il consenso sui confini contrattato con il potente vicino russo.

Perciò, quando il 27 gennaio 1919 nel Consiglio dei Dieci gli inglesi informarono della richiesta francese loro rivolta di riconoscere la Finlandia, Sonnino sollevò l'obiezione delle frontiere. «Any decision concerning the frontiers of Finland might be regarded as a settlement hostile to Russia, if made without hearing the Russians», dice il verbale della riunione [16]. Wilson fu d'accordo su questa impostazione e la questione fu perciò rinviata.

Lo stesso atteggiamento Sonnino assunse un mese dopo, quando gli inglesi cercarono di investire il Consiglio dei Dieci della questione delle isole Aland. Egli fece notare che *de jure* le isole erano ancora russe e non era quindi il caso di parlarne fuori del problema russo, «especially as in the case of Aland the Conference was being asked to take something from someone and to give it to a third party», cioè alla Svezia [17].

Il riconoscimento ufficiale da parte degli Stati Uniti e della Gran Bretagna venne, com'è noto, deciso in sede di Conferenza della pace tra il 28 aprile e il 3 maggio, per iniziativa di Herbert Hoover che convinse Wilson dell'opportunità di provvedervi dopo che la Finlandia aveva soddisfatto le «condizioni politiche»

---

[16] *FRUS, 1919*, vol. III, p. 734.
[17] Ivi, vol. IV, p. 171.

che le erano state chieste. La questione dei confini lasciò però una traccia in tale decisione, perché fu concordato di comunicare al governo finlandese che avrebbe dovuto accettare i confini che fossero stati fissati dalla Conferenza della pace [18].

Quando questa decisione fu presa, gli italiani erano assenti da Parigi per la nota vicenda adriatica. Se fosse stato presente, Sonnino avrebbe probabilmente rinnovato la sua obiezione relativa al problema russo. Comunque, non avendo concorso a prenderla, l'Italia non era vincolata ad applicarla e Sonnino infatti non vi dette seguito. Il governo finlandese, attribuendo forse il silenzio italiano a ragioni protocollari (la mancanza di una sua richiesta formale) fece pervenire a Sonnino il 18 maggio 1919 una nota ufficiale, firmata dal nuovo ministro degli esteri, Holsti, con la richiesta del riconoscimento *de jure*. Ricevuto il documento, Sonnino vi annotò per istruzione ai suoi collaboratori: «Siamo di fatto in rapporti amichevoli col governo finlandese, ma non possiamo fare altri passi finché non sia decisa dalla Conferenza la politica generale da adottare verso la Russia». Ed al console Grazzi, che da Helsinki sollecitava anch'egli il riconoscimento facendo notare che il silenzio italiano suscitava ormai una «penosa impressione» [19], ribadì il suo punto di vista: «Il Regio governo, pur nutrendo viva simpatia per le aspirazioni nazionali finlandesi, non crede per il momento di poter procedere ad un formale riconoscimento della Finlandia come hanno fatto gli altri alleati. Regio Governo intrattiene cordiali rapporti di fatto con il governo finlandese, ma è d'avviso che il riconoscimento definitivo dovrà coincidere con la sistemazione di tutte le altre questioni che riguardano la Russia» [20].

Il mantenimento di questa riserva non voleva naturalmente dire che l'Italia avesse mutato la sua decisione sulla questione principale dell'indipendenza della nazione finlandese. Infatti anche Orlando firmò il 26 maggio la lettera all'ammiraglio Kolcak

---

[18] Ivi, p. 665.
[19] Tel. di Grazzi del 3 giugno 1919, n. 1911/51, in ASDMAE.
[20] Tel. di Sonnino a Grazzi del 14 giugno 1919, n. 712, ivi.

con cui gli alleati chiedevano, tra le condizioni per stabilire rapporti con il suo governo, l'impegno di riconoscere l'indipendenza della Finlandia e di accettare l'arbitrato della Società delle Nazioni qualora il problema dei confini non fosse stato regolato attraverso un accordo diretto tra i due Stati [21].

Il prof. Paasivirta attribuisce il ritardo del riconoscimento italiano a due ragioni: il desiderio di non fare cosa sgradita ai Russi bianchi, notoriamente contrari all'indipendenza finnica come delle altre parti della Grande Russia; e l'ostilità ad ammettere il principio di autodeterminazione perché contrastante con le richieste territoriali italiane sulla costa orientale adriatica [22]. Da quanto sinora ho esposto, si può convenire con la prima ragione ma non nel senso ristretto in cui egli la propone, bensì in quello che ho precisato sopra: di non compiere gesti unilaterali e di ottenere in ogni modo il consenso russo su una condizione di pace (l'indipendenza finnica) ormai irrinunciabile per gli altri alleati non meno che per l'Italia. La seconda ragione non mi pare invece che trovi conferma, sia perché alcune cose erano chieste dall'Italia in base al principio di nazionalità (oltre che della sicurezza strategica), ad esempio proprio la costa dalmata, e altre, come era il caso di Fiume, in base al principio di autodeterminazione; sia perché il principio di nazionalità non fu mai ufficialmente rinnegato, anche se ne furono discusse le modalità d'applicazione, e fu anzi costantemente sostenuto a favore della nazione finlandese, come mi pare risulti chiaro dalle pagine precedenti.

Il ritardo dipese quindi dalla coerenza di Sonnino nel sostenere il suo modo di vedere la questione del riconoscimento *de jure*, coerenza che può essere indubbiamente classificata come ostinazione dopo la decisione anglo-americana del maggio. Uno dei primi atti compiuti dal nuovo ministro degli esteri, Tittoni, il giorno dopo il suo insediamento alla Consulta, fu proprio l'autorizzazione al riconoscimento ufficiale della Finlandia [23], che fu

---

[21] *FRUS, 1919*, vol. VI, p. 86.
[22] PAASIVIRTA, *The Victors ...* cit., p. 107.
[23] Tel. di Tittoni a Grazzi del 24 giugno 1919, n. 394, in ASDMAE.

compiuto il 27 giugno dal console Grazzi. Poté farlo con tanta
speditezza perché si trattava solo di superare un'ostinazione circa il metodo da seguire. Altre ragioni non ce n'erano, e quindi
Tittoni ritenne opportuno allineare subito l'Italia sulla stessa posizione degli altri alleati. Anche su questo punto la mia conclusione è lievemente diversa da quella del prof. Paasivirta, il quale
attribuisce al desiderio di realizzare tale allineamento il superamento delle due ragioni da lui indicate per spiegare il ritardo
del riconoscimento *de jure* dell'indipendenza finlandese da parte italiana.

4.

LA POLITICA ESTERA ITALIANA
1915-1925

1. – Il decennio 1915-1925 costituisce uno dei periodi più densi di avvenimenti importanti per la politica estera italiana: l'intervento nella grande guerra, la crisi di Caporetto, la conferenza della pace come potenza vincitrice, la tormentata questione adriatica, gli esordi in campo internazionale del governo Mussolini fino alla conferenza di Locarno; eventi tutti che sembrano essere distanti l'uno dall'altro ed avere a protagonista tante Italie diverse: quella dell'interventismo, quella del grande sforzo bellico, quella confusa e prostrata della sconfitta, quella esaltata di Vittorio Veneto e poi amareggiata e delusa di Versailles, quella ormai trascurata nei consessi internazionali, e ancora l'Italia di Mussolini tesa al recupero del suo prestigio e infine quella che a Locarno si affianca all'Inghilterra come altra grande potenza tutrice dell'equilibrio europeo. Queste immagini derivano dai profondi cambiamenti interni subiti dalla società italiana in quel torno di tempo, accentuati sul piano storiografico dal fatto che tutti questi eventi sono stati trattati sempre separatamente, certo per necessità di ricerca, ma anche perché parevano effettivamente quasi slegati fra loro, non riconducibili ad un unico filo conduttore. Invece, guardando ad essi dal punto di vista della politica internazionale si scopre che appartengono tutti ad una fase ben precisa ed omogenea della politica estera italiana, quella che ha come nota dominante e motivo unificatore la partecipazione dell'Italia all'Intesa con l'Inghilterra e la Francia. Il 1915 è infatti l'anno della scelta italiana di entrare nell'Intesa; le relazioni con Londra e Parigi sono l'aspetto essenziale della diplomazia bellica; francesi e inglesi sono gli alleati che sorreggono l'Italia nella sconfitta; lo scontro con Wilson a Parigi diviene grave perché non si è in grado di agire in stretta collaborazione con loro; il superamento della questione adriatica avviene con la loro assistenza e gli esordi della politica mussoliniana si svolgono all'ombra principalmente della Gran Bretagna e seppure in misura minore della Francia.

Che cosa si deve intendere per Intesa? L'espressione ha due significati: uno formale e uno sostanziale. Da un punto di vista formale, l'Intesa nasce dalla dichiarazione del 5 settembre 1914, con la quale Gran Bretagna, Francia e Russia prendevano il duplice impegno di non concludere pace separata nel corso del conflitto e di non presentare condizioni di pace, alla futura conferenza, senza preventivo accordo fra loro. La sua validità si estendeva quindi fintanto che gli alleati avessero da concordare qualcosa nei confronti dei vinti, cosa che, giuridicamente, poteva accadere fino all'entrata in vigore dei trattati di pace, ossia al momento del deposito degli strumenti di ratifica. E poiché l'ultimo trattato di pace, quello di Losanna, entrò in vigore il 6 agosto 1924, fino a tale data durò l'Intesa. L'Italia aderì segretamente a questa dichiarazione, detta anche, a confusione degli storici italiani, Patto di Londra, il 26 aprile 1915 con la promessa di rendere pubblica la sua adesione dopo l'ingresso in guerra; il che fece, con un certo ritardo, il 30 novembre 1915. Ai due impegni che con tale dichiarazione assumeva, l'Italia si mantenne fedele, nonostante momenti di acuta difficoltà, per tutta la sua durata, sicché l'Intesa costituì il quadro giuridico di riferimento della politica estera italiana dall'aprile 1915 all'agosto 1924.

Ma la stretta collaborazione con la Gran Bretagna e la Francia rappresentò la direttiva fondamentale della politica estera dell'Italia nel decennio 1915-1925 anche da un punto di vista sostanziale. Il trentennio della Triplice aveva avuto come motivo essenziale dell'alleanza il tentativo di ottenere per via diplomatica quel completamento dell'unità nazionale che i governi della Destra non erano riusciti a realizzare con la guerra. E ad esso si era aggiunto un secondo obiettivo: il conseguimento di una posizione internazionale, specialmente in campo mediterraneo e coloniale, più corrispondente a quel che si riteneva fossero l'importanza e le esigenze di lavoro del paese. Sennonché, il primo obiettivo non era stato minimamente raggiunto, nonostante gli sforzi profusi dalla diplomazia soprattutto in occasione dei rinnovi della Triplice, perché l'Austria si mantenne sempre fermissima sulla direttiva del grande Andrássy del 1874 [1]; mentre per il secondo, quanto si era realizzato dipendeva più dai giri di valzer con i franco-inglesi che dal diretto appoggio degli alleati della Triplice. Essendo rimasti sostanzialmente immutati gli obiettivi di fondo della politica estera, pur attraverso il cambiamento subito dalla società italiana nell'arco del trentennio triplicista, era verso la Gran Bretagna e la Francia che quegli obiettivi concretamente spingevano il nostro paese. E una volta presa la decisione di aderire all'Intesa, era solo attraverso una effettiva solidarietà con la Gran Bretagna e la Francia che si potevano trarre i frutti di quella decisione, anche perché mancarono – se si vuol trascurare l'argomento della coerenza – effettive occasioni che potessero offrire alternative a quella politica.

2. – Il decennio 1915-1925, dunque, è il periodo dell'Italia nell'Intesa. Illustrarne tutta la storia, sia pure per sommi capi, è difficile in una breve esposizione. Mi limito pertanto a soffermarmi su alcuni punti che mi paiono rilevanti.

Il primo di essi è la decisione stessa di entrare nell'Intesa. Il dibattito storiografico sul tema neutralità-intervento è andato tanto avanti negli anni passati ed è tanto noto che posso solo aggiungere alcune osservazioni suggerite soprattutto dai due relativi volumi della raccolta italiana [2]. Non contengono molto

---

[1] Vedi capitolo 10.
[2] *I documenti diplomatici italiani*, serie quinta, voll. II e III, Roma, Istituto Poligrafico dello Stato, 1984 e 1985.

materiale nuovo e sconvolgente; tuttavia, avendo il pregio di raccogliere in un corpo unico tante cose disperse, offrono del problema una visione più unitaria.

In altra occasione [3] ho indicato quanto fosse nel giusto l'Albertini nel sostenere che durante la crisi del luglio 1914 l'Italia non fu quel paladino della pace che si era ritenuta ma si dimostrò disposta a dare mano libera all'Austria in cambio del Trentino e di altri vantaggi territoriali; e ciò non deve destare meraviglia perché era perfettamente in linea con la politica fino allora seguita. Nei tre mesi successivi, la direttiva adottata è crudamente riassunta da De Martino in questa frase: «L'Italia, al termine del conflitto, non deve trovarsi dalla parte degli sconfitti» [4]. Era in sostanza la vecchia politica del ducato di Savoia, che difficilmente avrebbe potuto trovare applicazione in tempi tanto diversi, da parte di un paese non più arroccato sulle Alpi occidentali, in una guerra con contrapposizioni nette fra i contendenti, acute dall'irrigidimento provocato nei due campi dalla propaganda. Il risultato cui essa portava era in ogni caso d'essere «sgradita a Dio ed ai nimici sui». Fatta questa constatazione dalla rinnovata compagine ministeriale del novembre, ne venne di conseguenza la decisione di effettuare entro breve termine una scelta. Le alternative prese in considerazione furono due: accertare se era effettivamente possibile ottenere dall'Austria i tanto desiderati «compensi» territoriali in cambio della neutralità, oppure, in caso contrario, verificare se l'Intesa era disposta ad accettare le condizioni che l'Italia avanzava per l'intervento. I documenti italiani dimostrano che i due negoziati, con Vienna e con Londra, si svolsero in successione di tempo, nel senso che il secondo si aprì solo quando fu considerato definitivamente chiuso il primo e dettero luogo alla seconda (dicembre '14 - febbraio '15) e terza fase (marzo-aprile 15) della neutralità italiana. L'apparente sovrapposizione di essi, determinata dalla sopravve-

---

[3] Vedi capitolo 1.
[4] Relazione di De Martino a Sonnino, 30 novembre 1914, in *DDI*, serie quinta, vol. II, D. 311.

nuta apertura austriaca del 27 marzo, non mutò i termini del problema. Il negoziato con Vienna si era concluso per l'indisponibilità austriaca ad accogliere le due richieste italiane che erano: cessione di territori (salvo a determinare il *quantum*) allora appartenenti alla Duplice Monarchia, e trasferimento immediato all'Italia di tali territori. Il 27 marzo Burian accettò in principio la prima richiesta (e sappiamo attraverso quali pressioni tedesche giunse a ciò) ma restò fermissimo nel respingere la seconda. Era pensabile che gli Imperi centrali vincitori avrebbero premiato l'Italia «treulosen»? Monticone, nel suo dettagliatissimo studio [5], inclina a ritenere di sì. Altri ritengono di no. Mi sono spesso chiesto che cosa pensasse Giolitti su questo punto: più si legge il materiale e più si riflette sul suo comportamento nella crisi ministeriale del maggio 1915, più si rafforza l'ipotesi che neppure egli avesse fiducia nella buona fede austriaca.

Una terza alternativa possibile non fu affatto considerata dal governo: il mantenimento di una effettiva neutralità, ossia una neutralità senza compensi, senza il sospirato Trentino e l'agognata Trieste. È questo un rilievo che si potrebbe muovere al governo Salandra se una politica del genere non fosse andata ben al di là della stessa posizione della corrente neutralista, nei cui obiettivi era ben presente l'aspirazione ai territori italiani della Duplice Monarchia. Da realizzarsi come? Con un attacco dell'ultima ora contro un'Austria agonizzante? In ultima analisi, la soluzione avuta dalla crisi di maggio, con una maggioranza parlamentare neutralista che poi approva il 20 maggio il disegno di legge sui pieni poteri, mi pare indichi proprio che ben pochi in Parlamento e nel paese erano disposti a lasciar passare l'occasione del conflitto senza trarne accrescimenti territoriali.

L'ingresso dell'Italia nell'Intesa non comportò sensibili difficoltà. Il negoziato con Londra fu assai breve, circa un mese, e vide l'accoglimento di quasi tutte le richieste italiane. Il memorandum dell'accordo firmato il 26 aprile '15, quello che noi chia-

---

[5] ALBERTO MONTICONE, *La Germania e la neutralità italiana: 1914-1915*, Bologna, Il Mulino, 1971.

miamo Patto di Londra, prevedeva il completamento dell'unità
nazionale ed il raggiungimento di confini strategici, la sicurezza
nell'Adriatico ed il ridimensionamento della potenza austriaca,
l'equilibrio nel Mediterraneo centro-orientale, qualche allarga-
mento per le colonie africane. Insomma dava soddisfazione agli
obiettivi della politica estera italiana perseguiti nei decenni precedenti. C'è solo da aggiungere, a proposito del rapporto con i
serbi, che su di esso pesò il ritardo con cui fu presa la decisione
d'entrare nell'Intesa, nel senso che fra l'agosto '14 e il marzo '15
era cresciuta la posizione di cui godeva la Serbia nell'ambito del-
l'Intesa; e che quel ritardo ebbe anche la conseguenza di escludere l'Italia dagli accordi che nel frattempo si stipularono circa il
futuro dell'Impero ottomano.

L'adesione all'Intesa presentava però un problema politico
di rilevante importanza. I transfughi, i convertiti, quando appro-
dano all'altra sponda sono accolti bene, sono utili, sono graditi;
debbono però superare una prova di fiducia. Questa prova doveva superare l'Italia entrando nell'Intesa per stabilire quel rapporto di amicizia e cordialità con i nuovi alleati senza il quale
l'alleanza sarebbe rimasta confinata negli angusti limiti dei patti
convenuti. La documentazione ormai largamente disponibile dimostra che la prova non fu interamente superata: l'Italia fu nel-
l'Intesa un paese alleato che non riuscì mai a diventare un paese
completamente amico dei suoi nuovi alleati [6].

Alla soluzione di questo problema politico, che pure stava
alla base del rapporto con gli alleati, fu data dal governo una
scarsa attenzione. Trascuro di soffermarmi sulle forti apprensio-
ni suscitate a Londra e Parigi dalla crisi ministeriale di maggio e
vengo subito al nodo centrale: la dichiarazione di guerra alla
Germania. L'art. 2 dell'accordo di Londra impegnava l'Italia a
partecipare alla guerra al fianco di Gran Bretagna, Francia e Russia «contro tutti i loro nemici»: l'impegno era chiaro e preciso. Il
governo ne discusse fin dal giugno 1915 e nella seduta del Con-

---

[6] Si veda ora Luca Riccardi, *Alleati non amici: Le relazioni politiche tra l'Italia e
l'Intesa durante la prima guerra mondiale*, Brescia, Morcelliana, 1992.

siglio dei ministri del 14 luglio, dopo aver sviscerato tutte le interpretazioni possibili di quell'impegno, come si legge nel diario
di Martini [7], si concluse di dichiarare per il momento solo la
guerra all'Impero ottomano, il che avvenne il 20 agosto. Ed anche a questo minore risultato si pervenne dopo un violento
scontro tra Sonnino e Salandra. La ragione principale addotta da
Salandra per opporsi alla dichiarazione di guerra alla Germania
era che il paese avrebbe considerato «un'ingiustificata temerità» il
tirarsi contro un altro nemico, e personalmente riteneva che un
concorso militare diretto della Germania sul fronte austro-italia-
no avrebbe reso ancora più difficile il non brillante esordio del
nostro esercito, e su questa posizione conveniva pienamente Cadorna. Ma a questa ragionevole preoccupazione, che avrebbe
però dovuto manifestarsi prima che quell'impegno si contraesse,
se ne aggiungevano altre, delle quali Salandra si faceva interprete, riconducibili al desiderio di non rompere completamente con
tutti i vecchi alleati. Per quanto su questo punto non ci siano, a
mia conoscenza, studi specifici, si può facilmente supporre che
a ciò lo spingevano anche gruppi politici, interessi economici e
finanziari, i quali, pur non postulando necessariamente un cambiamento di fronte, erano tuttavia estremamente riluttanti a sca-
vare un fosso incolmabile con la Germania. Il ritiro degli ambasciatori, avvenuto, si noti, per iniziativa tedesca, sembrava misura sufficiente. Ed invece non lo era.

Da Londra con maggiore franchezza e da Parigi senza farne
apparente mostra (anche perché Tittoni apparteneva ad uno dei
settori politici che alimentavano le perplessità di Salandra) la
cosa fu registrata in modo assai negativo divenendo prova della
limitata affidabilità dell'alleato italiano, tenuto anche conto del
fatto che non si procedeva a rendere pubblico l'impegno del-
l'adesione all'Intesa. Questo, come ho detto, fu fatto il 30 novembre 1915 e la dichiarazione di guerra alla Germania venne
finalmente il 28 agosto 1916. Ma il danno politico che ne derivò

---

[7] FERDINANDO MARTINI, *Diario 1914-1918*, a cura di GABRIELE DE ROSA, Verona,
Mondadori, 1966, pp. 489-492.

nel rapporto con gli alleati fu incalcolabile. Non fummo messi al corrente di quanto s'era convenuto riguardo all'Impero ottomano prima del nostro intervento e fummo lasciati fuori dagli ulteriori negoziati in materia, donde poi l'infinita e inconclusa questione degli accordi di San Giovanni di Moriana, l'impossibilità di discutere senza prevenzioni l'opportunità del concorso italiano alla spedizione di Salonicco, la scarsa considerazione per le esigenze del fronte italiano e le difficoltà nel coordinamento di un piano strategico comune, le incomprensioni suscitate dal rifiuto dell'offerta dell'artiglieria pesante britannica fatta da Lloyd George nel dicembre '16; e l'elenco potrebbe continuare. Ma al di là dei singoli episodi è da sottolineare il fatto essenziale della non completa fiducia nell'alleato italiano e del conseguente mancato stabilimento di quel rapporto di amicizia e cordialità sul quale soltanto poteva basarsi una collaborazione effettiva e completa. Né vale dire che da parte degli alleati si fece poco per farci risalire la corrente perché non erano loro a dover dimostrare di meritare fiducia e, del resto, non mancarono da parte loro segni concreti di solidarietà al momento di Caporetto.

Questo cenno a Caporetto potrebbe bastare se quella sconfitta non si collegasse all'importante tema dei tentativi di pace. Se ne erano fatti a partire dal 1916 e se ne continuavano a fare [8]. L'Italia ne veniva messa al corrente quando assumevano qualche rilevanza ed il suo parere contava per quello che era il suo peso politico all'interno della coalizione. Ma quando tale peso scese al suo livello minimo, dopo Caporetto, non altrettanto avvenne per la considerazione riservata alle ragioni italiane. Mi riferisco alla conferenza interalleata di Parigi di fine novembre 1917 nel cui corso fu trattato dell'offerta di pace austriaca sulla base dello status quo che inglesi e francesi, per non parlare degli americani, non erano pregiudizialmente contrari a prendere in considerazione, pur di spaccare il fronte avversario. L'opposizione reci-

---

[8] Si possono seguire nell'opera, a cura di Wolfgang Steglich, *Quellen und Studien zu den Friedens Versuchen des Ersten Weltkrieges*, 5 voll., Wiesbaden, Franz Steiner Verlag, 1964-1984.

sa e netta dell'Italia ad essa fu considerata elemento decisivo nel respingerla, senza far pesare che la voce dell'Italia era troppo debole allora per imporre a tutti una svolta politica al conflitto – quale in effetti fu quella decisione – e senza tentare di esercitare pressioni affinché il punto di vista italiano mutasse. Né è da trascurare l'atteggiamento leale tenuto dagli alleati in sede di «questione romana», come un accurato studio ha dimostrato [9].

3. – L'eredità negativa del rapporto con gli alleati nel periodo bellico prolungò necessariamente le sue conseguenze anche in sede di conferenza della pace. È questo un altro punto che merita qualche osservazione.

La prima è che su un momento tanto importante per la politica internazionale dell'Italia siamo ancora praticamente fermi, sul piano storiografico, al vecchio lavoro dell'Albrecht-Carrié, che è del 1938 [10]. In questo dopoguerra si è studiato un po' il periodo nell'ambito della politica interna, ma è mancato il completamento di questa con la politica estera anche da parte di chi, come l'Alatri, fa figurare nel titolo la questione adriatica [11]. È un tema che non attrae forse per la vasta mole di fonti inesplorate: e cito ad esempio quella ricca miniera che sono i 13 volumi americani del Paris Peace Conference [12] e i 2 del Mantoux sul Consiglio dei quattro [13]. Ma ritengo utile, in questa occasione, citare anche i 59 volumi stampati a cura del Segretariato della conferenza ma non pubblicati, con tutti i verbali, documenti e atti della conferenza fino alla sua conclusione nel giu-

---

[9] ITALO GARZIA, *La Questione Romana durante la prima guerra mondiale*, Napoli, Edizioni Scientifiche Italiane, 1981.

[10] RENÉ ALBRECHT-CARRIÉ, *Italy at the Paris Peace Conference*, Columbia University Press, 1938.

[11] PAOLO ALATRI, *Nitti, D'Annunzio e la questione adriatica (1919-1920)*, Milano, Feltrinelli, 1959.

[12] *Papers relating to the Foreign Relations of the United States, 1919: The Paris Peace Conference*, 13 voll., Washington, United States Government Printing Office, 1942-1947.

[13] PAUL MANTOUX, *Les délibérations du Conseil des Quatre (24 mars-28 juin 1919)*, 2 voll., Paris, Editions du Centre National de la Recherche Scientifique, 1955.

gno 1920 [14], che sono poi integrati dai 19 volumi della conferenza degli ambasciatori [15], organo destinato all'applicazione delle decisioni della conferenza, e dai 158 volumi relativi all'attività dell'importantissima Commissione delle riparazioni [16]. È un materiale indispensabile non solo per lo studio della conferenza ma anche per tutta la politica internazionale degli anni Venti, che comincio a vedere ora spesso utilizzato all'estero. Me ne sono giovato per i capitoli sulla conferenza della pace del mio studio sulla politica albanese dell'Italia 1914-1920 [17] e posso quindi testimoniare della sua utilità.

Questa carenza di studi ha fatto sì che si continuassero a ripetere sulla conferenza i luoghi comuni o le impressioni espressi dalla pubblicistica dell'epoca, la quale dà il clima e le posizioni di un dibattito politico ma lascia in ombra moltissime cose. Sì che, ad esempio, si ripete ancora con convinzione che il programma con cui la delegazione italiana affrontò la conferenza era riassumibile nella formula «Patto di Londra più Fiume», il che non è vero, né, sempre per esempio, si è fatto il minimo sforzo per identificare quando tale decisione fosse stata presa.

La decisione sul mandato da affidare ai plenipotenziari fu presa, dopo ampia e vivacissima discussione nella quale si confrontarono tutte le posizioni allora largamente rappresentate nel governo, nei due Consigli dei ministri del 15 e 16 dicembre 1918. Ebbene, quei consigli ebbero un diarista, Colosimo, fonte non sospetta, i cui resoconti, insieme agli appunti di Sonnino, offrono una precisa traccia per seguire il dibattito, che si svolse sulle rinunzie da fare, e per conoscerne le conclusioni che furono così sintetizzate: «Orlando, presidente del Consiglio, dichiara che nella linea di condotta da seguire alla conferenza della pace non

---

[14] *Conférence de la Paix 1919-1920, Recueil des Actes de la Conférence*, 59 voll., Paris, Imprimerie Nationale, 1923-1937.
[15] I volumi della conferenza degli ambasciatori non sono stampati ma litografati. Sono però dotati di indici.
[16] Anche questi volumi sono litografati e indicizzati per gruppi.
[17] PIETRO PASTORELLI, *L'Albania nella politica estera italiana 1914-1920*, Napoli, Jovene, 1970.

può adoperarsi che un processo empirico. Niente di prestabilito. A quanto chiedono Nitti e Bissolati si può sempre giungere, purtroppo forse si giungerà, ma presentarsi con un programma aprioristico di rinunzie sarebbe dannoso. Noi ci troviamo di fronte a tre scogli: gli alleati, Wilson e gli jugoslavi; la manovra quindi è pericolosa e delicata. Il Patto di Londra fu un compromesso. Di esso dovremo salvare quanto necessita alla Patria, con gli opportuni accomodamenti e le necessarie transazioni»[18]. Mi pare che siamo molto lontani dalla formula Patto di Londra più Fiume, e non poteva essere diversamente solo che si fosse letto il cosiddetto memorandum Barzilai del 7 febbraio 1919, preparato in effetti da Francesco Salata.

Alla richiesta dell'integrale applicazione del Patto di Londra, ma senza Fiume, ovviamente, si arrivò il 20 aprile 1919, dopo lo scontro con Wilson, e sempre per motivi tattici. Del resto, Orlando e gli altri suoi colleghi non erano quegli sprovveduti che risulterebbero dalla suddetta formula. Erano ben consci degli scogli: gli alleati, Wilson e gli jugoslavi; non potevano appunto ignorare i fatti nuovi che si erano verificati dopo l'aprile 1915. E allora l'indagine si sposta sul perché non furono in grado di superarli. Dò solo qualche accenno in proposito, perché non ho ancora risposte definitive. Le difficoltà con gli alleati si riconducevano proprio a quel problema dei rapporti con loro di cui ho parlato prima. E non era solo un problema politico ma vi avevano un loro rilievo i contatti umani, resi allora anche più difficili dalla posizione periferica di Roma rispetto all'asse Parigi-Londra. E per contatti umani intendo quelli che in quel tempo contavano assai più di adesso: ad esempio non ci fu mai durante la guerra un vero ambasciatore a Parigi, come lo era il Barrère a Roma. Tittoni da un lato si sentiva un ministro degli esteri in esilio e dall'altro divenne scarsamente gradito da quando sua moglie, nell'estate del 1914, si era augurata l'arrivo dei «boches» a Parigi. Nitti godeva di pessima fama negli ambienti alleati – e qui non

---

[18] Appunto di Colosimo, 16 dicembre 1918, in PIETRO PASTORELLI, *Le carte Colosimo*, in «Storia e politica», 1976, n. 2, p. 371.

interessa se a ragione o a torto – e fu per questo opportuno
escluderlo dalla delegazione italiana (e si immagini l'atmosfera
quando Nitti e Tittoni si trovarono poi a negoziare con Lloyd
George e Clemenceau). Orlando aveva la nota barriera linguisti-
ca. E potrei citare altri esempi. Sono tutti elementi particolari che
però, presi nel loro complesso, concorsero ad aggravare il problema politico su accennato. Ciò detto, va tuttavia rilevato che
mai inglesi e francesi vennero meno, nel corso della conferenza,
al rispetto degli impegni che avevano sottoscritto. Li riafferma-
rono esplicitamente di fronte a Wilson e più tardi anche di fronte
agli jugoslavi e la loro solidarietà e il loro appoggio (si vedano i
due incontri di Giolitti con Lloyd George a Lucerna nell'agosto
'20 e con Millerand ad Aix-les-Bains nel settembre) furono alla
base della sistemazione ottenuta con il trattato di Rapallo del 12
novembre 1920.

Per quanto riguarda Wilson, c'è da dire che Orlando aveva
speranza di superare lo scoglio entrando in intimità con lui. Per
questo andò nella commissione per l'elaborazione dello statuto
della Società delle nazioni di cui Wilson era presidente. E trasse
anche l'impressione, rivelatasi poi errata, di essere riuscito nel-
l'intento. I verbali della Commissione confermano che l'apporto
di Orlando ai lavori fu esiguo e marginale, pur muovendosi sul
terreno amico del diritto pubblico [19].

Per gli jugoslavi il discorso è diverso: è da dire subito che
non furono essi a costituire lo scoglio principale. Quando perse-
ro l'appoggio di Wilson rivelarono tutta la loro debolezza. E gli
italiani avrebbero dovuto ben conoscere le loro difficoltà, prima
delle quali le profonde divisioni interne. I verbali delle riunioni
della delegazione jugoslava alla conferenza, pubblicati anni fa,
ne rendono preciso conto [20]. Ma erano cose note anche allora.
Su un punto però avevano una decisa superiorità sugli italiani:

---

[19] L'argomento è ora studiato da ITALO GARZIA, *L'Italia e le origini della Società delle Nazioni*, Roma, Bonacci, 1995.

[20] *Zapisnici sa sédnica delegacije Kraljevine SHS na mirovnoj Konferenciji u Parizu 1919-1920*, a cura di BOGDAN KRIZMAN e BOGUMIL HRABAK, Beograd, Institut drustvenih nauka, 1960.

nella propaganda, che sapevano condurre nel modo più spregiudicato. E di tante bugie affermate come verità c'è così larga traccia nelle carte Trumbic che nemmeno uno storico come il Lederer [21] è riuscito sempre a separare il grano dall'oglio. Basti ricordare che i confini minimi che chiedevano per il loro paese, strappandosi i capelli per la disperazione di quanto erano ridotti, dovevano comprendere una popolazione di quattordici milioni, ma non dicevano che tale numero includeva minoranze tedesche, italiane, ungheresi e rumene ammontanti a ben 1.300.000 persone (e tralascio gli albanesi ed altri). Un altro esempio significativo è quello delle due divisioni formate con i prigionieri nei campi alleati, che Trumbic sbandierava come contributo significativo alla vittoria dell'Intesa: l'argomento circolò a lungo finché un giorno, il 14 gennaio 1920, Lloyd George perse la pazienza e gli ricordò che contro l'Intesa avevano combattuto ordinatamente e valorosamente 800.000 croati. Propaganda, quella jugoslava, non solo spregiudicata, ma univoca nel senso letterale che mancavano all'interno e all'estero voci contrastanti, nonostante le divisioni cui ho accennato. E sia detto con chiarezza, quella della propaganda fu l'arma vincente degli jugoslavi con Wilson, e non la giustezza delle ragioni o il principio di nazionalità. Dall'analisi che ho compiuto per il problema albanese, che per mancanza di riferimenti validi ho dovuto estendere a tutta la questione adriatica, questa conclusione emerge con chiarezza.

E da parte italiana? Orlando aveva intuito l'importanza del problema, come dimostra lo studio di Luciano Tosi [22], ma le realizzazioni furono assai modeste e non influì tanto l'opposizione di Sonnino, come si ritiene, quanto piuttosto le diverse ispirazioni dei vari settori politici che resero impossibile determinare obiettivi precisi e chiari sui quali indirizzare la propaganda. In Francia pochi dubitavano che l'Alsazia e la Lorena fossero fran-

---

[21] Ivo LEDERER, *Yugoslavia at the Paris Peace Conference. A Study in Frontiermaking*, New Haven, Yale University Press, 1963.

[22] LUCIANO TOSI, *La propaganda italiana all'estero nella prima guerra mondiale: Rivendicazioni territoriali e politica delle nazionalità*, Udine, Del Bianco, 1977.

cesi fin alle midolla ed in ogni caso tutti erano d'accordo che dovessero essere francesi per la sicurezza della Francia.

Questi accenni ci portano al tormentato tema della Dalmazia e agli interrogativi che ha sempre suscitato: chi la volle nell'accordo di Londra, perché la si volle, perché non vi si rinunciò a tempo, si conosceva che cosa era dal punto di vista etnico e geografico, e vari altri. Ai primi due ho cercato di dare una risposta in altra sede [23]; agli altri ne vanno ricercate di più soddisfacenti di quelle correnti, ristudiando il tutto, anche in aperto confronto con i colleghi jugoslavi.

Volendo dare una visione di sintesi dei risultati conseguiti al termine della conferenza della pace e non solo al giugno 1919, perché del trattato di Versailles all'Italia interessava solo il divieto di Anschluss – che collimando con un interesse francese s'era ottenuto in barba al principio di autodeterminazione –, occorre compararli con gli obiettivi perseguiti, all'incirca con quanto è scritto nell'accordo di Londra. Ebbene il bilancio che ne risulta è tutt'altro che inquadrabile nel concetto di vittoria mutilata. Infatti il completamento dell'unità nazionale con confini strategici, dal Brennero al Monte Nevoso, si era ottenuto; la sicurezza nell'Adriatico con Zara, le isole, le neutralizzazioni e Valona si erano ottenute, e lo stesso dicasi per il ridimensionamento della potenza austriaca che non veniva sostituita, in virtù del divieto di Anschluss, da quella tedesca; l'equilibrio nel Mediterraneo centro-orientale si era mantenuto, almeno nei limiti in cui eravamo stati capaci di prevederlo; Fiume Stato libero, né italiana, né jugoslava. Al passivo andavano iscritte solo alcune città della costa dell'Adriatico, la cambiale a favore della Grecia per Rodi e il Dodecanneso risultante dagli accordi Bonin-Venizelos (cambiale a lungo termine, senza garanzia e di dubbia riscossione per i greci) e le rettifiche di confine nelle colonie africane non ottenute dalla Francia.

A questo proposito c'è da notare che nell'accordo di Londra non figuravano i sogni africani di Crispi. L'art. 13, quello sulle

---

[23] Vedi capitolo 1.

colonie, l'aveva steso personalmente Ferdinando Martini, l'ex governatore dell'Eritrea nel periodo della politica di raccoglimento. Questi sogni però non mancarono d'essere resuscitati durante la guerra e il ministro delle colonie Colosimo li condensò nel memoriale che porta il suo nome, il quale postulava, con i suoi programmi massimo e minimo, esattamente quanto Mussolini cercò di realizzare più tardi. Naturalmente, posti di fronte a richieste di tale ampiezza, i franco-inglesi garbatamente rifiutarono e le riunioni destinate all'esame del problema si chiusero con un documento di forma inedita: un verbale di disaccordo in cui figuravano due elenchi: quello che i franco-inglesi offrivano in applicazione dell'accordo di Londra (le rettifiche di confine) e quello che gli italiani chiedevano in base alle loro vaste aspirazioni.

Un bilancio quindi tutt'altro che in rosso, da vittoria mutilata, se si considera poi che anche le città dalmate, diciamo perdute, o meglio non ottenute, erano ancora sotto occupazione militare italiana (come anche Fiume, del resto, sia pure a titolo illegittimo), e che ulteriori accordi fra le parti avrebbero poi dovuto regolare il loro sgombero, come pure la costituzione dello Stato libero di Fiume. E non si faceva fatica a prevedere che lo sgombero sarebbe stato effettuato in cambio della spartizione dello Stato libero con Fiume all'Italia e Susak alla Jugoslavia, come poi avvenne in effetti con il trattato di Roma del 27 gennaio 1924. Non credo si possa quindi affermare che le cause del mito della vittoria mutilata vadano tutte cercate nella politica estera; quelle più rilevanti sono altrove: la conferenza della pace, con il travaglio delle sue decisioni, ha offerto spunti e appigli di cronaca inevitabili in ogni difficile negoziato, ma nulla di più.

4. – Nei difficili anni tra il 1920 e il '22 in cui la situazione interna italiana conosce i noti sviluppi, si ha l'impressione che l'Italia non sia più presente sulla scena politica internazionale. Si tratta però di un'impressione non del tutto corrispondente al vero. Effettivamente, i rappresentanti di governi deboli non sono destinati a recitare il ruolo di protagonisti nei consessi internazionali. Ma la ragione ultima di questa sensazione, più che nelle precarie condizioni interne del paese, mi pare che vada ricercata in un certo stato di appagamento che si riscontra riguardo ai grandi obiettivi della politica estera italiana, mentre per quanto concerne le questioni minori, lasciate aperte dalla conferenza della pace, l'attività non manca e neppure i risultati positivi.

Relativamente alla questione adriatica, che, è bene tenerlo presente, si componeva di due problemi distinti ma strettamente connessi fra loro, soprattutto da parte jugoslava, il problema del confine diretto o meglio della spartizione delle terre ex austro-ungariche e quello della sorte dell'Albania, dopo il trattato di Rapallo si avviano i negoziati, condotti interamente da Contarini, diretti a dar luogo, come ho detto, alla sua applicazione. Il loro svolgimento si protrae per tutto il 1921 – un tempo non lungo considerata la massa di problemi tecnici da esaminare e concordare – ed è concluso nella primavera del 1922. La stipula delle cosiddette convenzioni di Santa Margherita avviene solo il 23 ottobre 1922 per ritardi ed esitazioni dovuti alla situazione interna italiana non meno che a quella jugoslava. Circa la sorte dell'Albania, che secondo la tesi serba doveva offrire, con una sua spartizione, compensi alle cosiddette rinunce jugoslave sul confine diretto, l'Italia, dopo il ritiro da Valona, era riuscita ad ottenere dalla conferenza degli ambasciatori, il 9 novembre 1921, la conferma dell'indipendenza albanese, il riconoscimento che l'indipendenza e l'integrità territoriale dell'Albania costituivano un «interesse particolare» per l'Italia e l'impegno della Gran Bretagna e della Francia di fornire i mezzi giuridici (Società delle Nazioni) per farglielo tutelare. Veniva in sostanza pienamente accolta l'esigenza italiana che l'Albania restasse indipendente e l'Italia aveva il consenso dell'Intesa nel far rispettare tale suo interesse. Questa particolare soluzione per l'Albania era già stata voluta e impostata da Sforza ed è esattamente per questo motivo che si può affermare che anche la politica adriatica di Sforza non era poi tanto distensiva verso la Jugoslavia come la si è voluta fare apparire, contenendo in sé le premesse per il prolungamento del dissidio italo-jugoslavo.

Per quanto riguarda Rodi e il Dodecanneso, la cambiale risultante dall'accordo Bonin-Venizelos seguiva le sorti del superamento del trattato di Sèvres nella guerra greco-turca e fu quindi dichiarata inesigibile, con la denunzia dell'accordo il 3 ottobre 1922.

Restavano le rettifiche per le colonie africane, in gran parte definite con la Gran Bretagna, non ancora con la Francia, ma nel loro complesso questione minore, a meno che non fosse rispuntato il desiderio di realizzare il programma del memoriale Colosimo. Era stata infine impostata una politica tendente a sostenere l'indipendenza austriaca, favorendo la stipulazione dei protocolli di Ginevra del 4 ottobre 1922 che, nel loro profilo politico, contenevano il libero impegno dell'Austria a non alienare la propria indipendenza in cambio di un sostegno finanziario da parte dei paesi che ad essa erano interessati, direttamente (Italia, Francia e Cecoslovacchia) o indirettamente (Gran Bretagna).

Certamente minore era stata l'iniziativa italiana sui grossi temi internazionali: Russia, disarmo, riparazioni. Circa il primo, dopo i velleitarismi strumentali di Nitti, l'Italia si mosse sulla scia della politica inglese ed anche noi stabilimmo un accordo commerciale il 26 dicembre 1921 inteso come primo passo verso il riconoscimento. A proposito del disarmo, che è bene in questo caso chiamare limitazione degli armamenti, una delegazione italiana fu presente a Washington (12 novembre '21 - 6 febbraio '22) e firmò i due trattati delle cinque e nove potenze. Per quanto fosse composta in modo da apparire un viaggio turistico per membri del Senato, ottenne l'eccellente risultato di conseguire la parità per le navi di linea con la Francia. Era un risultato che andava al di là delle esigenze italiane – e non so quanto fosse stato effettivamente perseguito perché l'argomento non è stato ben studiato – che veniva però ottenuto proprio per merito dell'appartenenza dell'Italia all'Intesa. In tema di riparazioni infine si deve riconoscere che la partecipazione italiana si era ridotta ad una pura presenza, dopo l'uscita di Sforza dal governo. Il fatto è che il tema riparazioni non interessava molto l'Italia, nei suoi aspetti tecnici, perché si trattava delle riparazioni tedesche per le quali l'Italia fruiva di una quota minima, e nemmeno nei suoi aspetti politici, che consistevano nel problema tedesco o meglio dei rapporti franco-tedeschi.

L'interesse italiano si cominciò a risvegliare quando venne improvvisamente alla ribalta il problema dei debiti di guerra. Si tratta di temi poco conosciuti e poco studiati in Italia e personalmente ne ho potuto misurare tutta l'importanza ed il valore riordinando le carte di gabinetto del Ministero degli esteri. È noto comunque che Francia e Italia avevano contratto debiti con la Tesoreria britannica e con banche private americane e dal 1917 con la Tesoreria degli Stati Uniti (cosa che aveva dovuto fare da allora anche la Gran Bretagna), per pagare i rifornimenti di materiale bellico occorrenti all'Intesa. Al termine del conflitto si affermarono due tendenze in ordine a tali debiti: quella per il loro pagamento, sostenuta dagli Stati Uniti con l'argomento che, trattandosi di transazioni commerciali, andavano rispettate, e quella della Gran Bretagna (e di Francia e Italia) per l'annullamento di essi, fondata sull'argomento che si trattava di operazioni effettuate per sostenere il comune sforzo bellico. In via subordinata, Francia e Italia, che, a differenza della Gran Bretagna, erano solo debitrici, sostenevano la tesi dell'abbinamento dei debiti con le riparazioni, ossia il pagamento delle obbligazioni proprie con quelle degli ex nemici. Nel maggio 1921 venne approvato a Londra lo «stato dei pagamenti» tedeschi, vale a dire il restante ammontare complessivo delle riparazioni dovuto dalla Germania, nella cifra di 132 miliardi di marchi-oro, cifra superiore di circa un terzo al valore totale dei debiti interalleati. E la Francia divenne manifestamente favorevole alla tesi dell'abbinamento perché aggiungeva l'interesse finanziario di Stati Uniti e Gran Bretagna al proprio interesse politico di esigere le riparazioni tedesche quale mezzo di pressione, controllo e indebolimento della Germania.

Le tre soluzioni (pagamento, annullamento, abbinamento) parevano tutte possibili finché la legge americana del 9 febbraio 1922 dette mandato all'Amministrazione di procedere alla riscossione dei crediti. A questo punto la Gran Bretagna, avendo la doppia veste di creditrice (verso la Francia e l'Italia) e di debitrice (verso gli Stati Uniti), per migliorare la propria posizione negoziale mutò il suo atteggiamento invitando il 1° agosto 1922 Francia e Italia a pagarle i suoi crediti. L'Italia pertanto venne a trovarsi, da un lato, bruscamente sollecitata dai suoi due creditori a pagare, cosa che non era in condizione di fare, e, dall'altro, improvvisamente spinta ad interessarsi del problema tedesco per la teoria dell'abbinamento che meglio corrispondeva alla propria convenienza. Il problema era complesso e delicato data la divergenza di opinioni tra Francia e Gran Bretagna in tema di riparazioni o più esattamente di strumentalizzazione di esse a fini strettamente politici. I tre alleati si riunirono a Londra il 3 e 4 dicembre 1922 per trovare una via d'uscita e Mussolini presentò un elaborato progetto di compromesso, non fatto da lui ovviamente, ma dagli uffici, fondamentalmente basato sulla teoria dell'abbinamento, e respinto dai francesi proprio per i suoi aspetti conciliativi. Il 14 dicembre 1922 la Germania comunicò che, a causa del suo dissesto finanziario, era impossibilitata a pagare le restanti quote di riparazioni per il 1922 e tutte quelle del 1923. La successiva conferenza interalleata di Parigi (3-4 gennaio 1923) segnò la rottura fra inglesi e francesi, rifiutando questi anche il progetto di compromesso presentato dal primo ministro britannico Bonar Law. Ne venne l'occupazione franco-belga della Ruhr, e tutto il seguito di avvenimenti conosciuti come crisi della Ruhr.

5. – Ho volutamente introdotto Mussolini nella politica estera italiana parlando del problema debiti-riparazioni, sia perché era la maggiore questione internazionale del momento in cui fosse coinvolta l'Italia, mentre la pace con la Turchia era una questione di portata inferiore, sia per non dare inizio alla politica estera del periodo fascista con l'abusato nome di Territet, sia per mostrare che nel novembre 1922 non comincia qualcosa di nuovo. È bene dirlo con chiarezza, se si vuol badare alla sostanza delle cose – e pur tenendo conto che a volte la forma, specie in politica estera, è parte della sostanza – a Territet Mussolini

non inaugura una nuova politica estera, ma dimostra solo la sua inesperienza a trattare quei problemi. Cosa, del resto, di cui era perfettamente conscio, tanto che il ministro degli esteri del suo primo ministero doveva essere Carlo Sforza e non lo fu per un equivoco: Sforza ritenne erroneamente che il discorso di Napoli di Mussolini fosse in contrasto con quanto fra loro convenuto, e si confermò in tale errore quando non vide subito comparire il suo nome nella lista dei ministri, senza badare che Mussolini aveva assunto solo l'interim e che si menzionava in coda ai ministri il segretario generale Contarini. Tutto ciò è chiaramente dimostrato dai documenti pubblicati e da quelli dell'Archivio Sforza. Ma il mito su questo evento è tanto solido che non credo possa essere scalfito da un materiale pur così significativo. E che quella iniziale di Mussolini non sia in politica estera una politica nuova nella sostanza è ampiamente dimostrato dai suoi discorsi programmatici a partire da quello, tristemente famoso, del 16 novembre 1922, nel quale, a parte taluni slogan ovvi e banali (i trattati non sono eterni) che allora parevano cose sensate, come ci appaiono sensati quelli di oggi perché è faticoso esercitare un minimo di senso critico, il programma si riduceva ad alcune semplici proposizioni: fedeltà all'Intesa con la richiesta del riconoscimento della parità di diritti, esaurimento delle poche questioni lasciate aperte dalla conferenza della pace, equa soluzione per il problema riparazioni-debiti, ch'erano le stesse che impegnavano la politica estera italiana prima di lui, e per le quali propose e accettò soluzioni analoghe a quelle ricercate e spesso ottenute dai governi precedenti. L'unica novità era l'uguaglianza di diritti che non si chiede, ma che si opera per vedersela riconosciuta. Non credo di dire con questo cose nuove rispetto alla più consistente storiografia. Quale altro significato ha il fatto che nei primi due volumi dell'opera di De Felice si trascuri la politica estera, se non che il nuovo si manifesta dal momento in cui egli comincia a trattarla, a metà dell'opera? Certo cambia un po' lo stile, ma assai meno di quanto sembri, soprattutto all'inizio; ma di mutamenti effettivi nella sostanza, e ancor più negli obiettivi, non se ne verificarono fino a dopo Locarno.

Quindi, si entra nel periodo fascista, ma la politica estera resta per il momento quella tradizionale, né, si dovrebbe aggiungere, poteva essere altrimenti.

Alla luce di queste considerazioni diviene ancor più inappropriato parlare, per questi anni iniziali, di definizioni specifiche della politica estera fascista. La fobia per esse, che ho più volte affermato [24], non trova proseliti. Anzi se ne continuano a formulare. Ma non per questo mi sento di abbandonare il mio punto di vista. Vediamo quindi in sintesi a quali risultati approda la politica estera italiana nel primo periodo del governo Mussolini. A Losanna non si fa gran fatica per riottenere, nel secondo trattato di pace con la Turchia, la sovranità su Rodi e il Dodecanneso, questa volta senza più esplicite cambiali, come del resto era già chiaro dopo la sconfitta greca e la conseguente caduta di Lloyd George. La Gran Bretagna cerca di mantenere aperta la questione condizionando la consegna del Giubaland (da cedere in applicazione all'art. 13 dell'accordo di Londra) al ripristino dell'impegno italiano per il Dodecanneso, ma poi con MacDonald abbandona tale condizione e cede il Giubaland con l'accordo del 15 luglio '24 cui segue, e d'intesa con la Francia, l'entrata in vigore del trattato di Losanna il 6 agosto '24.

Tra la fine della conferenza e questa data ha luogo l'episodio di Corfù, studiatissimo come fatto emblematico della nuova politica estera fascista, al punto che il Barros, lo storico della Società delle Nazioni, ha riempito con esso un intero volume [25]. I fatti sono quasi tutti noti; gli interrogativi che pongono sono due: intendeva Mussolini restare a Corfù e, secondo, per quali reali fini fece compiere il gesto di forza. Circa il primo mi pare che vada tenuto ben presente che non fece resistenza ad andarsene. Quanto al secondo, l'ultima interpretazione proposta è quella che tende a presentare la prova di forza come una intimidazione

---

[24] PIETRO PASTORELLI, *La storiografia italiana del dopoguerra sulla politica estera fascista*, in «Storia e politica», 1971, n. 4, pp. 590-591.

[25] JAMES BARROS, *The Corfu Incident of 1923*, Princeton (N.Y.), Princeton University Press, 1965.

diretta alla Jugoslavia per costringerla ad accettare le proposte italiane per Fiume. È ingegnosa, ma non convincente. La questione adriatica aveva, come ho detto, la sua conclusione già quasi del tutto segnata; i serbi, e qui si tratta di Pasic e Nincic, non erano gente da farsi facilmente intimidire, soprattutto ritenendosi certi dell'appoggio francese. Infine Mussolini aveva sì ordinato lo sbarco, ma non il cannoneggiamento, risvolto ancora oggi non chiaro per le tante mezze verità dell'ammiraglio Solari e del comandante Foschini. Resto in conclusione del parere che la mossa fosse proprio diretta a premere sulla Grecia e che la questione s'ingrossò per l'imperizia tecnica con cui fu condotta.

Sulla questione adriatica debbo invece aggiungere che la soluzione del trattato di Roma si riferiva solo al primo dei due problemi di cui essa si componeva. Quanto al secondo, l'Albania, la Jugoslavia riteneva che, avendo ormai concesso molto riguardo al primo, fosse implicitamente autorizzata ad annullare di fatto la dichiarazione del 9 novembre 1921, manovrando per linee interne e cioè interferendo nella lotta per il potere in atto all'interno dell'Albania. Fu battuta sullo stesso terreno dall'Italia e ne venne il patto militare segreto di Tirana del 26 agosto 1925 che dava corpo e realizzabilità alle prerogative riconosciute all'Italia nel 1921.

Per quanto non ne abbia fatto specifica menzione, questi risultati sono ottenuti nel quadro degli stretti rapporti che l'Italia mantiene con gli alleati dell'Intesa, e lo stesso dicasi per il cosiddetto riconoscimento dell'Unione Sovietica per quanto in quest'ultimo caso la gara sui tempi del riconoscimento con l'Inghilterra di MacDonald possa dare l'impressione del contrario. Voglio dire che non si trattava di un giro di valzer o di un'iniziativa dissonante con l'atteggiamento degli alleati. Nel 1924 venne anche il riconoscimento francese. L'evento aveva preso a maturare rapidamente dopo l'intesa tedesco-sovietica di Rapallo dell'aprile 1922. Anche qui Mussolini, per quanto se ne sia detto, non introduce novità.

L'ultima questione legata alla politica dell'Italia nell'Intesa, secondo l'indicazione data all'inizio, è ancora il problema delle riparazioni che è padre dei patti di Locarno. Tale paternità viene di solito disputata tra Lord d'Abernon e Stresemann mentre essa appartiene alle riparazioni o meglio alla soluzione della crisi della Ruhr delineata nell'inverno 1923-24 e poi formalizzata nella conferenza di Londra dell'agosto 1924.

Per quanto riguarda l'Italia, c'è da dire che, dopo aver dato l'impressione, più per carenze dei rappresentanti italiani che per esplicita direttiva politica, di appoggiare la politica francese del pegno produttivo, si allineò solidamente alla posizione britannica espressa dal progetto Bonar Law, posizione sulla quale la Tesoreria inglese riuscì a trovare un terreno d'incontro con quella americana sancito dall'accordo Baldwin-Mellon del febbraio 1923, in base al quale gli inglesi si impegnavano a pagare il loro debito a condizioni favorevoli, salvo a collegare tale pagamento con la riscossione delle riparazioni tedesche. Sulla medesima base si iniziarono, nello stesso febbraio 1923, conversazioni fra Italia e Gran Bretagna, concluse da intese tecniche del maggio successivo, nelle quali trovava preciso accoglimento la tesi, enunciata nel progetto italiano del dicembre, del collegamento fra debiti interalleati e riparazioni. Si cominciava così a costituire quella catena, sia pure con anelli di diversa consistenza, dalla quale doveva nascere la soluzione del problema delle riparazioni del 1924. Non occorre qui ricordare le cause economiche e politiche del fallimento della politica del pegno produttivo come pure della resistenza passiva tedesca, l'avvento di Stresemann e la sconfitta di Poincaré: sono tutte cose note.

Dalla nomina della commissione Dawes nel dicembre 1923 alla conclusione dei suoi lavori nell'aprile 1924, alla conferenza di Londra dell'agosto 1924, l'atteggiamento lineare e costruttivo della diplomazia italiana ispirata e guidata da Contarini, cui Mussolini dette ampia delega pur seguendo personalmente tutto il negoziato, dimostrò che veniva riconosciuta nei fatti quella parità di diritti che nel novembre 1922 si era cercata a parole. Ne fanno fede diecine di pacchi di documenti che non sono stati nemmeno interamente utilizzati nei relativi volumi dei *Documenti diplomatici italiani,* non essendo allora riordinati e che ora sono a disposizione degli studiosi.

L'approvazione del piano Dawes, favorita in Francia dalla vittoria del cartello delle sinistre nel giugno 1924, rese evidente che Parigi doveva ricorrere ad altri mezzi per premunirsi contro il possibile e temuto risorgere della minaccia tedesca; scartati le pressioni e l'uso della forza, questi mezzi non potevano essere che di natura diplomatica, del tipo della garanzia ottenuta da Gran Bretagna e Stati Uniti a Versailles, rimasta allora sulla carta per la mancata ratifica americana. Un succedaneo di essa era stato poi offerto da Lloyd George nel gennaio 1922 nella conferenza di Cannes e rifiutato dalla maggioranza parlamentare francese. Alla vigilia della conferenza di Londra sulle riparazioni e durante il corso dei lavori della conferenza stessa, la Francia riprese quindi le trattative con la Gran Bretagna per un patto di garanzia fallite a Cannes. Il memorandum Stresemann del 9 febbraio 1925 non faceva altro che dare inizio alla fase pubblica del negoziato.

L'Italia fu messa al corrente di queste conversazioni preliminari, che continuarono a svolgersi mentre in sede di conferenza degli ambasciatori si discuteva del possibile sgombero di Colonia, e dette la sua adesione di massima al principio della garanzia in un patto nel quale si affiancava alla Gran Bretagna come garante della sicurezza francese, prendendo il posto che, nei testi del 1919, era stato degli Stati Uniti. Le complicazioni che portarono al noto discorso di Mussolini del 20 maggio e alla posizione di riserva assunta dalla delegazione a Locarno nell'estate 1925, argomenti sui quali si sono esercitati molti esegeti, senza disporre però di tutta la necessaria documentazione, si verificarono più tardi. E fu quando parve che si delineasse il pericolo di compensare la Germania per i sacrifici che compiva con il patto, attraverso un'autorizzazione all'Anschluss con l'Austria. La reazione italiana fu a questo punto assai vivace, e forse inaspettata perché Mussolini non aveva mai parlato nei suoi discorsi del problema dell'Anschluss, pur avendo chiarissima l'idea che «l'unione austro-tedesca avrebbe privato l'Italia di uno dei frutti più importanti della vittoria»[26]. Gli inglesi capirono subito il motivo della

---

[26] Tel. autografo di Mussolini del 14 maggio 1925, n. 104, in ASDMAE.

reazione italiana. E Chamberlain assicurò che «per una generazione almeno doveva essere persino evitata ogni occasione di parlare della questione affinché non fosse considerata un'ipotesi realizzabile» [27]. Da Parigi invece giunse una risposta inadeguata: la proposta di una garanzia al Brennero. E si faticò molto a far comprendere al ministro degli esteri francese Briand, ma soprattutto al suo braccio destro Berthelot, che non era desiderata perché partiva dall'ipotesi di considerare l'Anschluss come realizzabile, cosa che non conveniva nemmeno alla Francia, e che accentuava inoltre il neo del patto di sicurezza renano, il quale di fatto veniva a creare frontiere di due categorie, quelle che avevano la sola garanzia dei trattati del 1919-20, e quelle che avevano una speciale garanzia aggiuntiva, o, detto in altri termini, quelle violabili e quelle inviolabili. Superato questo scoglio, l'Italia fece cadere la sua riserva, e il patto fu siglato a Locarno dallo stesso Mussolini il 16 ottobre 1925. Da quanto ho detto risulta che l'argomento deve essere ancora approfondito per rendere meglio nota la posizione italiana, oggetto di molte sfasate interpretazioni [28].

Contemporaneamente a Locarno, e per effetto della conclusione economica (con la conferenza di Londra dell'agosto '24) e politica (con Locarno appunto) del problema delle riparazioni, aveva luogo il negoziato con gli Stati Uniti per il regolamento del problema dei debiti di guerra, concluso con l'accordo Volpi-Mellon del 14 novembre 1925, cui seguì il negoziato con la Gran Bretagna concluso con l'accordo di Londra del 27 gennaio 1926. I due accordi, largamente vantaggiosi per l'Italia, erano basati sul medesimo principio della capacità di pagamento del debitore che aveva ispirato il piano Dawes per le riparazioni. Gli Stati Uniti rinunciavano in sostanza all'80% del loro credito e la Gran Bretagna all'86% del suo mentre le rate da pagare venivano sca-

---

[27] Tel. di Scialoja a Mussolini, 10 giugno 1925, in *DDI*, serie settima, vol. IV, Roma, Istituto Poligrafico dello Stato, 1962, D. 29.
[28] Una ricostruzione del negoziato è ora in MATTEO LUIGI NAPOLITANO, *Mussolini e la Conferenza di Locarno*, Urbino, Editrice Montefeltro, 1996.

late nell'arco di un sessantennio con bassissimo interesse. Gli Stati Uniti, per di più, concedevano un prestito di 100 milioni di dollari, come del resto avevano fatto con altri paesi loro debitori.

Questi accordi ponevano termine al periodo postbellico più direttamente legato ai problemi della guerra e alla loro soluzione. Spirava anche l'Intesa nel significato che aveva avuto durante il conflitto, di contrapposizione e di scontro di interessi tra le potenze marittime e le continentali. Il reincarnarsi della collaborazione fra Gran Bretagna, Francia e Italia nei patti di Locarno acquisterà un significato nuovo in un'Europa che allora apparve pacificata, anche se lo era solo apparentemente, portando in sé, come nel caso del nostro paese, pericolosi germi di nuove tragedie.

Se la politica estera italiana nel primo triennio mussoliniano non presenta quindi sostanziali novità e continua ad avere ancora fino a tutto il 1925 come filo conduttore la collaborazione con l'Intesa, ciò non vuol dire, naturalmente, che nei propositi, all'inizio invero un po' confusi, di Mussolini e di alcune delle forze che lo sostenevano non ci fossero progetti, aspirazioni e obiettivi nuovi o soprattutto ripresi dal passato, verso cui puntare [29]. Vuole semplicemente dire che oltre al rispetto dell'impegno c'era anche convenienza a mantenersi allineati all'Intesa, non solo per completare i risultati che quella politica aveva reso possibili, ma anche per ragioni di politica interna [30]. E vuole inoltre dire che aspirazioni e obiettivi nuovi o ripresi dal passato cominciarono a maturare in seguito proprio per effetto di quei cambiamenti nelle istituzioni, negli uomini e in definitiva nella società italiana che all'incirca in quel triennio portarono dallo Stato liberale allo Stato fascista.

---

[29] Mi limito a citare il già ricordato memoriale Colosimo sull'Africa.
[30] Ricordo qui solo un particolare: nel dicembre '24, sei mesi dopo il delitto Matteotti e alla vigilia delle leggi speciali, il Consiglio della S.d.N. tenne la sua sessione di lavori a Roma con l'intervento di molti reputati statisti dell'Europa democratica.

5.

L'ITALIA E L'ACCORDO
AUSTRO-TEDESCO
DELL'11 LUGLIO 1936

1. – Vari anni fa, nel 1972, in un incontro tra storici italiani e
austriaci, Di Nolfo e Jedlicka si occuparono, nelle loro relazioni,
di questo tema, l'uno cercando di inquadrarlo nelle linee fondamentali della politica estera fascista, l'altro fornendo un notevole
contributo documentario tratto dall'archivio austriaco [1]. Nella
storiografia italiana il tema è stato ripreso poco dopo da De Felice nel terzo volume della sua monumentale opera su Mussolini [2]
e poi, quasi incidentalmente, in un articolo di Renato Mori sul
riavvicinamento tra Hitler e Mussolini [3]. Si è infine aggiunto un
contributo di notevole importanza: il volume di Lefebvre d'Ovidio che traccia un grande quadro delle origini degli accordi del 7
gennaio 1935, ripercorrendo tutto l'iter dei rapporti italo-francesi
e delle questioni che su di essi hanno più direttamente interferi-
to: in questo ambito c'è proprio un capitolo dedicato alle relazioni italo-tedesche nel 1933, assai utile per l'argomento che qui

---

[1] ENNIO DI NOLFO, *I rapporti italo-austriaci dall'avvento del fascismo all'Anschluss*, e LUDWIG JEDLICKA, *Austria e Italia dal 1922 al 1938*, in «Storia e politica»,
1974, n. 1-2, pp. 33-81 e 82-105.
[2] RENZO DE FELICE, *Mussolini il duce*, I, *Gli anni del consenso 1929-1936*, Torino, Einaudi, 1974, pp. 755-756.
[3] RENATO MORI, *Verso il riavvicinamento fra Hitler e Mussolini*, in «Storia e politica», 1976, n. 1, pp. 70-120.

si tratta [4]. In breve: dall'avvento al potere di Hitler, Mussolini si preoccupò di dare soluzione al problema dell'Austria e, ben prima che desse i noti consigli a Dollfuss, cercò una soluzione contrattuale con la Germania proponendo un riconoscimento dell'indipendenza austriaca in termini accettabili per la Germania, ossia coordinando la politica dell'Austria con quella tedesca. Ebbene, la Germania rifiutò nella maniera più netta, nonostante quello fosse un periodo di debolezza politica sul piano internazionale per il nuovo Reich.

Da allora non mi pare che ci siano stati, almeno in campo italiano, altri contributi notevoli e nemmeno il mio sarà tale perché mi propongo solo di riferire sull'indagine che ho potuto compiere nell'Archivio storico del Ministero degli esteri, ora che la documentazione più importante relativa al periodo fascista, le carte dell'Archivio di Gabinetto, è stata tutta restaurata, riordinata e catalogata [5] sì che la consultazione può avvenire in modo sistematico ed esauriente, cioè con la certezza che non sia sfuggito nulla di importante.

2. – La documentazione sull'accordo austro-tedesco e le sue origini è tutta contenuta in due posizioni, quella dei colloqui e autografi e quella delle questioni politiche sotto la voce Austria, e consta di dodici fascicoli [6].

Nella serie dei colloqui di Mussolini e di Suvich, cioè delle verbalizzazioni degli incontri che avevano, si può seguire l'applicazione della nota comunicazione fatta da Mussolini all'ambasciatore tedesco a Roma von Hassell il 6 gennaio 1936, che conosciamo nella versione di von Hassell [7]. Di questo colloquio

---

[4] FRANCESCO LEFEBVRE D'OVIDIO, *L'intesa italo-francese del 1935 nella politica estera di Mussolini*, Roma, Tipo-Litografia Aurelia, 1984, cap. IV.

[5] Per tale riordinamento vedi PIETRO PASTORELLI, *Le carte di Gabinetto del Ministero degli affari esteri 1923-1943*, in «Storia delle relazioni internazionali», 1989, n. 2, pp. 313-348.

[6] Le sigle archivistiche sono le seguenti: Gab. 7, 8, 12 e 229-235, UC 56 e 57. Tra il 1991 e il 1994 questo materiale è stato quasi tutto pubblicato nei *Documenti diplomatici italiani*, serie ottava, voll. I-V. Se ne indicano di seguito i riferimenti.

[7] Hassell a Ribbentrop, 7 gennaio 1936, in *Documents on German Foreign Po-*

non c'è verbale da parte italiana perché Mussolini aveva smesso da tempo di prendere nota personalmente dei colloqui – lo aveva fatto per circa dieci anni, dal 1922 al 1932 – e aveva passato l'incarico al sottosegretario Suvich, che in questa occasione non convocò perché, evidentemente, voleva parlare in termini assai chiari di un argomento che sapeva bene incontrare l'opposizione di Suvich.

Suvich venne a conoscenza di quanto Mussolini aveva detto proprio da von Hassell, che incontrò il 24 gennaio 1936, dopo il ritorno dell'ambasciatore tedesco da Berlino. Suvich scrive nel verbale del colloquio: «Il Fuhrer – a quanto dice l'ambasciatore – sta riconsiderando la questione dell'Austria, ma non è arrivato ancora a delle determinazioni precise»[8]. Sappiamo dalla documentazione tedesca come il mutamento dell'atteggiamento italiano nella questione austriaca sorprese grandemente non solo la Wilhelmstrasse ma anche lo stesso Hitler che rimase assai perplesso perché un anno e mezzo prima aveva parlato personalmente di quel problema con Mussolini e gli era parso di aver capito qualcosa di simile a quanto gli comunicava ora von Hassell, mentre l'atteggiamento italiano si era poi dimostrato nettamente diverso. L'equivoco sui colloqui di Venezia del giugno 1934 è un elemento da tenere ben presente.

La reazione di Suvich, che aveva notato, come del resto tutto l'ambiente diplomatico romano, l'andirivieni di von Hassell da Berlino, si manifestò con due appunti indirizzati al capo del governo il 29 gennaio e il 7 febbraio 1936. Nel primo illustrava tutte le ragioni per le quali l'Italia non si doveva avvicinare alla Germania[9]. Nel secondo, dopo aver difeso la politica di sostegno all'indipendenza austriaca ed aver illustrato la manovra in senso contrario sviluppata dalla Germania, concludeva: «Tale politica tedesca va controbattuta. Si potrebbe pensare di farlo in via di

licy 1918-1945, Series C, vol. IV, London, Her Majesty's Stationery Office, 1962, D. 485.

[8] Appunto Suvich, 24 gennaio 1936, in *DDI*, serie ottava, vol. III, Roma, Istituto Poligrafico dello Stato, 1992, D. 110.

[9] Suvich a Mussolini, 29 gennaio 1936, ivi, D. 131.

accordo, sia favorendo un accordo diretto tedesco-austriaco, sia concludendo un accordo diretto italo-tedesco che abbia per oggetto l'Austria o con un sistema triangolare»[10]. E il suo favore andava chiaramente alla seconda soluzione. Suvich in sostanza proponeva un ritorno alla politica del 1933, senza rendersi conto che una proposta del genere non rappresentava affatto un'alternativa perché si trattava di un tentativo già esperito senza successo.

Mussolini ovviamente non accolse questo suggerimento e procedette per la sua strada, accettando anche la richiesta tedesca che fossero gli italiani a comunicare agli austriaci il cambiamento intervenuto nell'atteggiamento dell'Italia. Questo risulta dai documenti tedeschi ed è pienamente confermato da quelli italiani. Il 15 febbraio 1936 Mussolini scrisse di suo pugno le seguenti istruzioni all'ambasciatore a Berlino Attolico: «Comunichi a codesto Ministero esteri che nella prima quindicina di marzo mi incontrerò con Starhemberg ... Se il governo del Reich ha qualche cosa che mi vuol far conoscere in merito alla situazione generale e danubiana ascolti e mi riferisca in tempo utile»[11]. Il principe Starhemberg era il leader dell'opposizione all'accordo austro-tedesco e quindi Mussolini anzitutto preavverte Berlino della sua venuta a Roma e poi chiede se i tedeschi desiderano che egli aggiunga qualche altra cosa al messaggio che gli deve comunicare.

Nel frattempo era stato concordato un incontro a Firenze fra il sottosegretario Suvich e il ministro degli esteri austriaco Berger-Waldenegg, che era un Heimwehrista, ossia delle stesse posizioni politiche del principe Starhemberg. E Mussolini affidò proprio a Suvich l'incarico di informare ufficialmente gli austriaci del cambiamento intervenuto nella politica italiana. Come avviene in questi casi, la cosa fu fatta mascherando la comunicazione con una pietosa bugia. Dice il verbale del colloquio, avvenuto il 19 febbraio 1936: «Informo il ministro Berger dell'attività

---

[10] Suvich a Mussolini, 7 febbraio 1936, ivi, D. 194.
[11] Tel. di Mussolini ad Attolico, 15 febbraio 1936, ivi, D. 236.

spiegata in questi ultimi tempi da von Hassell, che è stato chiamato due volte a conferire col Führer. La cosa è in relazione con l'atteggiamento che la Germania assumerà in seguito alla ratifica del patto franco-russo. È probabile però che in questa occasione si parli anche dell'Austria. Von Hassell ci ha chiesto se avevamo nulla in contrario ad un accordo diretto austro-tedesco, al che si è risposto che non c'era alcuna contrarietà, sempreché naturalmente si salvaguardasse il principio della salute, indipendenza e autonomia dell'Austria»[12]. Si dice insomma agli austriaci che era stato von Hassell a chiedere a Mussolini se avesse obiezioni ad un accordo austro-tedesco. Le cose erano andate invece diversamente e penso che Berger l'abbia subito capito perché ben prima del gennaio 1936 s'era iniziato a Vienna il negoziato per una «distensione» tra Austria e Germania dopo i noti fatti del luglio 1934 e da parte austriaca se n'era data più che dettagliata comunicazione a Roma, come si vedrà più avanti.

Da parte sua von Hassell attendeva di sapere da Mussolini se avesse adempiuto all'impegno preso di parlare con gli austriaci. Il 22 febbraio 1936 si fece ricevere a Palazzo Venezia con la scusa di parlare della prossima riunione italo-austro-ungherese che si doveva tenere a Roma. Questa volta al colloquio fu presente anche Suvich, che redasse il verbale[13]. Questo verbale fu fatto poi leggere a von Hassell, il quale non lo trovò di suo gradimento. Fece notare che in alcuni punti non corrispondeva pienamente a quanto gli era stato detto[14]. E il verbale fu modificato con due aggiunte chieste da von Hassell. Nella versione definitiva pertanto alla frase: «Il capo del governo afferma che questa prima riunione [tripartita] risponde alla direttiva ormai nota della politica estera italiana», v'è l'aggiunta: «pur essendo modificati alcuni elementi della situazione politica, e particolarmente i rapporti tra i nostri due Paesi». E alla frase successiva: «Sulla necessi-

---

[12] Appunto Suvich, 19 febbraio 1936, ivi, D. 251.
[13] Verbale del colloquio Mussolini-Hassell, 22 febbraio 1936, ivi, D. 275.
[14] Appunto Suvich del 26 febbraio 1936, ivi, nota 1. Le note successive di questo documento indicano i mutamenti introdotti nel verbale.

tà di mantenere l'indipendenza dell'Austria, il signor von Hassell sa che siamo intransigenti», fa seguito questa aggiunta: «Il capo del governo aggiunge che da parte italiana si desidera una normalizzazione dei rapporti fra la Germania e l'Austria». In questo modo rimaneva agli atti ciò che Mussolini aveva effettivamente detto per far intendere d'aver fatto la sua comunicazione agli austriaci. Non si poté mostrare a von Hassell il verbale del colloquio Suvich-Berger, altrimenti sarebbe risultata la pietosa bugia che s'era detta agli austriaci.

Nell'incontro che si svolse a Roma dal 21 al 24 marzo 1936 tra italiani, austriaci e ungheresi, il problema del cambiamento della politica italiana era ormai chiarito: ne erano stati messi a conoscenza anche gli ungheresi, i quali avevano accolto con estrema soddisfazione tale mutamento. Da parte loro gli austriaci sapevano bene che l'Italia navigava verso altri lidi. Stante questa situazione, è fonte di estrema sorpresa constatare come si svolsero questi colloqui ancora verbalizzati da Suvich. In quello più importante, il 21 marzo, il presidente del Consiglio ungherese, Gömbös, cercò di persuadere gli austriaci ad accettare la richiesta tedesca di una distensione, ma il cancelliere austriaco, dice il verbale, «deve dire subito che non vede la possibilità, né ora né in un prossimo avvenire, di una regolazione diretta dei rapporti fra Berlino e Vienna; ciò non per colpa dell'Austria. Se i rapporti possono migliorare è più probabile che ciò avvenga attraverso gli alleati dell'Austria»[15]. Con questa frase iniziò la manovra di Schuschnigg, tendente non tanto a ritardare l'accordo, quanto piuttosto ad avere una qualche sorta di garanzia, o di partecipazione ad esso, dell'Italia, anche se il cancelliere austriaco appare ormai conscio che si tratterebbe di una garanzia priva di valore effettivo. Berger tornò sull'argomento, come riferisce il verbale, per sottolineare come non fosse proprio il caso di fare un accordo con la Germania, ma le sue parole caddero nel vuoto.

---

[15] Verbale del colloquio di Mussolini con Gömbös e Schuschnigg, 21 marzo 1936, ivi, D. 506.

Il cancelliere austriaco chiese infine un colloquio personale con Mussolini. Si potrebbe pensare che cercasse un chiarimento, o d'essere illuminato sulla via da seguire, o al minimo di conoscere più a fondo il punto di vista italiano. E invece, almeno stando al verbale di Suvich [16], non si parlò di nulla d'importante; l'argomento più rilevante fu la situazione in Alto Adige. Il cancelliere affermò che erano state chiuse la libreria «Athesia» di Bolzano ed il museo di Merano e chiese che questi esercizi potessero essere quanto prima riaperti. Singolare preoccupazione, questa, del cancelliere austriaco, nel momento in cui si sta decidendo della sorte del suo paese, ma d'altra parte illuminante di un modo di considerare la questione altoatesina, che sfugge alla normale graduazione dei valori. L'unico argomento di un certo peso relativo alla situazione austriaca che venne trattato fu il ripristino del servizio militare obbligatorio, che Mussolini incoraggiò Schuschnigg ad effettuare quanto prima in Austria, argomento che viene ripreso da Mussolini il 2 aprile 1936 in un telegramma autografo al ministro a Vienna Preziosi, al quale prescrive di comunicare al cancelliere che «decisione ripristino servizio obbligatorio è di un'importanza storica per l'avvenire dell'Austria e Schuschnigg avrà il merito di averla adottata» [17].

Ma mentre illude, o prende in giro, il cancelliere austriaco con questo telegramma ne scrive un altro per Attolico a Berlino che dice: «Comunichi in mio nome al barone Neurath ... che nelle recenti conversazioni tripartite di Roma mio atteggiamento, come può essere testimoniato dai magiari, fu ispirato all'esplicito riconoscimento della posizione e degli interessi della Germania nel bacino danubiano» [18]. Un'espressione onnicomprensiva che non si riferiva solo all'Austria ma a tutte quante le altre questioni trattate. Mussolini quindi, una volta annunziato il suo nuovo orientamento ai tedeschi, ha tenuto conto delle perplessità che la notizia aveva suscitato a Berlino, ha dato tutte le assicurazioni

---

[16] Verbale del colloquio Mussolini-Schuschnigg, 24 marzo 1936, ivi, D. 523.
[17] Tel. di Mussolini a Preziosi, 2 aprile 1936, ivi, D. 562.
[18] Tel. di Mussolini ad Attolico, 2 aprile 1936, ivi, D. 564.

del caso, ed ha assolto, sia pure in maniera non del tutto lineare, lo sgradito compito di informare gli austriaci che ormai non potevano più fare conto sull'Italia.

Il documento seguente della serie colloqui che interessa è il verbale dell'incontro alla Rocca delle Caminate, il 5 giugno 1936, tra Mussolini e Schuschnigg. Affinché questi documenti mantengano una loro coesione logica, c'è da dire che il nuovo atteggiamento italiano aveva spianato la via all'intesa austro-tedesca, progettata prima nella forma del «modus vivendi» e poi in quella del «gentlemen's agreement», espressioni entrambe non corrispondenti alla sostanza dell'accordo, perché, come è stato già rilevato, esso era piuttosto un «modus moriendi» e quanto poi a qualificare «tra gentiluomini» un accordo al quale partecipasse Hitler appare espressione del tutto non appropriata. Comunque, il cancelliere austriaco aveva preso buona nota del mutato atteggiamento italiano, ne aveva tratto le logiche conseguenze e pertanto sapeva anche di essere autorizzato ad eliminare dal governo gli oppositori dell'accordo. Ed in effetti a metà maggio ci fu la crisi e furono estromessi dall'esecutivo Starhemberg e Berger-Waldenegg, anche se nel nuovo gabinetto Schuschnigg rimasero ancora rappresentanti della medesima formazione politico-militare. Ci fu quindi la ripresa del negoziato con von Papen, ripresa puntualmente comunicata agli italiani con la solita richiesta di consiglio.

L'incontro Mussolini-Schuschnigg fu preparato, come vedremo più avanti, da una serie di contatti avvenuti attraverso uno dei cosiddetti canali non ufficiali. Del verbale del colloquio, redatto sempre da Suvich, un solo punto merita di essere ricordato: il cancelliere austriaco, dopo aver enunciato le tre concessioni cui era disposto in materia di partecipazione al governo di «nazionali», di amnistia e di stampa, dice: «Se l'Italia avesse occasione di parlare con la Germania, si potrebbe forse darle l'impressione che quei tre punti sono il massimo a cui può arrivare l'Austria»[19]. E questa fu l'unica richiesta accolta. Per il resto l'in-

---

[19] Verbale del colloquio Mussolini-Schuschnigg, 5 giugno 1936, ivi, vol. IV,

contro, come avviene sempre in questi casi, non fu altro che la registrazione di un'intesa già raggiunta precedentemente tra le parti. Schuschnigg voleva da Mussolini il via ufficiale all'accordo e, ovviamente, lo ebbe. Restava solo da dare seguito alla richiesta accolta. Lo fece Suvich ragguagliando l'incaricato d'affari tedesco, von Plessen, il 6 giugno. Scrive Suvich nel relativo verbale: «Aggiungo al signor von Plessen che l'atteggiamento del cancelliere ci pare ragionevole»[20], il che voleva dire che i tre punti non andavano superati. Contemporaneamente Mussolini stilava un altro telegramma per l'ambasciatore a Berlino Attolico che dice: «Suvich ha informato von Plessen circa il mio colloquio con Schuschnigg. Si è parlato di un modus vivendi austro-germanico. È quasi superfluo dire che in massima sono favorevole»[21]. Quest'ultima frase va particolarmente notata perché esprime ormai bene il pensiero che per Mussolini l'accordo austro-tedesco è questione del tutto decisa, ormai passata in giudicato, tanto che è «quasi superfluo» ripetere ciò che ha già detto tante volte.

C'è ancora un verbale interessante: quello del colloquio che Mussolini ebbe con von Hassell proprio l'11 luglio 1936, poche ore prima della firma dell'accordo. L'ambasciatore tedesco veniva a dire che Hitler era pronto a riconoscere l'Impero appena l'Italia l'avesse voluto e ad annunziare che l'accordo austro-tedesco sarebbe stato firmato in serata. A questo punto il verbale dice: «Il duce ha detto di essere non solo al corrente ma di avere anzi suggerito a Schuschnigg, durante il colloquio delle Caminate, tale soluzione del problema. Si è dichiarato molto compiaciuto che il modus vivendi sia stato raggiunto perché ciò viene a togliere l'unico punto di attrito fra Italia e Germania»[22]. Questa frase conferma che la questione austriaca è ormai nettamente superata e che si schiudono nuove prospettive. A questo riguardo va notato che nuovo è anche il verbalizzatore del colloquio.

Roma, Istituto Poligrafico dello Stato, 1993, D. 192.

[20] Appunto Suvich, 6 giugno 1936, ivi, D. 206.
[21] Tel. di Mussolini ad Attolico, 7 giugno 1936, ivi, D. 208.
[22] Verbale del colloquio Mussolini-Hassell, 11 luglio 1936, ivi, D. 503.

Al posto di Suvich, come principale collaboratore di Mussolini per le questioni di politica estera, è subentrato Ciano, con l'unica differenza di avere un incarico formalmente superiore, quello di ministro degli esteri. Ma la frase scritta da Ciano è anche l'espressione di una nuova politica che si tende a spingere ancora più avanti, come farà lo stesso Ciano con il suo gruppo e con quel settore del partito fascista che mira a realizzare una vera e propria alleanza con la Germania.

Un ulteriore documento interessante della serie colloqui è il verbale dell'incontro di Mussolini con il nuovo ministro degli esteri austriaco Guido Schmidt, personaggio abbastanza chiacchierato, al pari dell'altro collega di governo, il generale Glaise Horstenau. Per entrambi s'era chiesto agli italiani una specie di gradimento. E da parte italiana s'era risposto che il secondo era noto per i suoi scritti contro l'Italia ma che se il cancelliere lo desiderava se lo prendesse pure nel governo; quanto al primo, avendo il Servizio Informazioni Militare italiano raccolto un certo numero di elementi a suo sfavore, s'era riservatamente detto al cancelliere che se si fidava di questo suo amico continuasse pure a tenerlo con sé: la cosa non costituiva problema per gli italiani. E infatti Mussolini lo ricevette il 15 settembre 1936, sempre alla Rocca delle Caminate. Guido Schmidt pose una serie di domande che qui non interessano e alla fine chiese, anche se non è ben chiaro con quale intento, che l'Italia facesse ancora una pubblica riaffermazione del proprio interesse all'indipendenza austriaca. «Mussolini», dice il verbale, «così risponde: ... Non v'è dubbio che l'accordo [austro-tedesco] rappresenta una svolta nella storia dell'Austria, ma non ha influenza sui nostri rapporti poiché noi intendiamo mantenerci strettamente fedeli all'amicizia dell'Austria e sostenitori della sua indipendenza. Però non è opportuno fare oggi dichiarazioni relative all'indipendenza stessa»[23]. Ed è una risposta che tiene conto dell'ambiguità del personaggio e della sua richiesta, ma che ribadisce ancora una volta

---

[23] Verbale del colloquio Mussolini-Schmidt, 15 settembre 1936, ivi, vol. V, Roma, Istituto Poligrafico dello Stato, 1994, D. 67.

chiaramente, con l'ultima frase, che non si torna più indietro sulla decisione presa.

Della serie colloqui e autografi, un ultimo documento merita di essere ricordato: il telegramma che Mussolini invia a Ciano, che si trovava a Vienna per la consueta riunione dei Paesi dei Protocolli di Roma, per informare Schuschnigg del colloquio avuto il 9 novembre 1936 con il capo dei legittimisti austriaci, von Wiesner. Mussolini scrive: «Comunica al cancelliere che ho avuto un colloquio cordiale e interessante con von Wiesner. Egli mi ha detto che dopo l'11 luglio la tendenza alla Gleichschaltung, cioè all'Anschluss *de facto*, ha progredito fortemente. Per quanto concerne la restaurazione gli ho detto chiaramente che una mossa compiuta in questo momento non favorevole dal punto di vista della situazione internazionale, potrebbe essere fatale all'Austria. Quanto alla indipendenza, ciò dipende ormai dalla volontà degli austriaci stessi»[24]. E qui ci sono due cose importanti da sottolineare. La prima è che per Mussolini la Gleichschaltung, ossia la formula «un popolo, due Stati» che è alla base dell'accordo dell'11 luglio, equivale, senza alcuna possibilità di equivoco, ad un Anschluss di fatto, cui ovviamente seguirà quello di diritto, e che quindi, accettando il primo, è pronto, conseguentemente, ad accettare anche il secondo. E il concetto è ribadito dalla seconda cosa da sottolineare: la frase sull'indipendenza. Essa «dipende ormai dalla volontà degli austriaci stessi» e ovviamente da quella della Germania. Gli italiani non hanno più nulla a che vedere con tale questione «ormai», e questo ormai, aggiunto da Mussolini sopra la riga rileggendo il testo, sembra voler riassumere tutte le vicende dei mesi precedenti, esprime forse un po' di rammarico, ma dà anche il senso della definitività del fatto compiuto.

3. – Questi sono i documenti più importanti della serie colloqui e autografi; ci sono poi i documenti della serie politica del

---

[24] Tel. di Mussolini a Ciano, 9 novembre 1936, ivi, D. 379.

Gabinetto, anch'essa ricca di materiale interessante. Pur avendo-
ne fatto una scelta ristretta, non posso riferire su tutto. Indicherò
pertanto solo alcuni elementi. Il primo di essi concerne la natura
di questo materiale: oltre la normale corrispondenza tra il Ministero e la Legazione a Vienna, esso contiene anche tutta la documentazione relativa ai cosiddetti canali segreti di comunicazione
esistenti tra Roma e Vienna. In particolare, ci sono le relazioni di
Morreale, segretario del fascio locale, addetto stampa della Legazione e corrispondente del «Popolo d'Italia» da Vienna, personaggio che, detto semplicemente, era il canale privilegiato di
comunicazione con il principe Starhemberg ed era, ovviamente,
contrario all'accordo. Le sue relazioni contengono tutti i motivi
per cui, facendolo, si liquida l'indipendenza austriaca. Insomma,
come si vedrà, proprio il punto di vista di Starhemberg. Ci sono
poi tutte le relazioni del senatore Salata, direttore dell'Istituto italiano di cultura a Vienna, che diviene, a partire dall'aprile del
1936, il tramite per le comunicazioni con Schuschnigg, e che è
favorevole all'accordo. E ci sono, assai importanti, ventidue lettere numerate dello stesso Salata con le quali egli rende conto di
tutto il negoziato con von Papen, e delle richieste di consigli e
suggerimenti che vengono rivolte agli italiani anche sul piano
tecnico per la formulazione dell'accordo, e ci sono naturalmente
anche le risposte che vengono da Roma.

Alle prime lettere, la risposta sintetica che Anfuso manda a
nome di Mussolini è «facilitare il modus vivendi»[25], il che significava che non interessava il suo contenuto, ma solo la rapida
conclusione dell'accordo. In altre ci sono delle richieste quali:
l'opinione italiana sulla proposta anglo-francese di un migliora-
mento dei rapporti tra l'Austria e la Piccola Intesa, cui Schuschnigg è contrario (lettera n. 3); la sollecitazione per un intervento sulla Santa Sede per quella che viene presentata come una
bega pastorale tra il nunzio e la Curia viennese e che invece è un
profondo dissenso politico, essendo la Santa Sede contraria al-

---

[25] Anfuso a Salata, lettera del 1° luglio 1936, ivi, vol. IV, D. 420.

l'accordo e la Curia viennese favorevole (lettera n. 4); l'invito a Ciano a recarsi a Vienna al momento della firma dell'accordo per testimoniare una partecipazione italiana ad esso (lettera n. 5). A tutte queste richieste c'è la risposta, sempre di Anfuso, che riferisce le istruzioni di Mussolini: «Al n. 3: Apprezzatissimo l'atteggiamento di Schuschnigg ... Al n. 4: Il ministro ha disposto la necessaria azione perché la Santa Sede si renda conto che il modus vivendi conviene anche all'Austria ... Al n. 5: La visita verrà fatta ma dopo la conclusione del modus vivendi ... Al n. 6: Il Capo ed il ministro approvano la sua azione. Sono d'accordo circa i tempi dello svolgimento, circa le formule e le date. Non ritengono [opportuno], però, per vari motivi, un passo a Berlino per influire ... sulla rapida accettazione dello schema»[26]. E con questo punto si rispondeva ad una ultima sollecitazione di Schuschnigg, preoccupato di qualche piccola obiezione che von Papen mosse nella fase finale della trattativa. Schuschnigg, evidentemente, voleva concludere subito: forse per ragioni di politica interna gli urgeva quel pezzo di carta, credesse o meno al suo effettivo valore, che è questione sulla quale si può discutere a lungo senza giungere ad una conclusione.

Vorrei infine dare notizia di due fascicoli, che contengono le carte amministrative dei due fondi con i quali si sovvenzionava la politica di sostegno all'indipendenza austriaca: uno, il cosiddetto fondo ordinario, per le sovvenzioni all'organizzazione delle Heimwehren, l'altro, il fondo straordinario, per le sovvenzioni personali al principe Starhemberg. Ciò non deve fare scandalo perché è noto che egli aveva profuso, nell'organizzazione delle Heimwehren, larga parte del suo patrimonio familiare e se doveva continuare a muoversi con la necessaria scioltezza era necessario che disponesse di denaro. I due fondi vennero chiusi nel settembre 1936. Dalle carte disponibili è possibile fare i conti di quanto sia costata all'Erario italiano questa operazione. Io non mi sono preso la briga di farli.

---

[26] Anfuso a Salata, lettera del 4 luglio 1936, ivi, D. 448.

Quanto al contenuto, il materiale della serie politica del Gabinetto può essere diviso in due categorie più importanti.

La prima è quella del materiale relativo agli incitamenti fatti pervenire a Schuschnigg affinché giunga all'accordo con la Germania. Il cancelliere austriaco infatti, pur essendo convinto, come risulta da tanti documenti, che a quell'accordo dovesse arrivare, anzi pur avendolo chiaramente auspicato fin da 1935, con gli italiani tende a fare un po' il reticente, dicendo di fidarsi poco dei tedeschi. E mantiene questo atteggiamento di riserva, tattico e strumentale, allo scopo di ottenere una garanzia italiana, fino all'incontro con Mussolini alla Rocca delle Caminate il 5 giugno. Mussolini però non cede su questo punto, considerandosi ormai estraneo alla questione austriaca; tuttavia non fa obiezioni all'idea avanzata da Suvich, e poi sviluppata da Salata, che nell'accordo figuri un richiamo ai Protocolli di Roma che indirettamente garantiscono l'indipendenza dell'Austria. Egli lascia fare, trattandosi di cosa di non grande rilievo e soprattutto perché tale indiretta garanzia, prevista dapprima come uno dei punti del «modus vivendi», figurerà infine solo come riferimento in un documento «confidenziale» destinato a rimanere segreto.

Questo materiale indica chiaramente come sia Salata a farsi interprete e deciso assertore dell'idea di Suvich della garanzia, e come fosse stato da questi introdotto presso Schuschnigg, fino a divenire, come s'è detto, a partire dall'aprile 1936, il canale diretto di comunicazione con lui. Schuschnigg aveva a suo tempo favorito l'apertura dell'Istituto di cultura italiano a Vienna, di cui Salata era divenuto direttore, nel quadro della politica di avvicinamento all'Italia anche sul piano culturale. Salata era un «irredento», un italiano di Parenzo che, per il fatto di aver lasciato il suo paese al tempo della prima guerra mondiale per lavorare presso il Comando Supremo italiano, era stato poi nominato senatore, e s'era occupato, alla Presidenza del Consiglio, del problema delle nuove province assumendo posizioni liberali e sensate. Questa documentazione dimostra anche come egli credesse che l'accordo austro-tedesco avrebbe mantenuto l'indipendenza dell'Austria, soprattutto se avesse fruito della garanzia italiana.

Insomma, agì in buona fede e se questo torna ad onore della sua figura morale, lascia invece qualche dubbio sulla sua perspicacia politica, perché avrebbe dovuto comprendere che si stava cimentando in un'impresa che avrebbe avuto un epilogo negativo. Dopo l'accordo fu nominato ministro italiano a Vienna, da dove fu allontanato un anno dopo per non essere andato ad accogliere alla stazione il governatore di Roma, in visita ufficiale a Vienna. Si trattò di un banale pretesto che nascondeva la ragione sostanziale consistente nel continuare egli a dire a Schuschnigg cose che non corrispondevano più alle direttive della politica estera italiana. Avrebbe potuto conservare il posto se si fosse adeguato alla nuove direttive, ma non era in grado di farlo credendo sinceramente che, sia pure con qualche limitazione, l'Austria avrebbe potuto continuare la sua vita di Stato indipendente.

La seconda categoria nella quale si può dividere, quanto a contenuto, il materiale della serie politica del Gabinetto è quella relativa allo sganciamento da Starhemberg. Da esso la posizione di Starhemberg emerge con estrema chiarezza.

Il negoziato per l'accordo, o per la «distensione» come allora veniva chiamato, aveva avuto inizio esattamente un anno prima, l'11 luglio 1935, con la presentazione di una proposta informale da parte di von Papen, ed è minutamente seguibile con le carte italiane perché da parte austriaca, sia attraverso il canale ufficiale della Legazione, sia attraverso quelli non ufficiali, venivano inviate a Roma precise informazioni e persino le copie dei verbali dei colloqui. Tra questi c'è il verbale del sondaggio preliminare che von Papen fece con Starhemberg, il 5 giugno 1935, per cercare di convincerlo sull'opportunità della distensione. Starhemberg non si dimostra convinto da tutti i sottili argomenti partoriti dalla lucida mente di von Papen e dalle sue equivoche affermazioni, e replica, secondo il verbale: «Almeno una volta Hitler dovrebbe fare una dichiarazione chiara, univoca, pubblica e impegnativa, approssimativamente del seguente contenuto: che egli, Hitler, era giunto alla persuasione che un'Austria libera e indipendente per tutti i tempi è assolutamente nell'interesse di tutti i tedeschi; che egli, Hitler, condanna nel modo più severo tutti i movimenti e gli sforzi contro l'indipendenza dell'Austria; che egli condanna specialmente nel modo più deciso tutti quei movimenti e quegli sforzi che, ammantati da argomenti nazionalistici o sotto la bandiera nazionalsocialista, vengono rivolti contro l'indipendenza dell'Austria; che egli proibisce una volta per tutte non solo qualsiasi ingerenza negli affari austriaci, ma che vieta qualunque rapporto con gruppi ed elementi il cui scopo politico sia l'incorporamento dell'Austria in uno Stato unitario tedesco centralistico»[27]. E Starhemberg precisa che solo una tale dichiarazione del cancelliere del Reich eliminerebbe l'opposizione alla distensione o la ridurrebbe ad un minimo di persone irremovibili e ostinate. Naturalmente siamo nel campo dell'impossibile, ma von Papen, da politico, gli risponde che si tratta di una proposta che potrebbe essere presa in esame, il che in gergo diplomatico significa che non se ne può fare nulla. E da allora il punto di vista di Starhemberg non mutò.

Questo singolare personaggio non gode di buona fame nella storiografia e le sue memorie[28] non riscuotono molto credito. E invece va detto con chiarezza che quanto egli scrive è pienamente confermato dalla documentazione esistente nell'archivio del Ministero. Il suo è uno dei casi non frequenti di memorie in cui ciò che si afferma è vero. Non mancano, naturalmente, discrepanze di date e altri difetti di compilazione, ma non c'è malafede da parte dell'autore che scriveva in esilio. L'uomo ha certo i suoi limiti, ma non quello della sincerità e con le posizioni che sosteneva era chiaro che la via dell'accordo passava attraverso la sua esclusione dal potere. Il famoso dualismo che si era instaurato dal tempo di Dollfuss doveva essere eliminato, come dimostra la documentazione italiana che re-

---

[27] Rapporto di Preziosi a Mussolini, 8 giugno 1935, ivi, vol. I, Roma, Istituto Poligrafico dello Stato, 1991, D. 356, in nota alla p. 368.
[28] *Between Hitler and Mussolini. Memoirs of Ernst Rüdiger Prince Starhemberg*, London, Hodder and Stoughton, 1942. Ma vedi ora WERNER BRITZ, *Die Rolle des Fürsten Ernst Rüdiger Starhemberg bei der Verteidigung der österreichischen Unabhängigkeit gegen das Dritte Reich 1933-1936*, Bern-Frankfurt/M, Peter Lang, 1993.

gistra la progressiva emarginazione di Starhemberg.

Il processo ha inizio nel febbraio 1936, quando, come si è ricordato, Mussolini preavverte e rassicura Berlino circa la prossima visita di Starhemberg a Roma, che ha poi luogo il 5 marzo. Non c'è verbale di questo colloquio, ma da vari elementi compresi in altri documenti risulta che Mussolini, dopo aver ascoltato il progetto di Starhemberg di una coalizione fra i paesi totalitari come mezzo per salvare l'indipendenza dell'Austria, di cui era stato già preavvertito, gli fece intendere che non poteva essere preso in considerazione perché la politica italiana nella questione austriaca era mutata, e che, di conseguenza, se voleva rimanere al potere, doveva allinearsi sulla posizione del cancelliere. Mussolini, in sostanza, adotta una linea morbida: non rottura totale, ma possibilità per Starhemberg di convertirsi alla nuova situazione. Ora la conversione si può avere da un uomo politico, che trova conveniente od opportuno modificare il suo punto di vista, come si dice in linguaggio elegante, o voltar gabbana come si dice volgarmente. Ma Starhemberg non faceva politica per il desiderio o il gusto di farla, bensì perché si era proposto di raggiungere un obiettivo, giusto o sbagliato che fosse, e quindi non mutò parere. Le accuse mosse nei suoi confronti, in particolare quella di fascismo, risultano molto campate in aria perché la realtà è che, una volta finita l'indipendenza dell'Austria, non ha praticato forme di resistenza occulta o clandestina, sulla cui esistenza in Austria si discute molto, ma è andato a combattere contro la Germania nazista nelle file della Francia Libera. E questo mi pare la migliore testimonianza di un punto di vista perseguito con coerenza estrema. Della quale non credo Mussolini dubitasse. Lasciò comunque che Suvich continuasse l'opera di persuasione, ma non se ne fece coinvolgere. Su una lettera di Morreale del 6 maggio 1936 con la quale Starhemberg chiedeva che un rappresentante della milizia assistesse ad una parata delle Heimwehren, Mussolini annotò «no»[29].

---

[29] Lettera di Morreale a Jacomoni, 6 maggio 1936, in *DDI*, serie ottava, vol. III, D. 844.

Il capo del governo italiano ricevette Starhemberg per l'ultima volta il 16 maggio 1936, perché non poté farne a meno. Come esattamente Starhemberg scrive nelle sue memorie [30], venne a Roma per un viaggio previsto da molto tempo accompagnando, come capo dello sport del suo paese, la squadra di calcio austriaca che doveva giocare con la nazionale italiana. S'era avuta naturalmente cura di preavvertire i tedeschi e di precisare loro che l'incontro avrebbe avuto «carattere strettamente privato». Sul colloquio abbiamo un telegramma dello stesso giorno di Suvich alla Legazione italiana a Vienna con l'incarico a Preziosi di ragguagliare il cancelliere. Dice: «Capo del governo ha ricevuto oggi principe Starhemberg col quale ha avuto conversazione su argomenti politica austriaca. Nel colloquio è stata riconosciuta necessità favorire sforzo Schuschnigg per attuare Stato autoritario secondo programma cancelliere Dollfuss e Starhemberg, al quale capo del governo da parte sua ha dato consigli moderazione, ha dimostrato migliore volontà» [31]. Il che, tradotto in linguaggio corrente, vuol dire che ha capito che la porta per lui a Roma è definitivamente chiusa.

Ed in effetti la documentazione italiana sulla crisi governativa austriaca di quei giorni smentisce ampiamente alcune leggende e cioè che Starhemberg abbia cercato di ritardare la crisi, abbia inviato il famoso telegramma di congratulazioni a Mussolini per la conquista dell'Impero, sia corso a Roma per tentare di ottenere un aiuto in extremis, ecc. Non risultano contatti precedenti al viaggio; questo era previsto da lungo tempo, come s'è detto, e quanto al telegramma di congratulazioni, che suonava condanna alle potenze democratiche, di simili se ne possono leggere moltissimi altri in Archivio e provenienti dai personaggi più insospettabili. Il punto fondamentale è che Schuschnigg era perfettamente conscio che per arrivare all'accordo doveva liberarsi di Starhemberg e del suo gruppo, che erano gli unici veri oppositori, giacché le altre correnti, con un consenso più o

---

[30] STARHEMBERG, *Between Hitler and Mussolini* ... cit., pp. 237-238.
[31] Tel. di Suvich a Preziosi, 16 maggio 1936, in *DDI*, serie ottava, vol. IV, D. 64.

meno esplicito, vi erano favorevoli. E decise quindi di prevenire eventuali mosse degli avversari facendo un suo piccolo blitz interno. La notizia della repentina costituzione del nuovo governo venne data a Mussolini da Salata – che il 12 maggio era giunto a Roma con un promemoria del cancelliere sulla situazione interna austriaca dal quale non era desumibile la sua conclusione – poche ore prima che, in coincidenza con l'annunzio pubblico, gliela recasse il ministro d'Austria. Nell'appunto di Salata del colloquio con Mussolini del 15 maggio si legge: «S.E. il capo di governo ... ha fatto conoscere il suo giudizio e le sue istruzioni nei seguenti termini: non conviene drammatizzare la situazione ... [Egli] ha piena fiducia nella persona di Schuschnigg, la cui stessa "forma mentis" ... offre piena garanzia ... Il principe Starhemberg ... deve ... mantenersi nella linea della disciplina, evitare ogni manifestazione di risentimento e ogni agitazione che volesse tentarsi a suo favore ...»[32]. E il giorno seguente non poté evitare, come s'è detto, di trasmettergli questo messaggio anche personalmente, con il garbo che Mussolini soleva usare quando congedava qualcuno!

Schuschnigg illustrò poi i dettagli della crisi a Salata che li riferì a Mussolini il 25 maggio. Contrariamente alle notizie che aveva fornito la Legazione italiana a Vienna, Schuschnigg spiegava di aver dato una soluzione immediata alla crisi senza attendere il ritorno di Starhemberg da Roma per «riguardo all'Italia», per evitare che si potesse sospettare una sua ingerenza nella situazione interna austriaca. Egli «sapeva benissimo che così pensando si faceva torto a Mussolini e allo stesso Starhemberg e crede di aver reso un servigio alla causa comune evitando ogni e qualunque anche esteriore commistione dell'Italia in una crisi interna»[33]. Anche prima di tutte queste spiegazioni, Mussolini il suo assenso alla soluzione della crisi lo aveva già dato, come s'è visto e, quel che più conta, l'aveva comunicato ai tedeschi, rallegrandosi che in questo modo la via dell'accordo era spianata.

---

[32] Verbale del colloquio Mussolini-Salata, 15 maggio 1936, ivi, D. 55.
[33] Lettera di Salata a Suvich, 25 maggio 1936, ivi, D. 105.

Da ultimo due documenti ancora su Starhemberg. Il primo è il telegramma con cui Ciano comunica alla Legazione italiana a Vienna la sospensione, a partire dal settembre, delle sovvenzioni poiché «è evidente che sono venute a mancare le ragioni di tale concessione». Il secondo è il telegramma autografo di Mussolini dell'8 ottobre 1936 in cui egli scrive che «Starhemberg deve ritirarsi a vita privata»[34].

In conclusione, la documentazione contenuta nelle carte di Gabinetto offre la materia per una ricostruzione precisa e dettagliata, ivi comprese sottigliezze e sfumature, della realizzazione concreta del cambiamento della politica italiana nella questione austriaca.

4. – Venendo ai nodi storiografici relativi all'accordo austro-tedesco in rapporto alla politica italiana, questo materiale non offre quelle risposte chiare e precise che ogni storico si augurerebbe di trovare nella documentazione: occorre naturalmente interpretarlo, ma in questo caso l'interpretazione risulta assai meno problematica che in altri.

Non ho esaminato il materiale relativo alle origini della decisione annunziata da Mussolini il 6 gennaio 1936 e mi attengo quindi per questa alla tesi prevalente che la considera una diretta conseguenza dell'isolamento e dei pericoli nei quali l'Italia venne a trovarsi quando, nella crisi etiopica, il fallimento del compromesso Laval-Hoare affidò esclusivamente alle armi la soluzione del problema: impresa più difficile e rischiosa di quella prevista, che non si sapeva se si sarebbe riusciti a condurre in porto. Gravavano infatti su essa molti interrogativi, il primo dei quali era se il canale di Suez sarebbe stato mantenuto aperto dagli inglesi, perché se un incidente, anche piccolo, l'avesse bloccato, tutta l'operazione avrebbe fatto fallimento. Gli altri interrogativi erano costituiti dalla previsione di un possibile inasprimento delle sanzioni, dal rischio di una lunga guerra di logo-

---

[34] Tel. di Mussolini a Salata, 8 ottobre 1936, ivi, vol. V, D. 175.

ramento da condurre a migliaia di chilometri dall'Italia, e, infine, da un eventuale aperto scontro con gli anglo-francesi.

La documentazione esaminata dimostra ampiamente che Mussolini, presa la sua decisione, si comportò in modo coerente per darvi seguito e la mantenne anche quando non aveva più un bisogno urgente ed immediato dell'amicizia tedesca, ossia dopo l'aprile del 1936 quando i suddetti interrogativi si erano ormai dileguati e non gli occorreva più di avere, per fronteggiare tali pericoli, una potenza amica di sostegno in Europa. Dopo la proclamazione dell'Impero, il 9 maggio, Mussolini avrebbe potuto cominciare a fare dei passi indietro, se lo avesse voluto, modificando progressivamente la sua linea politica. Questa documentazione dimostra invece che Mussolini ha persistito nella sua decisione, ciò che consente di affermare che quanto aveva detto il 6 gennaio implicava anche una sua completa accettazione dell'Anschluss. La tesi del carattere provvisorio di tale decisione, nel senso che Mussolini, pur accettando la fine della contrapposizione Austria-Germania, fosse comunque fermo nel continuare a sostenere un'indipendenza formale dell'Austria; che essa aveva quindi una natura prevalentemente tattica, imposta dalle circostanze, o che aveva quanto meno lo scopo di rinviare o accantonare il problema, e, in ogni caso, che non era un sì all'Anschluss, mi pare ora meno facilmente sostenibile [35].

L'esame del materiale, compiuto in precedenza, porta invece notevole conforto alla tesi esattamente opposta, che avevo cominciato a sostenere nel mio corso universitario del 1976-77. Allora avevo indicato cinque argomenti a suo sostegno.

Il primo consisteva nel fatto che Mussolini aveva già considerato, al tempo dei patti di Locarno, l'ipotesi di poter rinunciare all'indipendenza dell'Austria in cambio di una garanzia tedesca per il Brennero. L'8 giugno 1925, nella disputa accesasi con i francesi circa l'accettazione del memorandum Stresemann, egli aveva chiaramente detto che «l'Italia, ottenendo specifici impe-

---

[35] DE FELICE, *Mussolini il duce*, I, cit., p. 667.

gni per la garanzia del Brennero, potrebbe rimanere assolutamente disinteressata all'unione dell'Austria alla Germania che peserebbe esclusivamente sulla frontiera occidentale»[36]. Ciò non implica naturalmente che Mussolini fosse nel giusto ritenendo di avere un'alternativa alla politica di sostegno dell'indipendenza austriaca; anzi è bene dire chiaro che errava totalmente a considerare positivo per gli interessi italiani un avvicinamento alla Germania, e questo errore di giudizio lo pagò duramente. Ma quel che conta, per conoscere il suo modo di pensare, è che egli considerasse valida e consistente una tale alternativa.

Il secondo argomento addotto era che con l'abbandono e la liquidazione di Starhemberg l'Italia si veniva a privare dello strumento operativo pratico per intervenire nella situazione interna austriaca come aveva potuto fare nell'estate del 1934. Di conseguenza, anche se in seguito avesse mutato orientamento, non avrebbe più avuto a disposizione i mezzi per tornare a realizzare la vecchia politica.

Il terzo argomento lo traevo dal diario di Ciano. Presa la decisione di allontanare da Vienna il senatore Salata che non si era allineato alla nuova linea politica seguita dall'Italia, Ciano chiarisce in questi termini il compito assegnato al suo successore Chigi: comportarsi come «un medico che deve dare l'ossigeno al moribondo senza che se ne accorga l'erede. Nel dubbio», precisa, non deve dimenticare che «ci interessa più l'erede che il moribondo»[37]. Il linguaggio di Ciano è estroverso e forse anche brutale, perché dopo i fraintendimenti creati dal senatore Salata voleva spiegarsi bene con il suo successore. Ma il brano è uno di quelli che gli storici si augurano sempre di trovare nelle fonti perché sintetizzano una linea politica con poche significative parole.

Il quarto argomento me lo offrivano le risposte che davano

---

[36] Tel. di Mussolini a Tomasi della Torretta, 8 giugno 1925, in *DDI*, serie settima, vol. IV, Roma, Istituto Poligrafico dello Stato, 1962, D. 21.
[37] GALEAZZO CIANO, *Diario 1937-1938*, Bologna, Cappelli, 1948, 24 novembre 1937.

gli italiani quando Göring sollevava il problema dell'Anschluss –
e lo fece almeno due volte in forma ufficiale – nella sue conversazioni con l'ambasciatore italiano a Berlino o direttamente a
Roma. Ebbene, la risposta sempre ripetuta era che l'Italia non si
opponeva ma desiderava ottenere una garanzia per il Brennero.
Questa condizione posta dall'Italia – la stessa, si noti, ipotizzata
nel 1925 – fu accettata dai tedeschi, o parve che lo fosse, e fu posta allo studio la forma di tale garanzia. E, sia detto in parentesi,
fu dalla logica di questa intesa politica italo-tedesca che nacque
l'idea delle opzioni, chiunque sia stato ad indicarla materialmente per primo, Göring, Magistrati o altri, problema che, com'è
noto, è motivo di disputa tra storici italiani e austriaci.

Il quinto ed ultimo argomento che mettevo allora in luce era
il mutare del rapporto di forza militare che tra Italia e Germania
comincia a delinearsi dal marzo 1935, ossia da quando i tedeschi
prendono ufficialmente a riarmarsi, ed entrano in linea di produzione tutti i prototipi sperimentati clandestinamente. La forza
della Germania cresce; quella dell'Italia diminuisce perché,
dopo i consumi per l'impresa etiopica, l'usura continua con la
guerra civile spagnola. In queste condizioni sarebbe stato impossibile realizzare dopo il 1936 quello che si poteva fare, e si
fece, a sostegno dell'indipendenza austriaca nel 1934.

La documentazione conservata nell'Archivio di Gabinetto
del Ministero degli esteri, di cui sopra ho dato un saggio esem-
plificativo, oltre che offrire vari elementi di conferma agli argomenti ora esposti, ne suggerisce un altro di notevole rilievo: la
consapevolezza di Mussolini che gli austriaci non vogliono una
soluzione diversa dall'Anschluss. Si ripete spesso la frase di
Schuschnigg, dopo il tentativo di colpo di Stato del luglio 1934,
secondo la quale, ringraziato Mussolini per l'appoggio ricevuto,
il cancelliere austriaco espresse la sua soddisfazione per il fatto
che non si era reso necessario un diretto intervento italiano perché non sarebbe stato gradito dalla popolazione austriaca [38].

---

[38] KURT VON SCHUSCHNIGG, *Un requiem in rosso-bianco-rosso*, Verona, Mondadori,
1947, pp. 266-267.

Questa frase colpì sicuramente Mussolini, e la documentazione
esistente dimostra che essa costituì il momento d'avvio di un
lento processo di revisione del pensiero di Mussolini circa l'Austria; perché dimostrava che l'avvento di Hitler e del nazional-
socialismo in Germania non aveva sostanzialmente modificato
l'aspirazione di fondo degli austriaci. E senza questo elemento
nessuna diga contro la Germania poteva reggere. I consigli dati e
i sostegni forniti cadevano nel vuoto. Lo scioglimento dei partiti,
la formazione del «fronte patriottico», la nuova costituzione, la
coscrizione obbligatoria, l'unificazione delle milizie e il loro
riassorbimento nell'esercito, poterono creare una facciata nuova, ma dietro di essa restava la vecchia realtà di divisione su
molte questioni ma di una prospettiva di concordia, più o meno
sentita, con esitazioni, con perplessità, per motivazioni diverse e
tuttavia uniformemente diffusa, per l'unione alla Germania.
    Su una lettera di Guido Manacorda che il 14 maggio 1936 gli
scriveva da Berlino trasmettendogli due puntuali relazioni, una
di Morreale e l'altra del prof. Domenico Angelini, docente al-
l'Università di Vienna, su tutti gli aspetti della situazione interna
austriaca nel senso indicato, Mussolini annotò «Importante»[39]. E
questa è un'annotazione che raramente faceva: dalle mie ricerche archivistiche ho potuto constatare che la riservava a quei
documenti che contenevano elementi determinanti per le sue
decisioni. Nel 1936, Mussolini non aveva certo l'intenzione di
giungere, nei rapporti con Berlino, fino all'alleanza, ma il capitolo Austria era definitivamente chiuso: non aveva più né i mezzi
né la volontà per riaprirlo ed aveva per di più la convinzione che
l'Austria da «satellite» della Germania – come si diceva nel documento del 6 gennaio – sarebbe inevitabilmente divenuta «parte»
della Germania. Le esitazioni circa l'Anschluss che traspaiono
nei successivi documenti hanno una loro precisa spiegazione:
Mussolini si preoccupava del momento in cui avrebbe dovuto
annunziare pubblicamente questo cambiamento della politica

---

[39] Lettera di Manacorda a Mussolini, 14 maggio 1936, in *DDI*, serie ottava, vol. IV,
D. 44.

italiana, essendo ben conscio che avrebbe incontrato reazioni negative in settori rilevanti, dal punto di vista quantitativo e qualitativo, dell'opinione pubblica italiana. Per questo motivo si augurava che l'evento accadesse il più lontano possibile nel tempo. Non aveva previsto che non si sarebbe trattato di una reazione passeggera, ma dell'inizio della rottura tra regime e maggioranza del popolo italiano.

6.

LA POLITICA ESTERA ITALIANA 1936-1939

1. – La fase della politica estera fascista che va dalla fine del conflitto etiopico alla seconda guerra mondiale viene di solito presentata come un processo calcolato e costante di avvicinamento dell'Italia fascista alla Germania nazionalsocialista che, partendo dalla solidarietà determinatasi durante la guerra d'Etiopia, giunge all'inevitabile sbocco dell'alleanza di guerra contro le democrazie. Il concetto può sintetizzarsi con la formula: «dall'Asse al Patto d'Acciaio».

A mettere in dubbio questa interpretazione è intervenuto dapprima il Toscano [1], che ha mostrato quanto il cammino verso l'alleanza fosse assai piú articolato e complesso seguendolo sui documenti. Un saggio del Funke [2] ne ha poi decisamente smentito il punto di partenza, dimostrando quanto i rapporti italo-tedeschi durante la crisi etiopica fossero lontani dall'affermata solidarietà. Questi studi mi hanno indotto a riprendere e approfondire sulle fonti e nella storiografia esistente [3] alcune

---

[1] MARIO TOSCANO, *Le origini diplomatiche del Patto d'Acciaio*, Firenze, Sansoni, 1956.

[2] MANFRED FUNKE, *Sanktionen und Kanonen*, Düsseldorf, Droste Verlag, 1970.

[3] Nel 1973 le fonti italiane pubblicate erano i due volumi dei *Documenti diplomatici italiani* (serie ottava, voll. XII e XIII, Roma, Istituto Poligrafico dello Stato, 1952 e 1953), la raccolta dei colloqui del ministro degli esteri (GALEAZZO CIANO, *L'Europa verso la catastrofe*, Milano, Mondadori, 1948) e il suo diario (GALEAZZO CIANO, *Diario 1937-1938*, Bologna, Cappelli, 1948; *Diario 1939-1940* e *Diario 1941-1943*,

considerazioni, fatte in occasione di corsi universitari, le quali mi sembra che inducano a proporre un'interpretazione almeno in parte diversa dell'intero periodo.

In breve, essa può essere cosí enunciata. Il periodo che va dall'estate del 1936 a quella del '39 è la fase in cui Mussolini, adottando una alternativa prospettata fin dal 1925, sostituisce l'appoggio degli anglo-francesi con quello della Germania per condurre la sua politica estera. L'amicizia con la Germania, pertanto, pur fondandosi sulla similarità di regime, ha solo un carattere strumentale. Essa mira a realizzare non lo scontro con le democrazie, bensí obiettivi tradizionali della politica estera italiana (Mediterraneo, Levante, Africa, Albania, etc.) conseguibili, con il sostegno tedesco, in una misura prima impossibile data la loro collocazione in aree di interesse dei franco-inglesi. Con un'altra formula si potrebbe dire: «Hitler strumento della grande politica del duce dell'impero».

Per spiegare questa interpretazione occorre anzitutto fare un breve passo indietro.

In termini generali e molto schematicamente, possiamo dire che, fino alla crisi etiopica, Mussolini aveva condotto la politica estera appoggiandosi all'amicizia della Gran Bretagna e, dal '34 in poi, anche a quella della Francia, con la quale neppure prima, del resto, aveva mai forzato una rottura, nonostante le divergenze. Sostanzialmente, quindi, pur con alterne vicende, era rimasto nell'ambito delle potenze dell'Intesa. Mentre, a dividerlo dalla Germania, esisteva un grosso problema, di cui spesso si sottovaluta l'importanza nell'economia della politica estera mussoliniana: la questione austriaca. Ancora il problema etiopico è impostato in questi termini, e lo prova, assai piú del noto accordo con Laval e del tentativo di intesa con la Gran Bretagna, la con-

---

Milano, Rizzoli, 1946). Per la situazione storiografica d'allora rinvio al mio saggio *La storiografia italiana del dopoguerra sulla politica estera fascista*, in «Storia e politica», 1971, n. 4, pp. 575-614. Ora si sono aggiunti i volumi III-VII della serie ottava (Roma, Istituto Poligrafico dello Stato, 1992-1997) che coprono il periodo 1° gennaio 1936-31 dicembre 1937.

venzione militare italo-francese del 28 giugno 1935. Il concetto cui essa s'ispira appare abbastanza chiaro: impegno concreto alla solidarietà con la Francia (e la Jugoslavia) per la difesa dell'indipendenza austriaca in cambio della libertà d'azione in Africa. Questa politica, pur con i necessari adattamenti, dura fino al dicembre '35: la fa crollare definitivamente il fallimento del compromesso Laval-Hoare, che pone Mussolini di fronte al dilemma di ritirarsi o di spingere a fondo la guerra con mezzi adeguati. Sceglie la seconda via, sia perché l'altra significava la sconfitta, sia perché ritiene di avere un'alternativa politica all'amicizia degli anglo-francesi.

Nonostante le affermazioni retoriche e comiziali, Mussolini era perfettamente consapevole che l'Italia non poteva mantenersi in posizione di completo isolamento. Il problema se lo era posto concretamente al tempo di Locarno, allorché aveva visto nel patto di sicurezza renano un consistente indebolimento del sistema di Versailles, giungendo alla conclusione che, se gli anglo-francesi si fossero dissociati dall'Italia, a questa rimaneva pur sempre la possibilità di rivolgersi direttamente alla Germania: in cambio del consenso all'Anschluss, avrebbe ottenuto la garanzia della frontiera settentrionale e l'amicizia tedesca. Di fronte alla rottura definitiva con la Francia e la Gran Bretagna, Mussolini non ha esitazioni ad optare per l'alternativa già considerata: il 6 gennaio '36 annunzia alla Germania la modifica del suo atteggiamento verso la questione austriaca.

2. – Individuato il momento iniziale, vediamo ora quale conferma offrono all'esistenza della direttiva suddetta alcuni tra i principali avvenimenti del periodo, e quale risposta questa interpretazione suggerisce a vari interrogativi finora insoluti.

Guerra di Spagna. Mussolini aiuta i nazionalisti per favorire l'instaurazione di un'altra dittatura e per ottenere le Baleari o non piuttosto per avere nella Spagna un paese alleato per la politica mediterranea e nelle Baleari solo una base militare in territorio spagnolo, per bloccare le comunicazioni tra la Francia e l'Africa settentrionale? I documenti esistenti (l'intesa segreta del

28 novembre 1936, le dichiarazioni fatte da Mussolini a Ribbentrop il 6 novembre 1937)[4] mi sembra che suffraghino di piú
la seconda ipotesi. D'altra parte, l'obiettivo politico e quello ide-
ologico non si escludono a vicenda: si tratta solo di stabilire
quale dei due abbia avuto la prevalenza. Qui mi sembra utile
introdurre una divisione temporale. All'inizio il miraggio di una
rapida vittoria, che stabilisca in Spagna un altro regime fascista,
appare prevalente. Invece, dopo il marzo '37, diciamo dopo
Guadalajara, i dispacci pubblicati da Cantalupo e il diario di
Ciano danno l'impressione che i due obiettivi abbiano invertito
il loro ordine. Franco chiarisce a Cantalupo: «non mi interessa il
territorio, mi interessano gli abitanti»[5]. Dà in sostanza una precisa indicazione che la guerra sarà lunga e che il nuovo regime ri-
sponderà esclusivamente agli interessi nazionali del popolo spagnolo: quindi niente facili vittorie e nessuna imitazione pedis-
sequa di modelli stranieri. A Roma, sia pure con qualche ritardo,
se ne traggono le conseguenze: già a fine '37 si giungerebbe al
ritiro dei «volontari» se questo non desse «forza e credito a coloro
che dicono che l'Italia è esaurita e non può piú oltre sopportare
sforzi militari. Ciò sarebbe gravissimo: di fronte agli amici ed ai
nemici»[6]. Se l'impresa continua, oltre al motivo di prestigio, risulta ormai prevalente l'interesse ad avere un paese amico ed
alleato piuttosto che non un nemico dichiarato, come sarebbe
inevitabilmente la Repubblica spagnola.

Il viaggio di Ciano in Germania nell'ottobre '36. Terminato il
conflitto etiopico Mussolini ritiene che sia venuto il momento di
procedere decisamente sulla via dell'amicizia con la Germania,
tanto piú che ha ormai pagato, con l'accordo austro-tedesco
dell'11 luglio [7], la prima abbondante rata del prezzo da lui previsto. Dal volume dei colloqui di Ciano appariva che l'iniziativa
del viaggio fosse tedesca, ma ora i documenti tedeschi confer-

---

[4] CIANO, *L'Europa* ... cit., pp. 221-222.
[5] ROBERTO CANTALUPO, *Fu la Spagna. Ambasciata presso Franco (febbraio-aprile 1937)*, Milano, Mondadori, 1948, p. 232.
[6] CIANO, *Diario 1937-1938* ... cit., 28 novembre 1937.
[7] Vedi capitolo 5.

mano che l'iniziativa è italiana. Il colloquio di Mussolini con Frank il 23 settembre, il negoziato per il protocollo del 23 ottobre e l'incontro di Ciano con Hitler il giorno seguente [8], orientano abbastanza bene sul carattere che i nuovi rapporti con la Germania dovevano avere secondo Mussolini. Anzitutto, un'amicizia esclusiva: la Germania non doveva avere uguali rapporti anche con la Gran Bretagna, ma solo un legame preferenziale con l'Italia. Questo mi pare lo scopo preciso della presentazione del «dossier Eden» [9], piú che quello di sabotare il riavvicinamento anglo-tedesco, che altrimenti poteva non essere osteggiato, sia perché non escludeva l'amicizia italo-tedesca, sia perché avrebbe potuto costituire un tramite utile per ricucire la rottura italo-britannica. In secondo luogo, questa amicizia doveva essere basata sulla soluzione concordata periodicamente delle questioni di comune interesse. In questo senso il protocollo di Berlino ha un valore emblematico anche se l'applicazione di questo metodo non doveva piú ripetersi, come si pensava [10]: i punti che lo compongono costituiscono altrettanti argomenti sui quali i due paesi definiscono una politica comune oppure conciliano posizioni originariamente divergenti, e tale risultato è raggiunto attraverso un negoziato effettivo, anche se breve, nel quale vi sono proposte e controproposte ed una attenta formulazione del testo seguita da entrambe le parti. Questo rapporto di amicizia completa ed esclusiva doveva essere cementato non da un'alleanza, che non viene né proposta né lasciata intendere, ma dalla solidarietà tra i due regimi, e piú in particolare da quella tra i due capi, come si vedrà meglio piú avanti. È, in una parola, l'Asse, e nello stesso discorso di Milano del 1° novembre 1936 Mussolini non manca di additare quali prospettive esso consenta all'Italia

---

[8] CIANO, *L'Europa* ... cit., pp. 75-80 e 87-99.

[9] È un gruppo di trentadue documenti inglesi contenenti le valutazioni dei rappresentanti britannici in Europa circa il «pericolo tedesco», raccolti dal ministro degli esteri Eden. Il controspionaggio italiano ne venne in possesso e Mussolini lo inviò ad Hitler per fargli conoscere ciò che gli inglesi pensavano realmente del cancelliere tedesco e della sua politica.

[10] CIANO, *Diario 1937-1938* ... cit., 30 aprile 1938.

con l'accenno al Mediterraneo che «per la Gran Bretagna è una strada ... per noi italiani è la vita. Non intendiamo minacciare questa strada ma esigiamo ... che anche i nostri diritti ed interessi vitali siano rispettati»[11].

L'accordo con la Jugoslavia. Sempre nel discorso di Milano, Mussolini aveva parlato anche della Jugoslavia, dicendo che esistevano le condizioni «per mettere su nuove basi di concreta amicizia» i rapporti con l'Italia[12]. In quale senso poteva divenire concreta l'amicizia con la Jugoslavia? Le clausole dell'accordo del 25 marzo '37 dicono poco al riguardo, mentre risultano assai piú significativi i colloqui di Belgrado che l'accompagnarono[13], alcune annotazioni di Ciano[14] e il riferimento al discorso del 6 ottobre '34 fatto da Mussolini a Milano[15]. L'inizio del disgelo italo-jugoslavo era nato all'insegna della combinazione antitedesca immaginata da Barthou. Ho già ricordato la partecipazione jugoslava alla convenzione italo-francese in difesa dell'Austria. Questa fase è ormai superata. Non di meno Mussolini sa che l'Anschluss sarà il grande evento che testimonierà, alle porte di casa, il cambiamento intervenuto nelle direttive della politica estera italiana e si preoccupa non tanto delle ripercussioni sul piano interno, quante delle possibili ulteriori spinte verso sud che dopo quell'evento potranno sollecitare la Germania. Di qui il rilancio dell'amicizia con la Jugoslavia, che pure condivide gli stessi timori. Una barriera ai confini meridionali della Germania: in questo è concreta l'amicizia con Belgrado. «L'alleanza con gli slavi ci permette di guardare con serenità l'eventualità dell'Anschluss», scrive Ciano[16]. Per questi, però, l'accordo ha anche lo scopo meno scoperto di favorire la «soluzione finale» per il pro-

---

[11] BENITO MUSSOLINI, *Opera omnia*, a cura di EDOARDO e DUILIO SUSMEL, vol. XXVIII, Firenze, La Fenice, 1959, pp. 70-71.

[12] Ivi, p. 69.

[13] CIANO, *L'Europa* ... cit., pp. 151-162.

[14] ID., *Diario 1937-1938* ... cit., 5 dicembre 1937 e 13 marzo 1938.

[15] MUSSOLINI, *Opera omnia* ... cit., vol. XXVI, Firenze, La Fenice, 1958, pp. 357-358.

[16] CIANO, *Diario 1937-1938* ... cit., 5 dicembre 1937.

blema albanese, che prenderà corpo nella primavera del '38. Il viaggio di Mussolini in Germania. Di questa visita sono stati sottolineati particolarmente due aspetti: la mancanza di conversazioni politiche e l'enorme impressione suscitata in Mussolini dall'efficienza della macchina industriale e militare tedesca, impressione che avrebbe avuto una influenza rilevante nel portarlo verso l'alleanza con la Germania. Siamo qui sull'elemento psicologico e tutto è opinabile. A questo viaggio si potrebbe però dare anche una caratterizzazione piú precisa. A Frank, che gli aveva recato l'invito un anno prima, Mussolini aveva precisato: «la mia visita in Germania deve essere il coronamento della cooperazione in un modo formale e definitivo»[17]. E nel verbale italiano si aggiungeva che «avrà una portata storica ... determinerà l'incontro dei capi di due movimenti e di due filosofie affini»[18]. Nel discorso al Campo di Maggio Mussolini dice: «La mia visita non deve essere giudicata alla stregua delle visite politico-diplomatiche normali e il fatto che io sia venuto in Germania non significa che domani andrò altrove. Non soltanto nella mia qualità di capo del governo italiano sono venuto tra voi, ma è soprattutto nella mia qualità di capo della rivoluzione nazionale che ho voluto dare una prova aperta e netta alla vostra rivoluzione». E piú oltre: «Il fascismo ha la sua etica ... [che] è anche la mia personale morale: parlare chiaro e aperto e, quando si è amici, marciare insieme sino in fondo»[19]. La visita in Germania ha dunque lo scopo di coronare la stretta ed esclusiva amicizia italo-tedesca, ancorandola sulla solidarietà dei due regimi, garantita dalla parola dei due capi e manifestamente espressa *coram populo*. Questo è il modo formale e definitivo di cui aveva parlato a Frank. E dirà agli ungheresi il 18 luglio '38: «Le relazioni con la Germania non richiedono documenti scritti: esiste una totale

---

[17] Appunto di Frank del 23 settembre 1936, in *Documents on German Foreign Policy 1918-1945*, Series C, vol. V, London, Her Majesty's Stationery Office, 1966, D. 553.
[18] Ciano, *L'Europa* ... cit., p. 80.
[19] Discorso del 28 settembre 1937 in Mussolini, *Opera omnia* ... cit., vol. XXVIII, pp. 248-249 e 252.

solidarietà di regime» [20]. Con tali connotati, la visita indica anche
i limiti che Mussolini intende dare al nuovo rapporto con la Germania: non vuole ulteriormente legarsi con qualcosa di veramente formale, altrimenti quale significato avrebbe la totale
mancanza di proposte politiche piú concrete in questa occasione? La formalizzazione dell'Asse con la cerimonia del Campo di
Maggio è il risultato che Mussolini si proponeva di raggiungere,
e ne è pago, tanto piú che onori, riconoscimenti e discorsi gli
danno la convinzione di essere, come desiderava, il «primo» rispetto ad Hitler, la guida dell'Asse.

    3. – La visita di Ribbentrop a Roma per il Patto Antico-
mintern. Fino a questo momento, Mussolini era stato in grado di
sviluppare la sua nuova direttiva politica senza sostanziali intral-
ci per quanto riguardava la creazione della «solida posizione
continentale» [21], che doveva costituire la premessa e lo strumento per l'azione nel Mediterraneo, in Africa, etc. Anche in questo
campo aveva già tratto qualche frutto [22], che stentava però a maturare a causa dell'affare spagnolo. Non mancavano le prospettive di una buona intesa con Londra, ma occorreva tempo, ed occorreva pure che si rispettasse il programma di mantenere i rapporti con Berlino entro i limiti indicati. Queste due condizioni
cominciarono ad essere alterate dal Patto Anticomintern e dalla
richiesta tedesca di avere via libera per l'Anschluss. Il Patto rappresentava un primo passo, certo non sostanziale ma significativo, verso l'alleanza. Mussolini non lo aveva sollecitato: le conversazioni erano avviate solo con Tokio per un impegno reciproco di benevola neutralità, ma Ribbentrop, che, fallita la missione a Londra, punta ormai all'altra delle alleanze indicate da
Hitler [23], vi sostituisce l'associazione all'Anticomintern, che Mus-

---

[20] CIANO, *L'Europa* ... cit., p. 353.

[21] Lo dice al cancelliere austriaco Schuschnigg il 22 aprile 1937: ivi, p. 170.

[22] Lettere di Chamberlain del 27 luglio e di Mussolini del 2 agosto menzionate in
CIANO, *L'Europa* ... cit., p. 262, nota 1 e ora in *I documenti diplomatici italiani*, serie
ottava, vol. VII, Roma, Istituto Poligrafico dello Stato, 1997, allegati ai DD. 136 e 155.

[23] CIANO, *Diario 1937-1938* ... cit., 24 ottobre 1937.

solini non può rifiutare, per compiere subito almeno questo primo passo. Quanto all'Austria, Mussolini, pur conscio di dover pagare la seconda ed ultima rata per il prezzo dell'amicizia tedesca, non si allontana dalla formula concordata a Berlino con Göring: «niente sarà fatto senza reciproca preventiva informazione» [24]. In sostanza, dice di non volere tempi brevi, cerca di riservarsi la scelta del momento e le modalità d'esecuzione, dovendo in queste trovare posto la garanzia del Brennero. Le istruzioni per Ghigi in partenza per Vienna sono di comportarsi come «un medico che deve dare l'ossigeno al moribondo senza che se ne accorga l'erede. Nel dubbio, ci interessa piú l'erede che il moribondo» [25].

L'Anschluss. L'evento, come si è detto, è scontato per Mussolini. Ma, quando egli apprende i risultati dell'incontro Hitler-Schuschnigg del 12 febbraio, le reazioni sono assai negative, perché Hitler ha messo in moto il meccanismo per la liquidazione dell'Austria senza rispettare l'impegno alla preventiva consultazione. E ciò, anzitutto, è un cattivo presagio per il futuro, perché indica che Hitler non soltanto non è un docile «secondo», come era apparso nel viaggio in Germania, ma pretende addirittura di fissare da solo i tempi; in secondo luogo, l'improvvisa azione tedesca interferisce con il negoziato italo-britannico perché, se l'accordo si concludesse sotto lo choc dell'Anschluss, darebbe all'opinione pubblica internazionale l'impressione di essere un'andata a Canossa. Da questa prima difficoltà nel suo rapporto con la Germania Mussolini non trae conseguenze: si limita a far giungere segretamente a Berlino la sua protesta per la mancata consultazione. E a Grandi ordina di dare un «colpo d'acceleratore» nelle trattative con Londra [26]. Quello che mi pare si possa escludere è che questa mossa abbia un carattere ed una finalità diversi da quelli dichiarati di concludere il negoziato quanto prima. Non mira in sostanza a fare con gli inglesi qualco-

---

[24] ID., *L'Europa ...* cit., p. 224.
[25] ID., *Diario 1937-1938 ...* cit., 24 novembre 1937.
[26] Ivi, 16 febbraio 1938.

sa che abbia un sapore antitedesco o che tenda addirittura a creare una nuova Stresa. La distensione, il riconoscimento ed i vantaggi ottenibili con l'accordo non porteranno ad abbandonare il sistema dell'Asse. A confortare e giustificare la perseveranza negli impegni presi, nonostante la divergenza sui tempi, viene la lettera di Hitler dell'11 marzo 1938 con la garanzia per il Brennero [27]. La forma non è quella desiderata – e d'altra parte gli italiani non ne avevano né indicata né richiesta alcuna – ma rappresenta una promessa che potrà essere perfezionata.

Gli accordi di Pasqua con la Gran Bretagna rappresentano il primo risultato concreto che Mussolini consegue nel quadro della nuova direttiva politica. Gli accordi del 16 aprile 1938 sono largamente soddisfacenti nel settore Africa-Mar Rosso-Arabia e, anche se non tutti gli obiettivi prefissati sono stati raggiunti, i compromessi, accettati soprattutto per l'urgenza con cui si è svolta l'ultima fase del negoziato, sono comunque ispirati al principio della posizione paritaria dei due contraenti. In sostanza, l'amicizia con Berlino ha funzionato, determinando il rafforzamento della posizione negoziale dell'Italia. Il solo inconveniente è derivato dalla sfasatura circa i tempi causata dall'Anschluss.

I rifiuti dell'alleanza nel 1938. Dopo avere accettato il Patto Anticomintern, che già rappresentava una eccezione rispetto al programma di mantenere i rapporti italo-tedeschi allo stadio raggiunto con il viaggio in Germania, Mussolini decise di rimanere fermo sulle sue posizioni. Tra l'altro, aveva potuto misurare, nelle trattative con la Gran Bretagna, quanto fosse nel giusto ritenendo di non doversi spingere oltre con Berlino. Un'alterazione di questo equilibrio in favore della Germania, lungi dall'aumentare la sua forza e libertà di azione, le avrebbe diminuite, proprio mentre doveva ancora impostare il negoziato con la Francia. C'erano però da risolvere due problemi: il primo riguardava la desiderata garanzia per il Brennero, per la quale occorreva naturalmente qualcosa di scritto; il secondo concerneva il previsto

---

[27] Ivi, 12 marzo 1938.

viaggio di Hitler in Italia, nel corso del quale i tedeschi avrebbero sicuramente dato seguito alla proposta di un'alleanza, indicata da Ribbentrop il 23 ottobre '37. Rifiutare la proposta tedesca presentava due svantaggi: si lasciava in sospeso il problema della garanzia, e, dopo l'accordo con Londra e in vista di quello con Parigi, si dava l'impressione che l'Italia stesse tornando alla politica di Stresa. La soluzione fu trovata in un «patto di reciproco rispetto» [28], che in sostanza consentiva di firmare qualcosa, il cui unico oggetto era però la garanzia del Brennero. Come soluzione per mantenere i suddetti equilibri non era molto brillante, perché il tono del documento era nettamente al disotto del livello di amicizia dell'Asse, ma non ne fu trovata una migliore e piú abile.

Come previsto, durante il viaggio di Hitler in Italia i tedeschi fecero le loro proposte, presentando prima il progetto di un «patto di assistenza militare» poi uno «di consultazione e assistenza politica» [29]: entrambi si occupavano anche del Brennero. Ma quando videro il tenore della controproposta italiana, compresero che ogni discussione era per il momento inutile.

La seconda proposta di alleanza fu fatta da Ribbentrop ad Attolico il 19 giugno '38, e questa volta essa fu schivata rinviandone l'esame ad un incontro Ciano-Ribbentrop, durante il quale Ciano avrebbe dovuto usare il nuovo argomento trovato da Mussolini per rendere il rinvio assai lungo: la necessità di far divenire «popolare» l'alleanza [30]. L'argomento fu senz'altro usato con il principe Assia che l'11 luglio era venuto a prospettare nuovamente la cosa [31]. Lo stesso Assia abbordò di nuovo il tema dell'alleanza il 10 settembre '38. Dice Ciano: «rinvio la proposta» [32]. Ma a Monaco, il 30 settembre, Ribbentrop consegna un nuovo preciso progetto dopo quello di maggio. A Roma c'è silenzio per quasi un mese. E giunge la terza proposta formale, quella recata

[28] Ivi, 30 aprile 1938.
[29] Ivi, 5 maggio 1938. La questione è più ampiamente trattata nel capitolo 7.
[30] Ivi, 27 giugno 1938.
[31] Ivi, 11 luglio 1938.
[32] Ivi, 10 settembre 1938.

da Ribbentrop il 28 ottobre '38. Rispondere ancora negativamente era divenuto difficile, ma nel frattempo Mussolini aveva trovato nuovi argomenti giustificativi del rifiuto, da aggiungere a quello base della popolarità. Egli inoltre aveva sperimentato a Monaco quanto utile fosse la direttiva fondamentale che aveva adottato.

4. – La conferenza di Monaco rappresenta l'apice della nuova politica mussoliniana. La Germania questa volta ha informato regolarmente delle sue mosse, giungendo fino a proporre un incontro segreto fra i due capi al Brennero [33]. La Gran Bretagna – ma l'iniziativa è anche francese – si rivolge all'Italia per la mediazione. Anche a Monaco, Mussolini ha un ruolo determinante: impone lo schema d'accordo che, se pure di origine tedesca, era superato di ventiquattro ore, e impone le rivendicazioni ungheresi. Hitler deve accettare entrambe le cose, dando veramente a Mussolini il ruolo di «primo». A questo punto tutto procede nel modo migliore: la stretta amicizia con la Germania dà forza a Mussolini ma non lo lega, ed è pure accompagnata dalla desiderata posizione di primato rispetto ad Hitler; una vera situazione di privilegio che consente di mantenere, e forse migliorare, i risultati raggiunti con gli inglesi, e di procedere al regolamento delle questioni pendenti con i francesi.

La manifestazione del 30 novembre '38 alla Camera l'ho scelta a simbolo della svolta politica che si produce in questo periodo. Dopo Monaco, si doveva dunque procedere al negoziato con la Francia. Il punto di partenza doveva essere costituito dal riconoscimento dell'impero [34], e restava poi, ovviamente, il seguito da dare agli accordi del '35. Sennonché i francesi seguono una via che indica la loro scarsa intenzione di trattare, o meglio di fare concessioni: da un lato, propongono direttamente l'accreditamento come ambasciatore di François-Poncet, con il che superano la questione del riconoscimento (17 ottobre '38), dal-

---

[33] Ivi, 12 settembre 1938.
[34] Ivi, 19 aprile 1938.

l'altra, avviano conversazioni con Berlino per una dichiarazione simile a quella anglo-tedesca del 30 settembre, in modo da neutralizzare, o almeno attenuare, l'efficacia della maggiore arma italiana per il negoziato, la solidarietà e l'appoggio della Germania. A Roma i due fatti non vengono subito collegati e si dà l'assenso per la dichiarazione franco-tedesca [35]. Il collegamento avviene quando Ribbentrop fa conoscere lo schema del documento (28 ottobre '38). Dapprima c'è solo un indistinto malumore da parte di Mussolini [36], poi, considerando che la proposta dichiarazione non è del tutto simile a quella anglo-tedesca, egli comprende bene che i francesi vogliono giocarlo. La sua reazione prende tre forme: chiede a Berlino il rinvio della dichiarazione (6 novembre '38), amplia le questioni da trattare con la Francia, aggiungendovi due cose chiaramente impossibili (Corsica e Nizza-Confine del Varo), investe di queste rivendicazioni la propaganda del partito [37]. I tedeschi rispondono in sostanza negativamente. Mussolini tenta allora di imporsi ad Hitler con la manifestazione del 30 novembre, ma non ci riesce. Le esitazioni durano almeno due settimane: viene fatto il tentativo di sondare i francesi sugli accordi del '35 ma, alla loro risposta negativa, Mussolini non vede altra alternativa, per vincere la partita con la Francia, che accettare l'alleanza proposta da Berlino [38]. Il rimedio è peggiore del male: non solo egli abbandona il principio basilare dei rapporti con la Germania – amicizia ma non alleanza – ma diviene anche, a sua volta, strumento della politica di Hitler.

Il Toscano, nella sua ricostruzione, non trova adeguatamente spiegabili le origini delle rivendicazioni verso la Francia [39] e, dal momento in cui sono registrate nel diario di Ciano (5 e 8 novembre '38), inclina a concludere che esse sono avanzate per bloccare il riavvicinamento franco-tedesco. Secondo quanto si è

---

[35] Ivi, 14 ottobre 1938.
[36] Ivi, 31 ottobre e 5 novembre 1938.
[37] Ivi, 5 e 8 novembre 1938.
[38] Ivi, 23 dicembre 1938.
[39] Questo punto è approfondito nel capitolo 10.

detto qui sull'intero periodo, risulterebbe che inspiegabile è solo la loro estensione alla Corsica ed a Nizza, mentre le altre tre rivendicazioni (Tunisia, Gibuti, e partecipazione all'amministrazione di Suez) era naturale che fossero avanzate per la prevista prossima trattativa con la Francia, e risulterebbe che il boicottaggio del riavvicinamento franco-tedesco è quindi osteggiato, non in quanto del tutto sgradito in sé, ma perché viene ad ostacolare *in quel momento* la trattativa con la Francia.

Le reazioni al colpo di Praga indicano il momento della consapevolezza dell'errore. Si è ripetuta la mancanza di informazioni come per l'Anschluss, ma la cosa acquista ora un rilievo maggiore, sia perché ormai c'è il sí all'alleanza, sia perché Mussolini era stato parte determinante della sistemazione di Monaco. Si insinua quindi la sfiducia nelle promesse e nelle assicurazioni tedesche: lo dimostrano particolarmente le preoccupazioni per la questione croata ed il rinvio della spedizione in Albania. L'alternativa di fronte alla quale Mussolini si trova sembrerebbe semplice: rinunziare all'alleanza o alle rivendicazioni antifrancesi, o meglio al programma piú vasto la cui realizzazione era collegata al rapporto con Berlino, giacché, pur non vincolandosi alla Germania, qualcosa avrebbe ottenuto nelle tre questioni coloniali pendenti con la Francia. E si tenga anche conto che egli aveva rinunziato a Nizza-Confine del Varo [40], una delle due rivendicazioni impossibili, ed aveva bene accolto le proposte francesi recate da Baudouin circa Gibuti, Tunisi e Suez [41]. È vero che i francesi non avevano dato seguito alle loro proposte, ma rimaneva pur sempre il fatto che sull'altro piatto della bilancia c'era una alleanza che non solo Mussolini aveva ritenuto non utile per gli interessi italiani, ma che ora si presentava anche piena di incognite per il futuro, giacché Hitler aveva decisamente assunto la *leadership* dell'Asse, non comunicava i suoi programmi, né tanto meno si consultava sulle sue decisioni. Tuttavia, è nota la scelta di Mussolini di accetta-

---

[40] Ciano, *Diario 1939-1940* ... cit., 28 gennaio 1939.
[41] Ivi, 2 febbraio 1939.

re la posizione ed i limiti di «secondo» dell'Europa di Hitler.
I motivi di questa scelta, risultanti dalla documentazione e
messi in luce dal Toscano, appaiono sostanzialmente due: a) la
persuasione che l'egemonia tedesca fosse stabilita in Europa in
modo definitivo e che quindi convenisse fare buon viso al gioco
tedesco evitando cosí di rendersi «a Dio spiacenti ed ai nimici
sui» [42]; b) la volontà di mantenere fede ad ogni costo alla parola
data, derivante da un complesso di inferiorità le cui origini risa-
livano alla fine della Triplice ed a tutto ciò che nel mondo tedesco aveva rappresentato la defezione italiana nel 1914-'15. Dirà a
Ciano il 20 marzo '39: «Noi non possiamo cambiare politica perché non siamo delle puttane» [43], riprendendo una espressione
già registrata da Ciano il 16 novembre '37 («L'Italia fascista non è
piú l'Italia delle combinazioni, cioè l'Italia puttana delle democrazie»). Ma c'è anche da ricordare quanto aveva detto al Campo
di Maggio sul marciare fino in fondo con gli amici, ed a
Ribbentrop il 28 ottobre '38 sull'alleanza da considerarsi «impegno sacro» [44]. Questa seconda ragione non mi sembra, presa in
sé, molto valida, a meno che non la si colleghi a preoccupazioni
per la stabilità del regime, sulle quali meriterebbe di fare luce.
Ma neppure la prima risulta del tutto convincente per il senso di
fatalismo che contiene, che è tanto lontano dal ragionamento e
dalla sicurezza dimostrati in precedenza. Per cui mi pare che
l'indagine su questo punto vada ancora molto approfondita e
non solo sul piano della politica estera [45].

L'incontro di Salisburgo conferma a Mussolini che la condizione dei tre anni di pace, con cui aveva cercato di neutralizzare
il Patto d'Acciaio, non sarà operante. E sapendo di non poter realizzare con le armi quegli obiettivi, il cui conseguimento aveva
del resto affidato nel suo programma a soli mezzi diplomatici, è
costretto alla penosa ricerca di una via d'uscita per sottrarsi alla

---

[42] Ivi, 15 e 16 marzo 1939.
[43] Ivi, 20 marzo 1939.
[44] CIANO, *L'Europa* ... cit., p. 376.
[45] Si veda il capitolo 7.

guerra. Non trova però che una scappatoia, con la lettera del 25 agosto, la quale non maschera né l'umiliazione né il definitivo fallimento della grande politica che aveva disegnato.

Mi sembra a questo punto giustificato concludere ripetendo una frase scritta in altra sede: «Il Patto d'Acciaio, lungi dal costituire l'inizio di una fase nuova della politica estera fascista, rappresentò invece la conclusione ultima di un periodo in cui a Mussolini parve di avere delle possibilità di scelta, tra l'uno e l'altro schieramento, che in effetti non esistevano se si voleva badare agli interessi permanenti del paese, ed in cui la prevalenza degli obiettivi illusori su quelli reali segnò la fine vera della politica estera fascista» [46].

---

[46] PASTORELLI, *La storiografia italiana* ... cit., pp. 611-612.

7.

IL PATTO D'ACCIAIO NELLE CARTE DELL'ARCHIVIO SEGRETO DI GABINETTO

1. – Il Patto d'Acciaio è stato già abbastanza studiato con risultati che mi sembrano pressoché definitivi. Ne ha scritto dapprima Mario Donosti (Luciolli) nel volume sulla politica estera di Mussolini [1], poi Mario Toscano nel fondamentale lavoro sulle sue origini diplomatiche [2] e nel saggio sull'agosto 1939 [3], tema sul quale si è avuto anche un importante contributo di Ettore Anchieri [4]. Se ne è naturalmente occupato Renzo De Felice nella relativa parte della biografia di Mussolini [5] e infine ci sono da re-

---

[1] MARIO DONOSTI, *Mussolini e l'Europa: La politica estera fascista*, Roma, Leonardo, 1945.

[2] Ve ne sono quattro edizioni: MARIO TOSCANO, *Le origini del Patto d'Acciaio*, in «Rivista di studi politici internazionali», 1946-1947, pp. 273-376; *Le origini del Patto d'Acciaio*, Firenze, Sansoni, 1948; *Le origini diplomatiche del Patto d'Acciaio*, Firenze, Sansoni, 1956; *The origins of the Pact of Steel*, Baltimore, The Johns Hopkins Press, 1967. In quest'ultima edizione si tiene conto di DONALD CAMERON WATT, *An earlier model for the Pact of Steel*, in «International Affairs», 1957, n. 2.

[3] MARIO TOSCANO, *L'Italia e gli accordi tedesco-sovietici dell'agosto 1939*, Firenze, Sansoni, 1952.

[4] ETTORE ANCHIERI, *I documenti diplomatici italiani: Dal Patto d'Acciaio al convegno di Salisburgo*, in «Il Politico», 1953, n. 1; *Dal convegno di Salisburgo alla non-belligeranza italiana*, in «Il Politico», 1954, n. 1; ora entrambi in ID., *Il sistema diplomatico europeo: 1814-1939*, Milano, Franco Angeli, 1977.

[5] RENZO DE FELICE, *Mussolini il duce*, II, *Lo Stato totalitario 1936-1940*, Torino, Einaudi, 1981.

gistrare due acute relazioni di Ennio Di Nolfo tenute in coincidenza con il cinquantenario del conflitto [6].

Riesporre e commentare le loro conclusioni mi pare superfluo, anche se non hanno trovato considerazione adeguata nell'enciclopedia sul 1939 scritta da Donald Cameron Watt [7]. Ritengo invece utile proporre, nel quadro che da tali contributi emerge, un approfondimento documentario che deriva dal riordinamento e dall'inventariazione dell'Archivio di Gabinetto del Ministero degli esteri che ho effettuato negli anni Ottanta [8]. Mentre leggevo quelle carte, infatti, avevo sempre presenti i dubbi che mi erano sorti quando studiavo il Patto d'Acciaio; dubbi che nascevano soprattutto dalle motivazioni che avevano spinto a sottoscrivere l'alleanza, il 22 maggio 1939, considerate in rapporto all'impegno che aveva vincolato in maniera così completa l'Italia alla Germania, e che appena tre mesi dopo sarebbe stato nella sostanza eluso. E mi ponevo pertanto l'interrogativo se la loro consultazione sistematica poteva aggiungere qualche altro elemento che servisse non tanto a proporre una nuova interpretazione quanto a illuminare dei punti che mi apparivano meno chiari. Le considerazioni che seguono sono il risultato di questa ricognizione archivistica.

2. – Le carte relative al negoziato per il Patto d'Acciaio sono tutte contenute nell'Archivio segreto dell'Ufficio coordinamento del Gabinetto, che non era un vero e proprio ufficio ma piuttosto un nucleo operativo formato da un piccolo gruppo di segre-

---

[6] ENNIO DI NOLFO, *Le oscillazioni di Mussolini: La politica estera fascista dinanzi ai temi del revisionismo*, in «Nuova Antologia», ottobre-dicembre 1990; *Italy and the Nazi-Soviet Alliance of August 23, 1939*, in *XVII Congreso Internacional de Ciencias Historicas*, vol. I, *Section cronologica*, Madrid, Comité International des Sciences Historiques, 1992, pp. 413-419.

[7] DONALD CAMERON WATT, *How War Came: The Immediate Origins of the Second World War*, London, Heinemann, 1989.

[8] PIETRO PASTORELLI, *Le carte di Gabinetto del Ministero degli affari esteri 1923-1943*, in «Storia delle relazioni internazionali», 1989, n. 2. Va ricordato che Toscano ha lavorato negli anni Cinquanta, prima del riordinamento quindi, su copie dattiloscritte degli originali.

tari del Gabinetto (tra i quali era anche Mario Luciolli), che colla-
borava direttamente con il ministro e provvedeva poi a raccogliere le carte più importanti e riservate in un proprio «archivio
segreto». I documenti che lo componevano venivano mano a
mano classificati e registrati tutti da loro personalmente in un'ap-
posita rubrica rilegata che per questo è ora anch'essa un prezioso documento storico, in quanto testimonia la consistenza del
materiale sul quale si era svolto il processo decisionale dei vari
problemi.

In tale rubrica, i documenti riguardanti il negoziato erano ri-
partiti sotto tre voci: Germania, Giappone e Varie. Sotto la voce
Germania, nei numeri tra il 44 e il 69, si trovavano otto fascicoli
così intitolati: a) «Viaggio del Führer in Italia (3-9 maggio 1938)»
(n. 44); b) Seguito discussione sul progetto di Patto, giugno-ago-
sto 1938 (n. 46); c) «Collaborazione tecnica con la Germania (tra
l'esercito tedesco e quello italiano)», venti documenti dal 29 luglio 1938 al 17 aprile 1939 (n. 54); d) «Viaggio del ministro von
Ribbentrop (27-29 ottobre 1938)» (n. 59); e) «Progetto accordo
franco-tedesco», novembre 1938 (n. 60); f) «Possibile definizione
dell'alleanza militare italo-tedesca in relazione ai risultati dell'incontro franco-inglese di Parigi», novembre 1938 (n. 61); g) «Istruzioni e note del duce», marzo-maggio 1939 (n. 67); h) «Incontro
di Milano», 6-7 maggio 1939 (n. 69). Una nota in calce al fascicolo n. 59 avverte: «Per il seguito della questione relativa al progetto di alleanza italo-nippo-tedesco, vedi pratica "Varie", n. 5». E
infatti, il fascicolo 5 delle Varie è intitolato: «Progetto di patto
tripartito italo-tedesco-giapponese» e conteneva tre documenti
del 1938 e centododici del 1939, dal 2 gennaio al 18 agosto,
cinquantatré dei quali relativi al periodo precedente la firma del
trattato. Infine, sotto la voce Giappone si trovavano una ventina
di cartelline, talune con un solo documento, su «Trattative italo-
giapponesi» dal 3 luglio 1937 al 30 agosto 1939.

Passando a considerare il contenuto dei documenti compresi
in tutti i fascicoli finora elencati si rileva che sotto la voce Giappone c'erano tutte le carte relative al negoziato diretto svoltosi
tra Italia e Giappone a partire dall'apertura giapponese del 3 lu-

glio 1937, la quale concerneva: a) un'intesa a carattere anticomunista simile a quella Tokio-Berlino; b) un patto politico «molto favorevole di neutralità»; c) un accordo segreto di «collaborazione tecnica nel campo militare» (Marina in specie). Il primo punto si trasformò nell'adesione italiana al Patto antikomintern il 6 novembre 1937 [9]; il secondo confluì nella proposta di trattato italo-tedesco-giapponese che Ribbentrop portò a Roma il 28 ottobre 1938; il terzo diede luogo ad un negoziato bilaterale che si protrasse fino al gennaio 1939, quando fu sospeso perché «superato dal più ampio e più sostanziale contenuto dell'alleanza militare tripartita», come è detto in un appunto per il ministro del 30 gennaio 1939.

Sotto la voce Germania c'erano tutti i momenti salienti del negoziato che doveva condurre al Patto d'Acciaio: il primo e unico colloquio politico che Mussolini e Hitler ebbero, la mattina del 4 maggio del 1938, a Palazzo Venezia, durante la visita di Hitler in Italia e i progetti di patto a due che in quell'occasione furono scambiati: quello per un «patto di reciproco rispetto» proposto dagli italiani, e quelli per un «patto di assistenza militare pubblico o segreto» e per un «patto di consultazione e assistenza politica» presentati dai tedeschi, come esattamente annota Ciano nel suo diario [10]; la proposta di un incontro tra i ministri degli esteri nel giugno-luglio 1938 per discutere e approfondire l'esame di tali progetti; il negoziato separato per la collaborazione militare che si iniziò il 29 settembre 1938 e si concluse con l'incontro di Innsbruck tra Keitel e Pariani il 17 aprile 1939 (e che fu, nel 1938, parallelo a quello condotto con i giapponesi per il settore navale); i verbali dei colloqui Ciano-Ribbentrop e Mussolini-Ribbentrop il 27 e 28 ottobre 1938 e l'appunto consegnato il 29 ottobre al ministro degli esteri tedesco, nel quale Mussolini annotava le ragioni che consigliavano un rinvio della discussio-

---

[9] Si veda in proposito VALDO FERRETTI, *Il Giappone e la politica estera italiana 1935-41*, Milano, Giuffrè, 1983, pp. 156-172.
[10] GALEAZZO CIANO, *Diario 1937-1938*, Bologna, Cappelli, 1948, 30 aprile e 5 maggio 1938.

ne del progetto di patto d'alleanza difensiva (simile a quello già presentato dai giapponesi) consegnatogli da Ribbentrop, ma indicava anche la possibilità, per il futuro, «di un'alleanza non difensiva ma offensiva»; le istruzioni del 24 novembre 1938 di Ciano ad Attolico di considerare sorpassate le osservazioni fatte a Ribbentrop in occasione del suo viaggio a Roma e di definire subito «il progetto di alleanza militare con la Germania», nel caso che l'incontro franco-inglese avesse prodotto un'alleanza; le due istruzioni di Mussolini del 29 marzo e del 4 maggio 1939 e la sua nota del 27 maggio da mostrarsi a Hitler; il verbale dell'incontro Ciano-Ribbentrop a Milano il 6-7 maggio 1939.

Nelle Varie, infine, erano classificati i seguenti documenti: il primo progetto d'alleanza difensiva includente anche il Giappone, presentato da Ribbentrop in occasione della conferenza di Monaco il 29 settembre 1938; il secondo progetto d'alleanza difensiva tripartita presentato dagli addetti militari giapponesi il 27 ottobre 1938, consistente in una versione lievemente riveduta del primo; il terzo progetto di patto d'alleanza tripartita consegnato da Ribbentrop a Mussolini il 28 ottobre 1938; la corrispondenza, in gran parte telegrafica, sul negoziato a partire dalla lettera di Ciano a Ribbentrop del 2 gennaio 1939, e che si prolungava, oltre il 22 maggio, fino alla metà d'agosto, ossia fino a quando esistette l'ipotesi della stipulazione d'un patto d'alleanza a tre o dell'adesione del Giappone al Patto d'Acciaio. In questa corrispondenza erano anche inclusi: il quarto progetto di patto d'alleanza difensiva trasmesso da Attolico a Ciano il 6 gennaio 1939, dopo l'adesione data dall'Italia alla proposta tedesca dell'ottobre precedente, progetto che presentava solo varianti minori rispetto al testo allora proposto; e infine il quinto progetto consegnato a Ciano dall'ambasciatore giapponese Shiratori il 2 aprile 1939, contenente qualche ulteriore variante in senso riduttivo rispetto al testo dell'ottobre.

Questo è il panorama della documentazione che, riguardo al negoziato per il Patto d'Acciaio, era contenuta nell'Archivio segreto dell'Ufficio coordinamento del Gabinetto. Un materiale copioso, significativo, in grandissima misura noto o utilizzato negli

studi succitati, ma nel quale è tuttavia da segnalare una curiosa
lacuna. Tra di esso manca infatti la documentazione relativa alla
fase estrema della trattativa. In particolare: il progetto di patto
d'alleanza a due preparato dai tedeschi, secondo le intese raggiunte tra Ciano e Ribbentrop nell'incontro di Milano, trasmesso
a Roma da Attolico per telefono e per filo la sera del 12 maggio
1939 (T. 2475/311 R), i due telegrammi immediatamente successivi con cui Attolico comunicava le sue osservazioni (T. 2483/
312 R e T. 2484/313 R), il telegramma, infine, da cui risultavano
lievi modifiche circa il preambolo, trasmesso da Attolico nel pomeriggio del 13 maggio (T. 2495/316 R) [11]. Naturalmente questi
telegrammi li abbiamo tutti, ma nella copia che l'Ufficio cifra
conservava per riferimenti e controlli numerici, non in quella cir-
colata per la trattazione. È un particolare che stupisce, data la
diligenza con cui i segretari custodivano e classificavano le carte
importanti. E queste erano veramente importanti, dato che si
trattava del documento definitivo da firmare.

Per completare il panorama archivistico delle carte relative al
negoziato per il Patto d'Acciaio, credo sia utile indicare un ultimo elemento che esse forniscono: gli interventi personali di
Mussolini, quali i suoi autografi e le sue annotazioni, tenendo
presente che quasi tutte le altre carte sono sottolineate e siglate
da lui.

Ebbene, Mussolini ha steso personalmente il verbale del colloquio con Hitler del 4 maggio 1938. Ora il documento non c'è
più perché è stato distrutto dall'umidità, ma il fatto che Mussolini
abbia steso un verbale significa che il colloquio di Palazzo Venezia non fu solo protocollare, come quello avuto in precedenza al
Quirinale, ma ebbe di certo un contenuto politico.

Sue sono inoltre «aggiunte e modifiche» o semplicemente
«aggiunte» su due dei progetti di patto scambiati tra italiani e tedeschi. Ora anche tali progetti sono stati distrutti dall'umidità e
non si può quindi individuare a quali di essi (li abbiamo da parte

---

[11] L'ipotesi che tali documenti siano stati trattenuti da Mussolini è da scartare:
nell'Archivio centrale dello Stato, *Segreteria particolare del duce*, non ve n'è traccia.

tedesca) [12] si riferivano le sue osservazioni, ma resta il fatto che furono vagliati e discussi da Mussolini.

È autografo di Mussolini il testo della nota consegnata a Ribbentrop il 29 ottobre 1938 con la sua risposta scritta alla proposta di patto d'alleanza a tre comunicatagli da Ribbentrop il

---

[12] Sono stati tutti pubblicati o riassunti: da Watt nel citato articolo e dalla Commissione anglo-franco-americana nella serie D, vol. VI, pp. 445-449 dei *Documents on German Foreign Policy 1918-1945*. Occorre infatti avvertire che anche i due progetti senza data, ma attribuiti all'aprile 1939, pubblicati in questo volume appartengono al gruppo di quelli preparati in occasione della visita di Hitler in Italia. Ciò si deduce in modo indubbio da tre elementi.

Il primo è costituito dalla seguente affermazione che il loro autore fa illustrando il progetto A. «Questo progetto», egli scrive, «corrisponde in linea di massima al progetto recentemente redatto per la Spagna, esclusa la clausola dell'articolo 1 sull'Austria e sulla frontiera del Brennero». Il progetto per la Spagna (pubblicato ivi, vol. III, D. 558) è del 2 aprile 1938 ed ha quindi senso dire, alla fine dello stesso mese, «recentemente preparato»: non ne avrebbe invece se il progetto A fosse della fine d'aprile del 1939. Inoltre, la corrispondenza tra i due progetti, con l'eccezione indicata, è perfetta.

Il secondo elemento è di natura concettuale. Non era logico mettere a lavorare Gaus – il capo dell'ufficio giuridico della Wilhelmstrasse – per portare all'incontro di Milano due progetti come quelli A e B, il primo, un semplice patto d'amicizia, e il secondo, un accordo di mutua assistenza militare, fra loro alternativi. La prima ipotesi era caduta da tempo: non se ne era più parlato dopo la visita di Hitler in Italia; e la seconda, che prevedeva un aiuto militare alla parte aggredita, non era più attuale, circondata com'era da precauzioni notevoli per impedire che l'Italia, come Gaus specifica nelle sue spiegazioni, potesse coinvolgere la Germania in una guerra. La situazione era totalmente cambiata a fine aprile 1939: la Germania non aveva più questo timore; avrebbe dovuto averlo semmai l'Italia! A questa data erano ormai stati discussi, e taluni specificamente approvati da parte italiana, i cinque su ricordati progetti di patto a tre derivati dal progetto B ed è chiaro che di lì si sarebbe partiti per firmare a due ciò che le esitazioni giapponesi impedivano di firmare a tre. Se si decideva di lasciare da parte il Giappone c'erano solo due ipotesi possibili: o firmare il progetto del 6 gennaio, sul quale c'era il pieno consenso italiano e tedesco, oppure fare qualche cosa di più impegnativo. E questo era appunto ciò che Ribbentrop invitava a fare con la sua proposta (24 aprile) ad Attolico di predisporre da entrambe le parti un «nuovo schema».

Infine, il terzo elemento da considerare è che i due progetti A e B si incastrano perfettamente nella serie di progetti in sequenza dell'aprile-maggio 1938 pubblicati da Watt.

Gli editori del volume possono essere stati tratti in inganno, nell'attribuzione dei progetti A e B all'aprile 1939, dalla circostanza che il 31 marzo 1939 era stato sottoscritto tra Germania e Spagna un trattato d'amicizia: hanno forse supposto che il relativo progetto fosse stato redatto poco prima mentre risaliva al 2 aprile 1938. Altro elemento fuorviante può essere stato la mancanza degli altri progetti poi rinvenuti da Watt.

giorno prima, come esattamente riferisce Ciano nel suo diario [13].
Ugualmente preciso è il riscontro che si ha nel diario del fatto
che Mussolini rivide personalmente il preambolo del progetto di
patto trasmesso a Roma da Attolico il 6 gennaio 1939, apportan-
dovi delle modifiche marcate sul documento [14].

Infine sono autografe: le istruzioni per Ciano del 29 marzo
1939, che riavviavano il negoziato dopo la crisi cecoslovacca di
metà marzo; le istruzioni del 4 maggio 1939 a Ciano, che partiva
per Milano, intitolate da Mussolini: «Memorandum per von Ribbentrop»; la nota «da mostrarsi al Führer», da lui intitolata «Memoriale dopo l'alleanza Berlino-Roma», e datata 27 maggio 1939,
nella copia dattiloscritta, e 30 maggio nella traduzione in tedesco; nota trasmessa, in Italia, secondo quanto segna lo stesso
Mussolini, al Re, e a Badoglio, Pariani, Valle, Cavagnari e Sta-
race, cioè alle sole autorità militari.

3. – La lettura archivistica di queste carte non consente ovviamente di dedurre fondamentali novità nello studio del negoziato per la conclusione del Patto d'Acciaio, ma induce, a mio
avviso, a vedere con maggiore chiarezza alcuni passaggi essenziali del negoziato stesso, che si possono così riassumere.

a) Il negoziato ebbe effettivo inizio in occasione della visita
del cancelliere tedesco in Italia. È infatti molto probabile che
l'argomento principale del colloquio privato che Mussolini ebbe
con Hitler la mattina del 4 maggio a Palazzo Venezia sia stato
proprio il problema di dare una formalizzazione all'Asse. Di qui
la presentazione di progetti, o meglio di ipotesi, intorno alle
quali discutere: da parte italiana, un patto di reciproco rispetto,
con la garanzia per la frontiera del Brennero e l'impegno tedesco a non fomentare, anzi a risolvere il problema dei sudtirolesi;
da parte tedesca, due possibilità: un patto di amicizia con impegni limitati (consultazione, assistenza politica), oppure un'alleanza militare *difensiva* con un *casus foederis* congegnato in

---

[13] CIANO, *Diario 1937-1938* ... cit., 29 ottobre 1938.
[14] ID., *Diario 1939-1940*, Milano, Rizzoli, 1946, 8 gennaio 1939.

modo da non lasciare spazio ad indirette iniziative italiane contro terzi (Francia e Gran Bretagna). Non sappiamo con precisione su quali testi, tra la congerie dei progetti presentati dai tedeschi, si accentrò la discussione tra le parti. Ciano però ci dice che Mussolini si orientò preferibilmente verso il patto di amicizia, ossia quello di «consultazione e assistenza politica» [15]. E allorché nel giugno Ribbentrop cercò di stringere sul patto d'alleanza proponendo un suo viaggio in Italia, Mussolini, nel dare il suo assenso, espresse però questa riserva: «Bisognerà spiegare ai tedeschi che io farò l'alleanza quando sarà popolare» [16].

Il viaggio di Ribbentrop venne rimandato per ragioni estranee all'Italia. Ma quando poi si realizzò, nell'ottobre, non produsse risultati. Ribbentrop questa volta proponeva, d'accordo con i giapponesi, un patto a tre di assistenza militare, nuova versione del progetto, rimasto senza alcun seguito, già presentato il 29 settembre 1938 a Monaco, e Mussolini ne rinviò la discussione con l'argomento che era per il momento inutile, visto che nessuno era in grado di attaccare gli Stati totalitari, già peraltro legati fra loro dal Patto antikomintern. Ma nello stesso tempo avanzò l'ipotesi di un'alleanza militare offensiva, per la quale tuttavia – egli scrisse – occorreva che fossero definiti gli scopi e che fosse il risultato di «un'amicizia radicata e profonda tra i popoli», come nel giugno precedente aveva detto per il patto militare difensivo.

È anche da rilevare che la novità del patto d'alleanza difensiva a tre con il Giappone, sulla quale lo intrattenne Ribbentrop, non sembra mutare il quadro, costituito dai rapporti dell'Italia con la Gran Bretagna e la Francia, nel quale Mussolini era giunto all'idea di un accordo scritto con la Germania, nel senso che la presenza del Giappone non pare assumere una rilevanza specifica. Dalle risposte date a Ribbentrop si ha netta l'impressione che Mussolini avesse sempre in mente un patto a due da definirsi in futuro, secondo le esigenze italiane. E infatti, nelle istruzioni ad

---

[15] ID., *Diario 1937-1938 ... cit.*, 5 maggio 1938.
[16] Ivi, 27 giugno 1938.

Attolico del 24 novembre 1938 si parlava di «alleanza militare *con la Germania*» da stipularsi subito se fosse risultato che i franco-inglesi, nel loro incontro di Parigi di quel giorno, avessero trasformato la loro intesa in una vera e propria alleanza.

b) L'accoglimento della proposta tedesca per un patto d'alleanza a tre, che Mussolini fece solennemente annunziare da Ciano a Ribbentrop con la lettera del 2 gennaio 1939, era il frutto di una decisione presa già prima (almeno dal 23 dicembre 1938, come testimonia Ciano) [17] in conseguenza dei due discorsi del presidente del Consiglio francese Daladier alla Camera e al Senato del 13 e 19 dicembre, nei quali questi aveva affermato: «La Francia non cederà nemmeno un pollice dei suoi territori all'Italia, dovesse anche derivarne un conflitto armato» [18]. Come già il 24 novembre 1938 anche ora è l'atteggiamento francese a determinare il superamento della posizione d'attesa assunta fin dal giugno 1938. Quindi, consenso al patto militare difensivo, o, per essere più esatti, ad un patto di consultazione e di assistenza politica e militare, il cui testo, rielaborazione di quello presentato il 28 ottobre 1938, inviato da Attolico il 6 gennaio 1939, fu da Mussolini letto, corretto nel preambolo e approvato.

Conviene ricordarlo nei suoi articoli fondamentali: «Articolo 1. Nel caso che una delle Potenze contraenti dovesse trovarsi in *difficoltà* a causa dell'atteggiamento di una o più Potenze non partecipanti a questo Patto, le Potenze contraenti inizieranno subito una *consultazione* circa le misure da prendersi in comune». «Articolo 2. Nel caso che una delle Potenze contraenti venisse *minacciata* da una o più Potenze non partecipanti a questo Patto, le altre Potenze contraenti si impegnano a fornire alla Potenza minacciata il loro *sostegno politico ed economico* per eliminare questa minaccia». «Articolo 3. Nel caso che una delle Potenze contraenti dovesse divenire *oggetto di una aggressione non provocata* da parte di una o più Potenze non partecipanti a que-

---

[17] Ivi, 23 dicembre 1938.
[18] JEAN BAPTISTE DUROSELLE, *La décadence 1932-1939*, Paris, Imprimerie Nationale, 1979, p. 391.

sto Patto, le altre Potenze contraenti si impegnano ad accordare ad essa *aiuto e assistenza con tutti i mezzi a loro disposizione*. Le tre Potenze contraenti stabiliranno subito le comuni misure necessarie per l'adempimento di tale impegno».

c) Il negoziato, stagnante per le lentezze giapponesi e la crisi di fiducia determinata dagli eventi di Praga di metà marzo, venne da Mussolini riavviato il 29 marzo 1939. L'obiettivo era «l'alleanza militare dei Paesi del Triangolo», o più esattamente il progetto di patto a tre di consultazione e di assistenza politica e militare su citato. A causa dell'atteggiamento giapponese la Germania propose, però, il 24 aprile, di «cominciare a mettersi d'accordo intanto mediante un patto bilaterale» e Ribbentrop annunziò ad Attolico che si riservava di portare con sé, per il già concordato incontro con Ciano destinato a discutere della situazione politica generale e dell'alleanza, «uno schema di patto tra Germania e Italia» e invitava Ciano a fare altrettanto [19]. Ma da parte italiana non venne predisposto alcun progetto. Nelle istruzioni di Mussolini del 4 maggio 1939 si diceva soltanto: «L'Italia è favorevole ad un'alleanza a due o a tre, secondo le decisioni di Tokio. Gli accordi militari devono essere attentamente preparati, in modo che – specificate le circostanze – divengano quasi automaticamente operativi». Si poteva in sostanza sottoscrivere a tre o a due il testo del 6 gennaio, alla condizione che il protocollo destinato a dare applicazione all'ultima frase del su citato articolo – gli accordi militari appunto – fosse congegnato in modo da risultare effettivamente operativo nel caso che si fosse dovuta fornire assistenza militare alla parte contraente oggetto di aggressione non provocata. È opportuno inoltre sottolineare che proprio in riferimento all'ipotesi «assistenza militare» del *casus foederis* Mussolini aveva assai enfatizzato nelle sue istruzioni la condizione politica generale del «periodo di pace non inferiore a tre anni». In sostanza, affinché potesse divenire applicabile l'articolo 3 del progetto in discussione, occorrevano almeno tre anni di preparazione.

---

[19] Attolico a Ciano, tel. n. 261 del 25 aprile 1939. La frase citata è sottolineata da Mussolini.

Ottenuto a Milano il consenso tedesco su questo punto, Mussolini, come ci dice Ciano nel suo diario [20], autorizzò telefonicamente il ministro degli esteri a stringere subito. Leggendo poi la relazione che questi gli presentò al suo ritorno, segnò la parte «periodo di pace», che diceva: «Anche la Germania è convinta della necessità di un periodo di pace che dovrebbe essere non inferiore ai quattro o cinque anni». Nulla invece annotò sulla parte «alleanza militare» che diceva: «Ribbentrop si riserva di mandarci al più presto uno schema di trattato di alleanza che dovrebbe venire da noi esaminato e discusso».

A Milano dunque non si disse nulla del nuovo schema? La relazione di Ciano dice solo che Ribbentrop aveva «molto apprezzato il suggerimento del duce di formulare l'alleanza in modo tale da costituire un patto aperto all'adesione di quegli Stati che intenderanno in seguito parteciparvi». E quello tedesco non dice nemmeno questo. Dai documenti tedeschi [21] apprendiamo però che l'argomento fu toccato da Attolico, il quale sottolineò al capo dell'ufficio giuridico della Wilhelmstrasse l'interesse italiano su due punti: «una menzione storica della frontiera del Brennero» e l'impegno al reciproco rispetto delle «sfere di interesse» di ciascun Paese. Ma non è nemmeno da escludere che qualcosa i due ministri si siano detti in modo informale. Ciano sapeva (da Attolico) che, nell'ipotesi di un patto a due, i tedeschi pensavano ad un progetto che «avrebbe tutti i caratteri solennità e sancirebbe un'alleanza al cento per cento, suscettibile quindi "di fare impressione"» [22]. Può averglielo ripetuto anche Ribbentrop a Milano. Ciano a sua volta può avergli indicato ciò che la sera dell'11 maggio disse a Roma all'ambasciatore tedesco Mackensen: «Egli attribuiva un'importanza decisiva a due cose soltanto: 1) la parola "alleanza" doveva assolutamente apparire nel testo; 2) la formulazione doveva essere la più ampia possibile», ma poteva

---

[20] CIANO, *Diario 1939-1940* ... cit., 6-7 maggio 1939.
[21] Risulta da: Memorandum Gaus, 12 maggio 1939, in *DGFP*, serie D, vol. VI, D. 371.
[22] Attolico a Ciano, telegramma n. 283 del 4 maggio 1939, ore 21,45.

consistere sia in un accordo breve con un grosso preambolo sia nell'inverso. Dettagliate dovevano invece essere le stipulazioni militari, oggetto del protocollo segreto (come del resto era scritto nelle istruzioni impartitegli da Mussolini). Ciano disse infine a Mackensen che si poteva prendere per base il progetto ormai «familiare» che era stato discusso a Roma nell'ottobre precedente (in tutto corrispondente, nella dizione e nella sostanza degli impegni, al progetto su riportato del 6 gennaio)[23]. Sia che di tutto questo Ciano ne abbia accennato direttamente a Ribbentrop a Milano, come è possibile, sia che l'abbia esplicitamente detto solo a Mackensen l'11 maggio, è certo che Ciano (e Mussolini) pensavano ad un'alleanza militare *difensiva*, anche se con un testo formulato in modo enfatico, come fu ancora chiaramente ripetuto da Attolico la mattina del 12 maggio al sottosegretario agli esteri tedesco von Weizsäcker[24].

d) Il testo del nuovo progetto, intitolato «Patto di amicizia e di alleanza», giunse a Roma nelle prime ore del 13 maggio 1939 e Ciano dice nel suo diario che gli fu consegnato quando era già salito sul treno per recarsi a Firenze. «In massima va bene», osserva, e commenta: «Non ho mai letto un patto simile: è vera e propria dinamite»[25]. Tale in effetti era, giacché i tre citati articoli erano così trasformati: l'uno e il due erano accorpati insieme senza però presentare varianti di sostanza; ne avevano solo di forma. Restava quindi la *consultazione* per il caso di *difficoltà* o *pericolo*, e il *sostegno politico e diplomatico* per il caso di *minaccia*. L'articolo 3 invece diceva: «Se malgrado i desiderata e le speranze delle Parti contraenti dovesse accadere che una delle Parti *entrasse in complicazioni belliche* con un'altra o con altre Poten-

---

[23] Mackensen a Ribbentrop, telegramma n. 189 del 12 maggio 1939, in *DGFP*, serie D, vol. VI, D. 369.

[24] Memorandum Weizsäcker, 12 maggio 1939, ivi, D. 370. Attolico non riferì a Ciano di questa conversazione con Weizsäcker. A fine mattinata inviò solo un telegramma, il n. 309, con notizie accessorie, tra le quali la possibile data del 21-24 maggio per la visita di Ciano a Berlino. Vale la pena di notare che questo è l'ultimo documento, contenuto in UC – Varie 5, relativo al negoziato sottolineato e vistato da Mussolini.

[25] CIANO, *Diario 1939-1940* ... cit., 13 maggio 1939.

ze, l'altra Parte contraente *si porrà immediatamente come allea-ta al suo fianco* e la sosterrà con ogni sua forza militare per terra, per mare e per aria». Nel commento, che telegrafava contemporaneamente al progetto, Attolico scriveva: «Come si vede dalla lettura del progetto, i termini del trattato escono nettamente dall'ordinario e stabiliscono un tipo di patto per così dire totalitario, ... Così, ad esempio, vengono abbandonate tutte le formule consuete di "aggressione non provocata" per arrivare ad una solidarietà talmente integrale da fare – ed a giusto titolo – ritenere che essa sia non solo difensiva ma anche offensiva». Osservato che una tale impostazione «potrebbe sotto certi riguardi convenire», Attolico suggeriva che essa «trovasse un correttivo almeno nel titolo del trattato che potrebbe forse essere chiamato», scriveva, «patto di difesa politico-militare italo-tedesco». Attolico, quindi, rivelava la profonda trasformazione subita dall'articolo 3, ossia dalla terza ipotesi del *casus foederis*, anche se il correttivo da lui suggerito può considerarsi assai tenue ed anzi irrilevante nella sostanza.

Ma tutto ciò Attolico non lo disse a Gaus quando questi gli consegnò il progetto nel pomeriggio del 12 maggio. Gli disse anzi che il testo gli sembrava «eccellente», ma che occorreva precisare meglio nel preambolo i due punti di cui già gli aveva parlato a Milano: una più specifica menzione di quanto Hitler aveva dichiarato a Roma l'anno prima circa la frontiera del Brennero ed il comune rispetto degli «spazi vitali» di ciascun contraente. Nel commento telegrafato a Ciano Attolico sottolineò anche queste due altre riserve e manifestò pure qualche perplessità sulla durata del trattato prevista «senza limiti di tempo»[26].

Su questi tre punti Ciano fu subito d'accordo appena lesse la comunicazione di Attolico. Nell'annotazione del 13 maggio, dopo aver detto che il progetto in massima andava bene, scrive: «Vogliamo però aggiungere una frase che riguardi le frontiere – garantite per sempre – gli spazi vitali e la durata del patto». Sulla

---

[26] Attolico nei suoi telegrammi omise di riferire che aveva avuto un colloquio con Gaus. Lo sappiamo dal memorandum di Gaus citato alla nota 21.

trasformazione del *casus foederis* invece Ciano non annota nulla.

È fuor di dubbio che egli lesse attentamente il testo del nuovo progetto e i commenti di Attolico: il suo diario lo dimostra in modo eloquente. E si può ragionevolmente ritenere che egli avesse anche ben percepito il mutamento del *casus foederis*, altrimenti l'affermazione che il patto era «vera e propria dinamite» non avrebbe senso, anche se alle iperboli erano portati sia lui che Ribbentrop, come lo stesso diario testimonia. Ma c'è da chiedersi: ne colse a pieno la portata, cioè le conseguenze che quel tipo di patto avrebbe potuto produrre sulla politica italiana? Certamente non furono una grande spinta a riflettere le surriportate osservazioni di Attolico che in questo caso sembra avere smarrito la sua consueta lucidità e abilità di negoziatore. E c'è anche soprattutto da chiedersi: comunicò a Mussolini che il vecchio progetto di cui si era più volte parlato, tanto da essere da lui definito «familiare», e che Mussolini aveva esplicitamente approvato, era divenuto qualcosa di molto diverso, e cioè un patto totalitario? I due interrogativi sono collegati fra di loro nel senso che se Ciano fu pienamente cosciente di quel che gli si proponeva, doveva certo darne comunicazione a Mussolini, se non lo fu, poteva anche farne a meno. Non si può affermare nulla di certo in proposito perché, come si è detto, questa parte del negoziato non ha più una sua completa traccia scritta. L'unica cosa certa è che tra Ciano e Mussolini tutto avvenne per telefono (e telescrivente) perché Mussolini partì da Roma nel tardo pomeriggio del 13 maggio per compiere una visita ufficiale in Piemonte e vi rientrò alle 14,50 del 21 maggio.

e) Rilevato che non si può affermare con certezza che Mussolini abbia ricevuto il testo del progetto prima di partire, vale la pena di vedere il seguito della vicenda secondo le fonti esistenti.

La stessa mattina del 13 maggio dunque, Ciano telefonò o fece telefonare [27] ad Attolico per condividere le sue riserve circa

---

[27] Risulta indirettamente dal fonogramma di Attolico n. 318: vedi nota 29.

le frontiere, lo spazio vitale e la durata del patto ma soprattutto per chiedere un rinvio della data del 21-24 maggio indicata dai tedeschi per la visita a Berlino necessaria per la firma del trattato. «Non mi sembra che la coincidenza del 24 maggio sia la data più indicata per firmare un patto così formidabile d'intesa militare con i tedeschi!», scrive Ciano nel suo diario [28], memore che il 23 maggio 1915 era stata denunziata la Triplice Alleanza e dichiarata la guerra all'Austria e che il giorno seguente il Piave aveva mormorato al passaggio dei primi fanti...

Nel primo pomeriggio del 13 maggio Attolico fu ricevuto da Ribbentrop il quale gli disse subito che la questione del confine era già risolta nel senso di includere nel preambolo un riferimento alle parole pronunciate da Hitler a Palazzo Venezia il 7 maggio 1938. Quanto alla data della visita spiegò invece che aveva difficoltà ad accettare un rinvio e pregò che fosse confermata quella indicata. Il tema centrale del colloquio fu però costituito dalla proposta di parafare, lo stesso giorno della sottoscrizione del patto italo-tedesco, l'accordo a tre con il Giappone integrato con le dichiarazioni e comunicazioni orali da ultimo proposte dal Governo di Tokyo, di cui egli aveva parlato con Ciano a Milano. Ribbentrop chiedeva una risposta urgente a questa proposta [29].

I quattro fonogrammi con cui Attolico riferiva sul colloquio giunsero a Roma la sera stessa. Ciano, che era ancora a Firenze, li ebbe la mattina del 14 maggio, fece trasmettere subito a Mussolini quello in cui era riportata la proposta di Ribbentrop (il numero 317), e poi gli inviò la seguente comunicazione: «1) Considero il tentativo di Ribbentrop inutile poiché i giapponesi non prenderanno in sei giorni quelle decisioni che non hanno preso in sei mesi. 2) Considero che il patto triangolare come proposto adesso da Ribbentrop e Oshima è superfluo e forse dannoso. 3) In considerazione però dell'importanza che Ribbentrop

---

[28] CIANO, *Diario 1939-1940* ... cit., 13 maggio 1939.
[29] Attolico a Ciano, fonogrammi nn. 315, 316, 317 e 318 del 13 maggio 1939, ore 17,30-19,40.

attribuisce alla questione, sarei favorevole a concedere il nulla osta». Gli riferì inoltre sul problema della data e concluse: «Prima di dare una risposta ad Attolico sui due predetti argomenti attendo il benestare del duce».

Questa comunicazione fu trasmessa a Roma ad Anfuso, che alle 13 la fece pervenire per telescrivente alla segreteria di Mussolini [30]. Questi rispose subito autorizzando il nulla osta. Mezz'ora dopo Anfuso era in grado di telefonare a Ciano a Firenze d'aver già comunicato ad Attolico l'assenso di Mussolini [31]. Ciano nel diario annota che il duce, dopo aver tenuto il suo discorso a Torino, «mi chiama al telefono. Prendiamo gli ultimi accordi circa la firma dell'alleanza» [32] e chiaramente si riferisce al problema della data. A sera Attolico telegrafò l'accordo sulla data del viaggio: arrivo a Berlino il 21 alle 9,50, partenza il 23 alle 10,14 [33].

Il 15 maggio Attolico presentò a Gaus il testo dei due emendamenti relativi allo spazio vitale e alla durata del patto limitata a «dieci anni nella sua prima applicazione», che furono accettati [34]. Il 17 maggio infine Ciano registra nel suo diario: «Mussolini approva il testo definitivo del patto di alleanza» [35], senza specificare però che si trattava di una conversazione telefonica visto che Mussolini, partito da Torino, aveva trascorso l'intera giornata del 17 tra Alessandria e Vercelli.

Come si vede, questo noioso resoconto delle ultime vicende del negoziato, compilato sulle fonti esistenti, ripropone, in modo ancora più accentuato, l'interrogativo circa la conoscenza o meno avuta da Mussolini del mutamento del *casus foederis* dell'alleanza. Se vi è traccia precisa nella documentazione del Gabinetto che gli si comunicò, chiedendo il suo specifico assenso, la proposta Ribbentrop-Oshima, perché non ve n'è alcuna

---

[30] Anfuso a Sebastiani, fonogramma senza numero del 14 maggio 1939, ore 13.
[31] Anfuso a Ciano, appunto del 14 maggio 1939, ore 13,30.
[32] CIANO, *Diario 1939-1940* ... cit., 14 maggio 1939.
[33] Attolico a Ciano, tel. n. 320 del 14 maggio 1939, ore 22.
[34] Memorandum Gaus, 15 maggio 1939, in *DGFP*, serie D, vol. VI, D. 386.
[35] CIANO, *Diario 1939-1940* ... cit., 17 maggio 1939.

per quanto riguarda il nuovo testo del patto inviato da Attolico? Era forse, questa, cosa meno importante? E perché non sono annotati nel registro e conservati nelle carte di Gabinetto i telegrammi di Attolico 310, 311, 312, 313, 315, 316, 318, 320 e 321, tutti relativi a questa delicatissima fase del negoziato, mentre c'è, come s'è detto, nell'originale vistato da Ciano, il 317, con gli altri due documenti citati? Dimenticanza? Non mi pare possibile, considerato, come detto all'inizio, che registrazione e conservazione dei documenti importanti erano affidate ai giovani diplomatici che prestavano servizio al Gabinetto. Confusione al ritorno da Firenze? Neanche questa ipotesi mi pare possibile perché il 317, vistato da Ciano a Firenze, c'è. E allora si può fare l'ipotesi di una omissione voluta: da chi e per nascondere cosa? Da Ciano per coprire la mancata trasmissione del nuovo testo a Mussolini? Oppure, se questa c'è stata, da qualche funzionario del Gabinetto per evitare che rimanesse testimonianza di quanto Attolico aveva scritto nel telegramma 313? Ma in questo caso non si sapeva che ne restava copia nella raccolta telegrafica dell'Ufficio cifra?

In conclusione, nella ricognizione archivistica sulla quale ho riferito, non vi sono elementi certi per affermare che Mussolini accettò coscientemente la trasformazione del patto da difensivo in offensivo effettuata dai tedeschi all'ultimo momento. Anzi, ce n'è molti in senso contrario. Ma, ovviamente, nulla esclude che tale esplicito consenso ci sia stato senza lasciare tracce. Non solo. Si potrebbe anche ipotizzare che Ciano ritenne che non ve ne fosse alcun bisogno: non aveva Mussolini stesso considerato la possibilità, nell'appunto dato a Ribbentrop il 29 ottobre 1938, di un'alleanza offensiva? Oppure che Mussolini ne abbia parlato a voce con Ciano prima della sua partenza per Milano. Ma allora perché non glielo scrisse nelle istruzioni del 4 maggio? Personalmente propendo per l'ipotesi della non conoscenza perché essa spiegherebbe assai bene anche il motivo per cui, il 27 maggio, a testo ormai sicuramente conosciuto, Mussolini si mise a scrivere il «Memoriale dopo l'alleanza Berlino-Roma», da mostrarsi ad Hitler, nel quale prendeva a considerare la prospettiva della guerra contro le Democrazie (aspetto offensivo del *casus foede-ris*) per sottolineare le difficoltà che comporterebbe e ribadire quindi la necessità del «periodo di pace». E, rileggendo il testo, vi inserì l'intero brano che aveva scritto in proposito nel memoran-dum per Ribbentrop del 4 maggio. È azzardato affermare che tutta la puntualizzazione che Mussolini fa in questo documento a proposito della guerra contro le Democrazie altro non è che il tentativo di riportare il nuovo e totalitario impegno preso con il Patto d'Acciaio entro i limiti del *casus foederis* considerato in tut-ti i progetti discussi durante il negoziato? Molto melanconica-mente all'inizio del documento egli scrive: «Ora che l'Alleanza fra Italia e Germania è firmata e troverà in ogni momento, secon-do la lettera e lo spirito del trattato, la più piena applicazione, ritengo opportuno esporre quanto io penso sulla situazione at-tuale e sui suoi probabili sviluppi futuri». Insomma, l'impegno è preso e non può essere ritirato, ma ...

4. – Come avevo detto all'inizio, non mi proponevo di avan-zare nuove interpretazioni, ma solo di offrire alcuni elementi – ma se ne potrebbero indicare molti altri – tratti dalla lettura archivistica del materiale esistente nell'Archivio storico del Mini-stero degli esteri. Il quale in generale convalida le maggiori in-terpretazioni esistenti circa il Patto d'Acciaio. Ha perfettamente ragione Mario Toscano quando afferma che il Patto nasce in fun-zione dei rapporti con la Francia ed anzi i singoli aspetti del *casus foederis* dei progetti discussi sembrano calzare a perfezio-ne con i disegni mussoliniani di pressione sulla Francia. Un po' meno ovviamente calza la formulazione finale del patto, che rende l'Italia strumento della Germania e non viceversa. Ma ha ragione anche Renzo De Felice quando sottolinea l'importanza della politica *oceanica* dell'Italia, tracciata nella riunione del Gran Consiglio del 4 febbraio 1939, anche se come programma proiettato nel futuro, perché il patto, sempre nella sua prima ver-sione, appariva destinato a riaprire, anche con la Gran Bretagna, la questione del Mediterraneo, almeno nel senso di dare mag-gior forza all'Italia nei suoi confronti. Meno convincente mi pare invece quanto scrive Grandi [36], per giustificare *tout court* il patto totalizzante, ossia che esso aveva lo scopo di condizionare Hitler, di costringerlo alla consultazione, perché è difficile trovare elementi che suffraghino questa ipotesi. E, infine, ha ragione Mario Luciolli, che conosceva il processo decisionale dall'interno, quando parla di leggerezza nella condotta degli affari di Stato. L'ultima fase del negoziato, comunque si sia svolta la vicenda relativa al testo del patto proposto per la firma, è testimonianza lampante di tale leggerezza, termine che sarebbe poi del tutto inadeguato nell'ipotesi che si sia autorizzata la firma di qualcosa che nella sostanza era diverso da quel che si pensava di accettare.

In sostanza, tutti i contributi storiografici esistenti risultano validi e utili ma quanto ho esposto induce a dire che su di essi si può costruire ancora qualcosa con le carte conservate nell'Archivio segreto di Gabinetto del Ministero degli esteri.

---

[36] DINO GRANDI, *Il mio paese: ricordi autobiografici*, Bologna, Il Mulino, 1985, pp. 466-467.

8.

I TENTATIVI DI PACE DEL 1943 NELLA DOCUMENTAZIONE DIPLOMATICA ITALIANA

1. – Mentre stavo conducendo le ricerche archivistiche per la preparazione dei volumi dei *Documenti diplomatici italiani* relativi al periodo novembre 1942-settembre 1943 [1] mi ero proposto in particolare di verificare il ruolo della Turchia nei tentativi effettuati dall'Italia per uscire dal conflitto.

L'indagine appariva promettente perché prendeva l'avvio dai seguenti quattro elementi: 1) la presenza in Turchia del colonnello dei Carabinieri Ugo Luca del Servizio Informazioni Militare (SIM), che era in buon rapporto di amicizia con il presidente del Consiglio Saracoglu; 2) un'annotazione del diario di Ciano che, a proposito dello stabilimento di un eventuale «contatto» con gli Alleati, menzionava la scelta di Augusto Rosso, ambasciatore di grande esperienza, prestigio ed eterodossia politica, per la sede di Ankara [2]; 3) i suggerimenti dell'ambasciatore turco a Sofia, Suphi Tanriover, resi noti dalle memorie di Bova Scoppa [3] e poi ripresi dal Deakin che aveva pubblicato vari brani dei rela-

---

[1] *I documenti diplomatici italiani*, serie nona, voll. IX e X, Roma, Istituto Poligrafico dello Stato, 1989 e 1990.

[2] GALEAZZO CIANO, *Diario 1941-1943*, Milano, Rizzoli, 1946, p. 243.

[3] RENATO BOVA SCOPPA, *Colloqui con due dittatori*, Roma, Ruffolo, 1949, pp. 89-92.

tivi documenti [4]; 4) il colloquio che l'ambasciatore Guariglia ebbe con il ministro degli esteri turco Menemencioglu la mattina del 28 luglio 1943 ad Istanbul, poco prima della partenza per Roma dove si recava ad assumere l'incarico di ministro degli esteri nel gabinetto Badoglio, e di cui Guariglia riferiva nelle sue memorie [5].

L'esito di questa ricerca è stato invece negativo. Non è risultato che il colonnello Luca abbia fatto nulla oltre che svolgere le sue funzioni di capo del servizio informazioni del settore [6]. Ed anzi Guariglia, da Ankara, criticava in un documento l'inutile spreco di denaro per quel servizio che compilava solo inutili «zibaldoni» di notizie [7].

Dopo l'estromissione di Ciano dal governo, l'ambasciatore Rosso non andò più ad Ankara. Al suo posto fu nominato Guariglia, che aveva dovuto lasciare l'Ambasciata presso la Santa Sede, scelta da Ciano come luogo di rifugio che gli consentiva di rimanere a Roma, in buona posizione, per seguire gli sviluppi della situazione interna e per avere un accesso più diretto in Vaticano allo scopo di stabilire eventuali contatti con gli Alleati. Ma questa si rivelò una pura illusione, come hanno dimostrato gli studi del Chadwick e del Garzia [8]. E, quanto a Guariglia, la documentazione rinvenuta, e pubblicata nel volume X della nona serie dei documenti italiani, conferma quanto già risultava dalle sue memorie circa la sua totale estraneità ad ogni progetto o contatto via Turchia fino alla vigilia della sua partenza da Ankara.

---

[4] FREDERICK WILLIAM DEAKIN, *The Brutal Friendship: Mussolini, Hitler and the Fall of Italian Fascism*, London, Weidenfeld and Nicolson, 1962, pp. 305-306.

[5] RAFFAELE GUARIGLIA, *Ricordi 1922-1946*, Napoli, Edizioni Scientifiche Italiane, 1950, pp. 560-561. Scrive Guariglia: «Lo pregai di far sapere ai rappresentanti degli Alleati ad Ankara che ... era mio convincimento che il nostro Paese doveva al più presto "cambiare strada" ... Chiedevo pertanto agli Alleati due cose: di accordarmi la loro fiducia e di sospendere i bombardamenti delle nostre città».

[6] Si veda un suo promemoria per Ciano del 30 dicembre 1942, in *DDI*, serie nona, vol. IX, D. 450.

[7] Lettera di Guariglia a Babuscio Rizzo, 16 giugno 1943, ivi, vol. X, D. 427.

[8] OWEN CHADWICK, *Britain and the Vatican during the Second World War*, Cambridge, Cambridge University Press, 1986, pp. 249-250; ITALO GARZIA, *Pio XII e l'Italia nella seconda guerra mondiale*, Brescia, Morcelliana, 1988, p. 250.

L'ambasciatore Tanriover, nelle sue due conversazioni con Bova Scoppa, il 14 e 17 maggio 1943 [9], espresse solo suoi suggerimenti effettivamente personali, nel senso che tale aggettivo ha, in questo caso, il suo valore letterale e non quello che gli si attribuisce nel linguaggio diplomatico, dove sta a significare che si tratta di iniziative, proposte od opinioni provenienti da un governo il quale non è ancora, per ragioni varie, disposto ad assumersene la paternità o la responsabilità. La documentazione italiana conferma quanto già affermava prudenzialmente il Deakin in proposito [10] e quanto risulta anche dallo studio della Di Casola [11], e cioè che il governo turco non stava in alcun modo dietro il suggerimento dell'ambasciatore Tanriover e che pertanto i due appunti di Bova Scoppa appartengono a quella categoria di documenti che si possono citare per amor di completezza, ma non per il loro valore reale dal punto di vista storiografico.

Infine, il ministro degli esteri turco Menemencioglu, afferma Guariglia, «alcuni giorni dopo il mio arrivo a Roma, mi fece sapere a mezzo del suo ambasciatore che aveva parlato ai rappresentanti alleati nel senso da me desiderato» [12]. È probabile che una visita a Guariglia l'abbia fatta l'ambasciatore Baydur, anche se non ho rinvenuto nessun documento in proposito, e che si sia espresso nei termini riferiti da Guariglia, ma è certo che dal suo colloquio con Menemencioglu non ne venne nulla nelle trattative per la resa italiana. Guariglia infatti, oltre a quelle conosciute, pensò, come vedremo, ad una via svizzera per prendere contatto

---

[9] I due appunti di Bova Scoppa su tali conversazioni sono ora pubblicati in *DDI*, serie nona, vol. X, DD. 327 e 332.

[10] DEAKIN, *The Brutal Friendship* ... cit., p. 305.

[11] MARIA ANTONIA DI CASOLA, *Turchia neutrale, 1943-1945: La difesa degli interessi nazionali dalle pressioni alleate*, 2 voll., Milano, Giuffrè, 1981 e 1984, vol. I, pp. 149 e 158.

[12] GUARIGLIA, *Ricordi 1922-1946* ... cit., p. 561. Menemencioglu parlò effettivamente con l'ambasciatore britannico, e questi riferì al suo governo la comunicazione fatta da Guariglia. Eden, informandone gli americani, precisò che «il governo di Sua Maestà non attribuisce alcuna importanza» a quella conversazione: vedi *Foreign Relations of the United States, 1943, The Conferences at Washington and Quebec*, Washington, United States Government Printing Office, 1970, pp. 536-537.

con gli Alleati, ma non alla via di Ankara, dove pure era ancora il
suo fidato collaboratore Guido Relli [13].

Oltre a ciò la ricerca ha portato a confermare che il periodo
in esame non fu tra i migliori nelle relazioni italo-turche, raffred-
datesi dopo l'occupazione italiana dell'Albania nell'aprile 1939.
La stampa turca si esprimeva in senso vivacemente anti-italiano
al punto che il 20 aprile Guariglia chiese l'intervento del ministro
degli esteri per moderare la polemica [14]. E Mussolini elogiò personalmente Guariglia per questo «passo», indirizzandogli uno dei
pochi telegrammi autografi di questo periodo [15]. Ma ancor più
significativa è la richiesta, l'8 maggio, di sostituire l'ambasciatore
turco a Roma, divenuto persona non grata perché troppo anti-
italiano [16]. La colpa di Baydur, in effetti, era quella di fare scru-
polosamente il suo dovere, riferendo al suo governo che la situazione dell'Italia era tanto catastrofica che se ne doveva prevedere la resa a breve termine. Senonché il SIM intercettava la sua
corrispondenza e Mussolini poteva leggere delle verità che gli
erano sgradite. Guariglia riuscì, prendendo tempo per l'inoltro
della richiesta e convogliandola verso altro canale (il col. Luca),
a far tramontare questa pericolosa iniziativa [17].

Insomma, da questi ed altri elementi risulta che tra i due paesi si era in un periodo di rapporti non idilliaci e tali comunque
da non costituire il quadro appropriato per lo svolgimento di
una eventuale mediazione da parte turca o per favorire un contatto con gli Alleati.

2. – Se la ricerca sulla presenza della Turchia nei tentativi di
pace italiani ha avuto esito negativo, non altrettanto può dirsi
per altri aspetti dello stesso tema, in quanto il materiale visto e

---

[13] Si veda una lettera di Relli a Guariglia del 6 agosto 1943, in *DDI*, serie nona, vol. X, D. 691.

[14] Tel. di Guariglia a Mussolini, 20 aprile 1943, ivi, D. 245.

[15] Tel. di Mussolini a Guariglia, 23 aprile 1943, ivi, D. 257.

[16] Lettera di Babuscio Rizzo a Guariglia, 8 maggio 1943, ivi, D. 300.

[17] Lettera e tel. di Guariglia a Babuscio Rizzo, 20 e 24 maggio 1943, ivi, DD. 346 e 356.

selezionato per i volumi dei *Documenti diplomatici italiani*, pur senza contenere clamorose novità, offre la possibilità di fornire un quadro più preciso di tali tentativi e consente anche di rimeditare su una pagina cruciale della recente storia italiana: quella delle reazioni alla sconfitta militare che portarono alla caduta del fascismo e all'armistizio del 3 settembre 1943. Ed è su questo tema che vorrei svolgere qualche considerazione, in particolare su quanto avvenne prima del 25 luglio, giacchè dopo tutti i nodi si sciolsero nell'unico modo possibile, quello della resa incondizionata.

Le prime notizie al riguardo, desunte da fonti documentarie, si ebbero nel 1964, quando fu pubblicato il volume *Europe* dei documenti diplomatici americani relativi al 1943 [18]. Da esso risultò che da parte italiana si era cercato di mettersi in contatto con gli Alleati attraverso tre canali: 1) la Legazione a Lisbona; 2) il Consolato generale a Ginevra; 3) uno dei rappresentanti britannici in Svizzera.

In particolare, del primo si diceva: «La Legazione d'Italia a Lisbona ha fatto ricorso ad un intermediario romeno per mostrare all'Ambasciata di Sua Maestà ed all'Ambasciata di Polonia a Lisbona il proprio interesse ad una pace separata» [19]. I due personaggi menzionati erano il ministro a Lisbona, Francesco Fransoni, e il cittadino romeno Jean Pangal.

Il secondo era così ricordato: «Il console generale d'Italia a Ginevra è ansioso di stabilire un canale di comunicazione tra il governo di Sua Maestà ed il duca d'Aosta (già duca di Spoleto)» [20]. Qui i personaggi erano Luigi Cortese, un diplomatico di carriera, e il principe Aimone di Savoia-Aosta, divenuto duca d'Aosta alla scomparsa del fratello Amedeo il 3 marzo 1942.

Infine, circa il terzo si diceva: «Uno dei nostri rappresentanti in Svizzera ha appreso attraverso un intermediario che il mare-

---

[18] *Foreign Relations of the United States, Diplomatic Papers, 1943*, vol. II, *Europe*, Washington, United States Government Printing Office, 1964.
[19] Tel. di Winant ad Hull, 18 dicembre 1942, ivi, p. 315.
[20] Ivi.

sciallo Badoglio è desideroso al momento giusto di assumere il potere e di stabilire in Italia un governo militare. Egli è in contatto con il maresciallo Caviglia, che lo assisterebbe in tale progetto. Il maresciallo Badoglio ha proposto di inviare un emissario, il generale Pesenti, in Cirenaica per discutere ... »[21]. E in questo caso è solo necessario precisare che il «rappresentante» è quello dello Special Operations Executive a Berna, che è come dire dei servizi segreti britannici, e che l'intermediario è rimasto sconosciuto.

Nel 1965 Mario Toscano, partendo da questi spunti, svolse una ricerca basata soprattutto sulla raccolta delle testimonianze dei protagonisti superstiti, che, per motivi vari, non si erano ancora abbandonati a rivelazioni su queste vicende[22]. L'indagine del Toscano produsse buoni risultati. Egli riuscì non solo a corredare di molti particolari quanto era emerso dai documenti americani, ma riuscì anche a portare alla luce un'altra iniziativa, quella della principessa di Piemonte, che aveva agito attraverso Alvise Emo Capodilista presso Salazar, ed a trovare positivo riscontro di quanto Bastianini aveva scritto nelle sue memorie[23] a proposito delle sue intenzioni di stabilire contatti in Portogallo, ancora attraverso Fransoni, e a Londra attraverso il banchiere Giovanni Fummi, che si poteva giovare della sua posizione di titolare d'un passaporto della Città del Vaticano come appartenente all'Amministrazione dei beni della Santa Sede. Di queste cinque iniziative, o stabilimento di contatti, il Toscano forniva quindi un articolato quadro che divideva in due gruppi: i passi effettuati per conto del governo fascista e quelli effettuati a sua insaputa. I primi riguardavano quanto era stato fatto dalla Legazione a Lisbona, quando Ciano era ancora ministro degli esteri, e

---

[21] Tel. di Matthews ad Hull, 1° febbraio 1943, ivi, p. 321.

[22] MARIO TOSCANO, *Sondaggi italiani per uscire dal conflitto prima della caduta di Mussolini*, in «Clio», aprile 1965, pp. 307-339; ristampato in ID., *Dal 25 luglio all'8 settembre*, Firenze, Le Monnier, 1966; e infine, con revisione e aggiornamenti, in ID., *Designs in Diplomacy: Pages from European Diplomatic History in the Twentieth Century*, Baltimore, The Johns Hopkins Press, 1970, pp. 373-405.

[23] GIUSEPPE BASTIANINI, *Uomini, cose, fatti: Memorie di un ambasciatore*, Milano, Vitagliano, 1959, pp. 115-118.

quel che Bastianini si era ripromesso di fare, o meglio aveva cominciato a fare, alla metà del luglio 1943. I secondi riguardavano le iniziative del duca d'Aosta, della principessa di Piemonte e del maresciallo Badoglio.

Infine, nel 1978 il giovane Varsori ha pubblicato i risultati delle sue indagini nell'archivio britannico su ciò di cui lì si poteva trovare riscontro [24], e sono emersi interessanti particolari intorno al canale Fransoni-Pangal (in specie su quest'ultimo), riguardo all'iniziativa del duca d'Aosta ed al contatto stabilito in Svizzera dal maresciallo Badoglio con lo S.O.E. di Berna.

I documenti italiani consentono ora: 1) di dare contorni più chiari al contatto di Lisbona; 2) di fare qualche precisazione su quello di Ginevra; 3) di aggiungere l'esistenza di un canale di comunicazione con gli Stati Uniti attraverso il Consolato italiano a Losanna.

Sul primo argomento c'è nei *Documenti diplomatici italiani* un appunto [25], sfuggito a precedenti ricerche [26], dello stesso Fransoni. È in data 26 giugno 1943, quando Fransoni, sostituito a Lisbona da Renato Prunas, era a sua volta subentrato a questi nell'incarico di direttore generale degli affari transoceanici. Al Ministero si era evidentemente a conoscenza, almeno sommaria, di quanto Fransoni aveva fatto a Lisbona e gliene fu quindi chiesto un resoconto, probabilmente da Bastianini, forse da Mussolini, che comunque lesse e vistò il documento, per valutare la possibilità di utilizzare quel canale, come in effetti Bastianini fece tre settimane dopo. Il resoconto di Fransoni, pur redatto con una certa circospezione di linguaggio, fornisce un quadro, abbastanza collimante con quanto ha portato alla luce il Varsori in base alle fonti britanniche [27], di ciò che è avvenuto attraverso la

---

[24] Antonio Varsori, *Italy, Britain and the Problem of a Separate Peace during the Second World War: 1940-1943*, in «Journal of Italian History», vol. I, n. 3, Winter 1978, pp. 455-491.
[25] Appunto di Fransoni a Mussolini, 26 giugno 1943, in *DDI*, serie nona, vol. X, D. 454.
[26] Toscano, *Designs in Diplomacy* ... cit., p. 378, nota 14.
[27] Varsori, *Italy, Britain* ... cit., pp. 468-470.

Legazione a Lisbona. In particolare, esso consente di rispondere
negativamente all'interrogativo se egli fosse o meno autorizzato
da Ciano a parlare di pace separata con gli Alleati, nel senso che
non lo fu; gli inglesi erano disposti ad ascoltare, ma Ciano non
aveva ancora nulla da comunicare tra la fine dell'ottobre e i primi di novembre del 1942. E quando si riprometteva di cominciare ad utilizzare il canale di Lisbona non fu più in grado di farlo
perché Mussolini lo allontanò da Palazzo Chigi. A dare consistenza a questo canale, che quindi non ha mai realmente funzionato, contrariamente a quanto risulterebbe dal su citato brano
dei documenti americani, è stato soprattutto l'attivismo dell'ex
diplomatico romeno Pangal e quello di un polacco, Jan Kova-
leski, rappresentante a Lisbona del governo polacco in esilio, le
cui gesta sono state celebrate nelle memorie della contessa di
Listowell [28]. Come si chiarisce nel resoconto di Fransoni, costoro
non furono nemmeno i veri interlocutori di parte alleata, ma lo
fu invece un appartenente al servizio segreto inglese a Lisbona,
nipote e omonimo dell'ex ambasciatore britannico a Roma,
Ronald Graham.

Sul secondo argomento ci sono due documenti [29] i quali
consentono anzitutto di precisare che fu proprio il console generale a Ginevra, Luigi Cortese, legato agli ambienti sabaudi, a farsi
portavoce del duca d'Aosta, anche se i contatti vennero in gran
parte mantenuti dal suo collaboratore Alessandro Marieni; e, in
secondo luogo, che il contatto non fu stabilito solo con la Gran
Bretagna, ma anche con gli Stati Uniti, come c'era del resto eco
nei documenti americani [30], anche se l'indicazione era ai più
sfuggita. Ma l'elemento più importante che risulta dai documenti
italiani è che anche il governo Badoglio, o almeno Guariglia,
ministro degli esteri, pensò di utilizzare nell'agosto 1943 il cana-

---

[28] COUNTESS OF LISTOWELL, *Crusader in Secret War,* Londra, Johnson, 1952, pp.
111-137.
[29] Lettere di Capranica a Cortese e di Cortese a Capranica, 13 e 23 agosto 1943, in
DDI, serie nona, vol. X, DD. 656 e 704.
[30] *FRUS, 1943,* vol. II, p. 316.

le di Ginevra in direzione Stati Uniti.

E con questo vengo al terzo argomento sul quale i documenti italiani forniscono elementi utili: la controversa questione del motivo per cui gli italiani presero contatto con gli inglesi, assai maldisposti e rigidi verso di loro, e non con gli americani, animati, per varie ragioni, da spirito più comprensivo verso l'Italia. La spiegazione finora data (Toscano, Linsenmeyer)[31] è stata che a Roma si riteneva, erroneamente, essere gli inglesi e non gli americani ad avere la maggiore voce in capitolo nelle cose italiane. Si è trattato di una scelta quindi, anche se errata. I documenti lo confermano. L'ipotesi di una circostanza fortuita (la possibilità di andare a Lisbona e non in altro luogo) o quella dello stato di necessità (l'aver riscontrato che non si sarebbe trovata alcuna udienza presso gli americani) sono da escludersi. A Roma effettivamente si pensava che fosse più opportuno illustrare agli inglesi i progetti italiani per la ragione su indicata. O forse è meglio dire che lo pensavano il maresciallo Badoglio e i militari, ossia i veri attori del negoziato d'armistizio. I documenti pubblicati mostrano infatti che esistette anche un canale aperto verso gli Stati Uniti, quello stesso Consolato generale a Ginevra che aveva già funzionato per il duca d'Aosta: Luigi Cortese afferma esplicitamente, in una sua lettera, di averlo stabilito «dietro istruzioni verbali ricevute dal Ministero»[32]; e l'altro, più consistente ancora, aperto da molto tempo, quasi all'indomani della dichiarazione di guerra agli Stati Uniti, da Clinton Winant, fratello dell'ambasciatore statunitense a Londra, attraverso il Consolato italiano a Losanna[33]. L'argomento merita di essere approfondito con quanto può risultare da parte americana. Ma intanto si può affermare la sua esistenza, che combacia con il messaggio di cui fu

---

[31] Toscano, *Designs in Diplomacy* ... cit., p. 374; William S. Linsenmeyer, *Italian Peace Feelers before the Fall of Mussolini*, in «Journal of Contemporary History», vol. XVI (1981), p. 657.

[32] È la lettera di Cortese citata nella nota 29.

[33] Tel. di Tamaro a Ciano del 20 febbraio 1942 e appunto di Lanza d'Ajeta del 27 aprile 1942, in *DDI*, serie nona, vol. VIII, Roma, Istituto Poligrafico dello Stato, 1988, DD. 294, 295 e 479.

latore lo stesso ambasciatore a Washington, Colonna al suo rimpatrio in primavera [34]. E si può aggiungere che il Ministero degli esteri bloccò il contatto con istruzioni al console Chiavari del 28 aprile 1942 [35], che il canale era tuttavia aperto alla metà d'ottobre del 1942 [36], che Guariglia cercò di utilizzarlo nell'agosto 1943 [37] e infine che lo stesso Guariglia interruppe il contatto sia con Losanna che con Ginevra solo all'indomani del ritorno a Roma del generale Castellano dal suo viaggio a Lisbona [38].

3. – Per valutare complessivamente l'importanza di questi contatti e delle relative iniziative supposte o reali, occorre, come si è detto all'inizio, porsi il problema delle reazioni alle sconfitte militari e per tali intendo la percezione precisa che la guerra è ormai perduta. Questa sensazione si determina con precisione dopo la battaglia di El-Alamein e mentre i tedeschi sono impegnati a Stalingrado, quando gli anglo-americani sbarcano in Nord Africa. Diciamo quindi, l'8 novembre 1942: il secondo fronte è aperto e ci sarà l'assalto alla «fortezza Europa», di cui l'Italia è una delle parti più esposte e meno guarnita di difese. Il quesito che tutti si pongono a questo punto è come evitare la sconfitta inesorabile che si prospetta.

Le risposte a tale quesito sono state sostanzialmente due: a) quella di Mussolini, il quale pensa di creare le condizioni per una resistenza della «fortezza Europa», che può, alla lunga, essere vittoriosa; b) quella di tutte le altre forze attive (parte del governo, Monarchia, Forze armate, nelle quali si può comprendere anche l'elemento non fascista presente nel paese), che, sia pure in modi e con intenzioni diverse, si orientano verso la pace separata, ossia abbandono della Germania e trattativa con gli Alleati.

---

[34] Appunto di Lanza d'Ajeta a Ciano, 23 maggio 1942, ivi, D. 559.
[35] Ivi, p. 521, nota 5.
[36] Tel. di Tamaro a Ciano, 14 ottobre 1942, ivi, vol. IX, D. 220.
[37] Lettera di Babuscio Rizzo a Chiavari, 11 agosto 1943, ivi, vol. X, D. 646.
[38] Lettere di Capranica a Cortese e a Chiavari, 27 e 29 agosto 1943, ivi, DD. 724 e 728.

Risposte, o ipotesi di soluzione del problema, che sono tutte contemporanee e si collocano tra la seconda metà di novembre e il dicembre 1942.

La Monarchia si muove per prima, attraverso il duca d'Aosta, utilizzando il canale del Consolato italiano di Ginevra. La proposta che fa, come ci dicono i documenti americani [39], consisteva in una richiesta di copertura da parte degli Alleati ad una insurrezione militare concentrata in Sardegna, con costituzione di un governo antifascista, il quale, sebbene il documento non lo dica, avrebbe ovviamente schierato il paese dalla parte degli Alleati. La proposta, considerata seria, venne per vari motivi da questi lasciata cadere ufficialmente, ma, secondo quanto ha potuto stabilire il Toscano, una risposta ci fu e fu la seguente: «fate qualcosa e *poi vedremo*» [40], risposta che *venne interpretata* così: liberatevi di Mussolini, o meglio del regime fascista, e *poi tratteremo*. E la Monarchia cominciò infatti lentamente a muoversi in questo senso.

Proposta analoga venne fatta, verso la fine di dicembre, da Badoglio e Caviglia attraverso l'agente a Berna del servizio segreto britannico con cui era fin dal maggio in contatto un emissario del maresciallo. Dico proposta analoga perché i documenti inglesi e americani [41] attestano che anch'essa prevedeva il rovesciamento del regime fascista, la formazione di un governo di militari, una copertura degli Alleati all'operazione. Tutto ciò avrebbe dato, dice qui esplicitamente il documento inglese, almeno «una tenue speranza di un posto al tavolo della pace e di una favorevole considerazione per il futuro status internazionale» dell'Italia [42]. Anche in questo caso non ci fu una risposta ufficiale degli Alleati, ma forse nemmeno una risposta ufficiosa. Se non fu una semplice iterazione della precedente con qualche variante, questa iniziativa confluì comunque in essa e concorse a

---

[39] *FRUS, 1943*, vol. II, pp. 315-316.
[40] TOSCANO, *Designs in Diplomacy* ... cit., p. 390.
[41] VARSORI, *Italy, Britain* ... cit., pp. 475-477; *FRUS, 1943*, vol. II, p. 321.
[42] VARSORI, *Italy, Britain* ... cit., p. 476.

dare consistenza, con l'apporto delle Forze armate e delle correnti non fasciste che su di esse convergevano, alla linea secondo la quale si muoveva la Monarchia: rovesciamento del regime fascista, governo di militari e possibilmente di esponenti delle vecchie forze politiche prefasciste, abbandono dell'alleanza con la Germania e trattative con gli Alleati, un negoziato, è bene precisarlo perché si ripetono ancora cose inesatte in proposito, inteso a raggiungere non un armistizio, e men che mai una resa incondizionata, bensì un cambiamento di fronte, ossia il passaggio dell'Italia nello schieramento delle Nazioni Unite [43]. E, salvo quest'ultimo punto, le cose andarono proprio così.

Rispetto alla linea del binomio Monarchia-Forze armate, quella parte del governo composta dai fascisti moderati o non massimalisti, diciamo, per approssimazione, il gruppo che si coagula intorno a Ciano, Grandi, Federzoni e Bottai, si differenzia, ovviamente, sul punto del rovesciamento del regime fascista, ma condivide lo sganciamento dalla Germania ed ha anch'esso come obiettivo una trattativa con gli Alleati che porti però ad un armistizio.

Questa corrente sembra pronta a prendere l'iniziativa a metà gennaio del 1943, quando, come vedremo, è certa la risposta negativa della Germania alla proposta di Mussolini. Ha già il suo canale aperto a Lisbona, pensa di attivarne altri, ma quando Ciano manifesta la sua proposta viene allontanato dal governo insieme a tutti quelli che la pensano come lui perché Mussolini è assolutamente contrario a rompere l'alleanza con la Germania. Questo e non altro mi sembra il motivo del rimpasto ministeriale del 6 febbraio 1943. Queste affermazioni non si basano su documentazione nuova, ché nulla è emerso in proposito dalle mie ricerche, bensì su un'attenta lettura del diario di Ciano.

Il 19 gennaio 1943 il ministro degli esteri aveva ricevuto dal rappresentante a Bucarest, Bova Scoppa, una relazione su un suo colloquio con il vice presidente del Consiglio romeno,

---

[43] Basta in proposito vedere solo *FRUS, 1943, Conferences*, p. 1071; *DDI*, serie nona, vol. X, D. 681.

Mihail Antonescu [44], il quale gli aveva prospettato la «necessità» per la Romania come per l'Italia «di prendere contatti cogli Alleati per cercare una difesa alla bolscevizzazione dell'Europa». Scrive Ciano: «Porterò la relazione al duce e ne farò oggetto di un discorso che da tempo desidero fargli: non fasciamoci ancora la testa prima che sia rotta, ma guardiamo realisticamente la situazione e ricordiamo che ogni carità ben fatta deve cominciare in casa propria» [45]. E il 20 gennaio, dopo aver incontrato i generali Ambrosio e Vercellino, continua: «Ho promesso loro di parlare con sincerità al duce. Questo è quanto io posso, e devo fare, per essere in pace con la mia coscienza. Infatti, prendendo lo spunto dal rapporto Bova, *ho detto come la penso*. Il duce ha avuto una reazione iniziale ("sono certo che i tedeschi stagneranno e terranno duro") ma poi mi ha ascoltato con attenzione. Naturalmente ha respinto le profferte di Antonescu ("il canale danubiano non è certo quello che dovremmo seguire") ma non ha avuto nessuno scatto quando *ho detto apertamente che converrà, ad un certo punto, prendere anche noi qualche contatto diretto* ... Abbiamo scelto de Peppo per Madrid e Rocco per Ankara» [46]. Infine, il 21 gennaio Ciano annota: «Come prevedevo, Mussolini ha voluto leggere il rapporto Bova. Ha qualificato tendenzioso il linguaggio di Antonescu ed *ha confermato, in termini ben più forti di ieri, la decisione di marciare con la Germania sino alla fine*» [47]. Queste annotazioni di Ciano sono tanto chiare che non occorre commentarle.

Il suddetto gruppo è quello che provocherà la messa in minoranza di Mussolini in Gran Consiglio con la prospettiva di costituire un governo fascista moderato, che fosse in grado, rimosso l'ostacolo rappresentato da Mussolini e dai suoi fedeli, di realizzare lo sganciamento dalla Germania e quindi la trattativa con

[44] Appunto di Bova Scoppa per Ciano, 15 gennaio 1943, in *DDI*, serie nona, vol. IX, D. 503.
[45] CIANO, *Diario 1941-1943* ... cit., p. 243.
[46] Ivi (il corsivo è mio).
[47] Ivi, p. 244 (il corsivo è mio).

gli Alleati. La sua linea è perdente sia perché è di seguito inferiore nel paese rispetto al binomio Monarchia-Forze armate, sia perché il Re lo utilizza solo per provocare una caduta «soffice» del regime, essendo ben conscio che non troverebbe, con questo gruppo, il benché minimo ascolto in campo anglo-americano.

4. – Resta infine da dire della proposta di Mussolini. Era un fatto conosciuto [48], anche se sfuggito ai più, che, secondo Mussolini, per superare la svolta impressa al conflitto dallo sbarco anglo-americano in Africa del Nord, occorreva creare subito le condizioni per una resistenza prolungata del continente europeo, foriera per lui alla lunga anche della vittoria: il che si sarebbe ottenuto chiudendo il fronte orientale con una pace separata con l'Unione Sovietica o almeno con lo stabilimento ad Est di una linea fortificata fissa, onde far rifluire le forze tedesche ad Occidente per organizzare una difesa efficiente ed equilibrata di tutta la parte costiera dell'Europa.

Accenni ad una disponibilità verso l'Unione Sovietica si trovavano già nel discorso che tenne alla Camera dei fasci e delle corporazioni il 2 dicembre 1942 [49], nel quale menzionò tra l'altro la missione svolta in Russia dal generale Grazioli nel 1934. I documenti italiani ci consentono ora di sapere come Mussolini presentò la sue proposta a Göring ricevendolo a Palazzo Venezia il 4 dicembre, poiché egli ne dettò a Ciano questo resoconto: «Il duce crede che in un modo o nell'altro bisogna concludere il capitolo della guerra contro la Russia che non ha più scopo. Qualora appaia impossibile arrivare ad una seconda Brest-Litovski (che si potrebbe avere dando compensi territoriali alla Russia nella sua zona in Asia) è necessario organizzare una linea difensiva che spezzi qualunque iniziativa nemica impiegando il

---

[48] Lo si sapeva da Ciano: ivi, pp. 229 e 231, 16 e 22 dicembre 1942; *Hitler e Mussolini: Lettere e documenti*, Milano, Rizzoli, 1946, pp. 145 e 151-153.

[49] BENITO MUSSOLINI, *Opera omnia*, a cura di EDOARDO e DUILIO SUSMEL, vol. XXXI, Firenze, La Fenice, 1960, pp. 118-121.

minimo di forze dell'Asse»[50]. E a Ciano poi dette incarico di presentarla direttamente ad Hitler recandosi al suo Quartiere Generale. Ciano così annotò le istruzioni orali ricevute da Mussolini: «1943 sforzo degli anglo-americani: Medio Oriente, Africa Nord e anche Occidente. Se non si vogliono due fronti è necessario, se possibile, Brest-Litovski; se no, sistemazione del fronte orientale, che permetta trasporto a Occidente massimo numero forze dell'Asse. Guerra contro Russia non ha più scopo. (Vedere se si può utilizzare l'azione del Giappone, dirigendo verso l'Asia centrale ambizioni Russia)»[51].

La risposta di Hitler fu completamente negativa. Ricordò che l'invito all'U.R.S.S. ad indirizzare i suoi interessi verso l'Asia centrale l'aveva già fatto, senza successo, nel novembre 1940, e che la presunta disponibilità sovietica ad un'intesa attraverso il Giappone, un anno prima, si era rivelata una mossa propagandistica per premere sugli Alleati; espresse l'assoluta convinzione che se pure i russi avessero accettato un armistizio non lo avrebbero poi rispettato, perché non potevano rinunciare a territori che erano necessari alla loro sopravvivenza, come lo erano per quella della Germania, e concluse che, di conseguenza, non avrebbe in nessun caso potuto spostare forze da Oriente ad Occidente[52].

Da questa risposta, Ciano trasse la conclusione che si è sopra indicata, mentre Mussolini continuò a perseverare nella sua idea. Ne riparlò con Göring il 9 marzo 1943 e nella stessa data ne scrisse in una lettera ad Hitler[53]. Una seconda lettera del 26 marzo ebbe proprio come argomento specifico la «chiusura del capitolo Russia»[54]. Ne parlarono sicuramente, anche se non ci sono prove documentarie, pochi giorni dopo quando si incontrarono

---

[50] Appunto di Ciano del 6 dicembre 1942, in *DDI*, serie nona, vol. IX, D. 381.
[51] Appunto di Ciano del 16 dicembre 1942, ivi, D. 410.
[52] Tel. di Ciano a Mussolini del 19 dicembre 1942, verbale di Cavallero sul secondo colloquio di Ciano con Hitler del 18 dicembre 1942, appunto di Ciano per Mussolini del 22 dicembre 1942, ivi, DD. 418, 415 e 430; e, da parte tedesca, appunto di Schmidt del 21 dicembre 1942, in *Akten zur Deutschen Auswärtigen Politik, 1918-1945*, Serie E, vol. IV, Göttingen, Vandenhoeck und Ruprecht, 1975, D. 303.
[53] Mussolini a Hitler, 9 marzo 1943, in *DDI*, serie nona, vol. X, D. 95.
[54] Mussolini a Hitler, 26 marzo 1943, ivi, D. 159.

a Salisburgo, dove Mussolini si era fatto precedere da un piccolo studio nel quale si cercava di dimostrare che quello era proprio il momento buono per la pace separata con l'U.R.S.S.[55]. E altrettanto sicuramente la risposta di Hitler fu negativa, anche se nella storiografia, più che nelle fonti, ci sono tracce di contatti via Svezia tra tedeschi e sovietici nella tarda primavera del 1943[56]. Per quanto non risulti che l'argomento sia stato trattato tra Hitler e Mussolini nel successivo incontro di Villa Gaggia a Feltre (19 luglio), questi riponeva ancora fiducia nella sua proposta il 25 luglio, come risulta dal verbale dell'ultima sua udienza diplomatica, quella con l'ambasciatore giapponese Hirota[57]. Quel che sorprende è che la ritenga attuabile dopo i reiterati dinieghi tedeschi. Per parte sua Bastianini, l'unico collaboratore in politica estera che lo seguì quasi fino in fondo, l'aveva abbandonata, come dimostra il suo allineamento in Gran Consiglio sulla mozione Grandi, associandosi alla linea opposta, quella che, come s'è detto, riteneva necessario liberarsi dell'ostacolo, cioè di Mussolini, che impediva lo sganciamento dalla Germania per trattare la pace separata con gli Alleati.

Di quanto ha fatto al fianco di Mussolini, come sottosegretario agli esteri dal febbraio al luglio 1943, Bastianini ci ha lasciato un resoconto un po' confuso[58] al quale il vol. X della serie nona dei *Documenti diplomatici italiani* consente di dare contorni più precisi.

Bastianini condivideva la risposta che Mussolini intendeva dare per contrastare le difficoltà militari dell'Asse e invertire la tendenza alla sconfitta che si delineava inesorabile: chiusura del fronte orientale, ché diversamente Mussolini non lo avrebbe chiamato a far in pratica da successore a Ciano. Egli non metteva

---

[55] Appunti sulla politica sovietica, ivi, D. 194, allegato.
[56] PETER VON KLEIST, *Zwische Hitler und Stalin: Aufzeichnungen*, Bonn, Athenäum, 1950; ANDREAS HILLGRUBER, *Storia della seconda guerra mondiale: Obiettivi di guerra e strategia delle grandi potenze*, Bari, Laterza, 1987.
[57] Colloquio di Mussolini con Hirota, 25 luglio 1943, in *DDI*, serie nona, vol. X, D. 551.
[58] BASTIANINI, *Uomini, cose, fatti* ... cit.

quindi in discussione, come faceva Ciano, la fedeltà all'alleanza con la Germania, ma si propose subito di renderla meno squilibrata e, soprattutto, di modificare il rapporto tra la Germania e i paesi europei del Tripartito allo scopo di organizzare meglio la «fortezza Europa» e stimolarne la resistenza. La formula politica per raggiungere questo obiettivo era, per Bastianini, l'attuazione del «nuovo ordine». Scriveva a Mussolini il 22 febbraio, a pochi giorni dall'insediamento a Palazzo Chigi: «Se le battaglie si vincono con i mezzi, le guerre si decidono con i mezzi e con le idee, e noi non abbiamo sempre tenuto conto di questo fatto»[59]. E suggeriva quindi di chiarire perché si combatteva e quale sarebbe stato in concreto il futuro nuovo ordine europeo. In un successivo appunto del 3 aprile, riprendeva la perorazione per un chiarimento sugli scopi di guerra e sul nuovo ordine e concludeva: «Con la formulazione di un programma di sistemazione dell'Europa noi riprendiamo in mano l'iniziativa politica, uscendo da quello stato di passività nel quale, dal giorno della dichiarazione anglo-americana [la Carta Atlantica], noi ci siamo sostanzialmente tenuti»[60]. E, in vista dell'incontro di Salisburgo, illustrò ancora il tutto in due promemoria, uno sul nuovo ordine ed uno sugli scopi di guerra[61], che Mussolini approvò e gli fece condensare in un progetto di dichiarazione comune italo-tedesca, riveduto e quasi riscritto da lui personalmente durante il viaggio[62]. Ma i tedeschi accolsero male la proposta e della dichiarazione si ebbe solo nel comunicato finale uno sbiadito riscontro, rimasto poi del tutto senza conseguenze.

Dopo la perdita totale della Tunisia (10 maggio 1943), Bastianini cominciò anche lui a pensare all'ipotesi della pace separata con gli Alleati, ma senza rompere con la Germania: Mussolini, a capo dei paesi minori del Tripartito – il cosiddetto asse

[59] Appunto di Bastianini per Mussolini, 22 febbraio 1943, in *DDI*, serie nona, vol. X, D. 52, allegato I.
[60] Promemoria di Bastianini per Mussolini, 3 aprile 1943, ivi, D. 185.
[61] Promemoria di Bastianini per Mussolini, 6 aprile 1943, ivi, DD. 194 e 195.
[62] Appunto di Bastianini per Mussolini, 6 aprile 1943, ivi, D. 198.

longitudinale balcanico – avrebbe dovuto farsi interprete a Berlino del comune stato di grave difficoltà e ottenere il placet di Hitler per un loro ritiro dal conflitto. Questa proposta partiva dal presupposto che se la Germania riprendeva l'offensiva in Russia, come si proponeva di fare, rifiutando quindi l'idea mussoliniana che solo la chiusura del «capitolo Russia» poteva invertire le sorti del conflitto, doveva rassegnarsi alla perdita dei suoi alleati non più in grado di combattere, praticamente da soli, contro gli anglo-americani. Questi concetti erano esposti, un po' tortuosamente, in un appunto del 12 maggio, nel quale peraltro si leggeva che, salve le ipotesi di offensiva aerea con effetto paralizzante o di invasione, «*nell'autunno* del 1943» l'Italia potrà «esaminare quali provvedimenti debbano da essa essere adottati per la *conservazione del regime* e per una conclusione della nostra guerra»[63]. E, a quanto scrisse lo stesso Bastianini a Mussolini il 14 giugno, comunicandogli che l'asse longitudinale balcanico aveva trovato il suo primo consolidamento, le sue proposte avevano ricevuto «la vostra alta approvazione»[64]. Mussolini non prese tuttavia alcuna iniziativa, ché effettivamente quanto gli proponeva di fare Bastianini era molto utopistico[65].

Se ne rese conto lo stesso Bastianini dopo lo sbarco anglo-americano in Sicilia (10 luglio): non c'era più tempo da perdere in elaborati progetti, occorreva agire subito. La mattina del 16 luglio, premesso che l'Italia era ormai per la Germania solo un avamposto per la propria difesa, Bastianini propose a Mussolini di rompere con Hitler chiedendo in forma ultimativa, «agli effetti di ogni possibile sviluppo degli avvenimenti», diceva l'appunto, le armi per la resistenza in Sicilia che i tedeschi non volevano e non potevano dare[66]. E gli sottopose anche il testo di un telegramma ad Hitler ispirato al concetto che senza l'invio delle armi

---

[63] Promemoria di Babuscio Rizzo per Bastianini, 12 maggio 1943, ivi, D. 315 (il corsivo è mio).

[64] Appunto di Bastianini per Mussolini, 14 giugno 1943, ivi, D. 420.

[65] Se ne veda la critica nell'appunto Vitetti del 9 giugno 1943, ivi, D. 406.

[66] Appunto di Bastianini per Mussolini, 16 luglio 1943, ivi, D. 516.

il popolo italiano non avrebbe più avuto i mezzi per «respingere l'invasore dal suolo della patria» [67], ossia che l'alleanza si scioglieva, e si procedeva quindi verso la pace separata. Contemporaneamente dette l'avvio alle missioni di sondaggio di Giovanni Fummi a Londra (con l'acquiescenza della Santa Sede) e di Francesco Fransoni a Lisbona, cui s'è accennato prima.

Il telegramma per Hitler non partì, l'incontro di Feltre tra Mussolini ed Hitler risultò improduttivo ed anche Bastianini si accodò al gruppo Grandi-Ciano nella convinzione che per salvare il paese e il regime, attraverso un armistizio, occorresse eliminare Mussolini [68].

---

[67] Ivi, allegato.

[68] Desidero ricordare che questo testo fu preparato prima che uscisse la relativa parte della biografia di Mussolini di Renzo De Felice (*Mussolini l'alleato 1940-1945*, vol. I, *L'Italia in guerra 1940-1943*, tomo 2, *Crisi e agonia del regime*, Torino, Einaudi, 1990), di cui, contrariamente al solito, non avevo avuto preventiva visione. Gli argomenti da me trattati nella forma sintetica di una relazione trovano nel volume di De Felice un'esposizione largamente più articolata con grande ricchezza di fonti e di letteratura. Le conclusioni cui egli perviene sono però sostanzialmente identiche eccetto che in due punti. Il primo concerne il rimpasto ministeriale del 6 febbraio che egli non fa discendere direttamente dal contrasto con Ciano sulla prosecuzione del conflitto. Il secondo riguarda la tarda iniziativa di Bastianini che, secondo De Felice, si inserirebbe nel maturarsi della convinzione, anche in Mussolini, che occorreva sganciarsi dai tedeschi, come avrebbe detto al Re nel colloquio del 22 luglio indicando per tale evento la scadenza del 15 settembre. De Felice osserva che questi due mesi occorrevano a Mussolini per predisporre le prove «della inadempienza e della malafede tedesche, così da rigettare sulla Germania tutte le responsabilità, compresa quella di averlo con la sua miopia, la sua sete di potere e il suo egoismo costretto a sganciarsi dall'alleanza, che sin dall'inizio essa aveva brutalmente concepito nell'ottica dei propri esclusivi piani e interessi (e, dunque, non aveva rispettato e in sostanza tradito), e a uscire da una guerra ormai perduta. E perduta non solo dall'Italia, ma anche dalla Germania e non per colpa dell'Italia, ma degli errori, del fanatismo, della mancanza di senso politico e del sistematico rifiuto di Hitler ad ascoltare i suoi suggerimenti. Insomma, nell'illusione di Mussolini i due mesi in questione sarebbero dovuti servire, oltre che per trattare con gli Alleati, anche e soprattutto per sottrarsi alle accuse di tradimento e per salvare l'onore dell'Italia e suo proprio» (p. 1352). Sul primo punto ho solo da osservare che, tra le varie ragioni che indussero Mussolini al rimpasto, la principale, specie nel caso della sostituzione di Ciano, non poteva essere diversa da quella indicata nel testo. Il secondo punto, invece, non l'ho trattato esplicitamente. Quella che De Felice avanza è un'ipotesi circa il pensiero di Mussolini che nulla esclude sia vera; resta però l'interrogativo se Mussolini, pur con l'appoggio del Re, avrebbe avuto ancora per due mesi il controllo del paese.

9.

LA «COBELLIGERANZA»

1. – Intendo sviluppare l'argomento non prendendo il termine cobelligeranza come un puro riferimento temporale entro il quale parlare di ciò che la diplomazia fece a sostegno dell'attività militare in atto nel Regno del Sud, ché poco o nulla ci sarebbe da dire, bensì considerando tale termine nel suo significato politico, e forse anche giuridico, come definizione o status dei rapporti che si instaurarono, o meglio si cercò di instaurare, tra l'Italia sconfitta e la coalizione delle Nazioni Unite. È solo infatti considerando l'argomento sotto questo profilo che si riesce a comprendere il valore della cobelligeranza e ad offrire un quadro di riferimento appropriato per l'attività militare.

Per tale tipo di indagine occorre partire dalle origini della dichiarazione tripartita, emessa il 13 ottobre 1943, con la quale Gran Bretagna, Stati Uniti e Unione Sovietica accettavano «l'attiva cooperazione della nazione italiana e delle Forze Armate quale cobelligerante nella guerra contro la Germania», sottolineando peraltro che trattavasi del riconoscimento di una situazione di fatto già esistente a causa dei brutali maltrattamenti inferti dai tedeschi alla popolazione italiana. La dichiarazione diceva altre tre cose ancora da non trascurare: che le tre potenze prendevano atto dell'impegno del governo italiano di sottoporre, al termine del conflitto, alla volontà popolare la decisione sulla forma democratica del governo; che la relazione di cobelligeranza non toccava i termini di resa sottoscritti; che questi infine potevano essere modificati solo per accordo tra i governi alleati «in relazione all'aiuto che il governo italiano sarà in grado di offrire alla causa delle Nazioni Unite»[1].

2. – Quali sono dunque le origini di questa dichiarazione che, come si vede, è molto semplificante chiamare riconoscimento della cobelligeranza? Per individuarle, occorre rifarsi all'armistizio del 3 settembre e a quello che fu il negoziato – ma il termine è un po' improprio – che condusse ad esso, mettendone in luce alcuni punti. Il primo dei quali è che cosa l'Italia chiese agli Alleati: la resa, incondizionata, onorevole o come altro fu definita da loro, oppure qualcosa di diverso? Fonti italiane interamente affidabili per rispondere al quesito non ce ne sono: dobbiamo stare a quanto ricordano le memorie di Castellano, Badoglio, Guariglia[2], ma il documento che conteneva le istruzioni per Castellano – il suo promemoria del 12 agosto – non c'è più[3]. L'unica fonte documentaria italiana è la relazione scritta che Ambrosio gli chiese a fine novembre e che Castellano compilò il 15 dicembre 1943[4]. E l'abbiamo in originale con le annotazioni che Ambrosio vi fece leggendola. È anch'essa quindi una ricostruzione a posteriori. Occorre allora rifarsi a quanto Castellano disse in base alle istruzioni ricevute, e questo lo sappiamo dai resoconti inglesi e americani.

Il momento rilevante, al nostro fine, dei colloqui di Castellano si ha nel suo primo contatto, quello con l'ambasciatore britannico a Madrid Sir Samuel Hoare il 15 agosto. Hoare riferì in

---

[1] *United States and Italy 1936-1946, Documentary Record*, Washington, United States Government Printing Office, 1946, p. 71; *Foreign Relations of the United States, Diplomatic Papers, 1943*, vol. II, *Europe*, Washington, United States Government Printing Office, 1964, pp. 387-388; *I documenti diplomatici italiani*, serie decima, vol. I, Roma, Istituto Poligrafico dello Stato, 1992, D. 51.

[2] GIUSEPPE CASTELLANO, *Come firmai l'armistizio di Cassibile*, Verona, Mondadori, 1945; PIETRO BADOGLIO, *L'Italia nella seconda guerra mondiale, Memorie e documenti*, Verona, Mondadori, 1946; RAFFAELE GUARIGLIA, *Ricordi 1922-1946*, Napoli, Edizioni Scientifiche Italiane, 1950; GIUSEPPE CASTELLANO, *La guerra continua*, Milano, Rizzoli, 1963.

[3] Si veda *DDI*, serie nona, vol. X, Roma, Istituto Poligrafico dello Stato, 1990, pp. X-XII e D. A4.

[4] Castellano ad Ambrosio, 15 dicembre 1943, ivi, D. A3.

questo modo le sue parole: «Il generale Castellano mi ha informato che egli veniva in forma ufficiale e con pieni poteri da parte del maresciallo Badoglio per esporre al governo di Sua Maestà la posizione italiana e fare una proposta precisa e molto urgente. Il maresciallo desiderava che il governo di Sua Maestà sapesse che l'Italia era in una situazione terribile. Praticamente l'intero paese era favorevole alla pace, l'esercito italiano era male armato, non c'era un'aviazione italiana e le truppe tedesche stavano affluendo dal Brennero e dalla Riviera. I sentimenti ostili alla Germania erano molto forti. Il governo italiano perciò si sentiva impotente ad agire finché gli Alleati non fossero sbarcati sul continente. Se e quando gli Alleati fossero sbarcati, l'Italia era pronta ad unirsi agli Alleati e a combattere contro la Germania. Se gli Alleati erano d'accordo in linea di principio su questa proposta, il generale Castellano avrebbe immediatamente fornito dettagliate informazioni circa la disposizione delle truppe tedesche ...»[5].

E questo resoconto corrisponde a quanto Castellano scrive nella sua relazione in forma sintetica e più estesamente nelle memorie. In sostanza, l'Italia chiede di cambiare campo alla condizione d'essere aiutata a farlo. Per quanto attiene al seguito della vicenda è opportuno precisare che il progetto di cambiare campo non nasce nella mente di Castellano, come egli scrive anche nella relazione, ma è frutto di una decisione politica di Badoglio e del Re, sulla quale non c'è invece consenso da parte di Guariglia[6].

Il generale Castellano si esprimerà con uguale chiarezza il 19

[5] Tel. Hoare, 15 agosto 1943, n. 1404, in *Foreign Relations of the United States, 1943, The Conferences at Washington and Quebec*, Washington, United States Government Printing Office, 1970, pp. 589-590; ed anche Sir LLEWELLYN WOODWARD, *British Foreign Policy in the Second World War*, vol. II, London, Her Majesty's Stationery Office, 1971, p. 485; Sir SAMUEL HOARE, *Ambassador on Special Mission*, London, Collins, 1946, pp. 212-215, dove fornisce una versione diversa da quella riferita al suo governo.

[6] Annotazioni di Ambrosio al D. di nota 4; Guariglia a Badoglio, 28 agosto 1943, in *DDI*, serie nona, vol. X, D. 725; relazioni di Lanza d'Ajeta e di Berio, ivi, DD. A1 e A2.

agosto a Lisbona con il generale Smith che gli presentava lo schema dell'armistizio breve. «Il generale Castellano spiegò», dice il resoconto di Smith, «che c'era stato un fraintendimento dello scopo della sua visita, poiché egli era venuto a discutere la questione del come l'Italia poteva arrivare ad unirsi alle Nazioni Unite contro la Germania allo scopo di espellere i tedeschi dall'Italia in collaborazione con gli Alleati» [7]. Questa conferma dell'oggetto della sua missione è tuttavia irrilevante ai fini del nostro assunto perché solo quanto disse a Madrid fu immesso nel processo decisionale. E a Madrid Castellano disse anche un'altra cosa. Sir Samuel, conoscendo l'orientamento del suo governo, dopo aver ascoltato la proposta di Castellano, gli chiese: «Che cosa farebbe il governo italiano in risposta ad una richiesta alleata di resa incondizionata»? E Castellano rispose: «Non siamo in grado di porre condizioni (to make any terms). Accetteremo la resa incondizionata a patto che possiamo unirci agli Alleati nel combattere i tedeschi» [8]. E questo il resoconto di Castellano non lo dice, mentre è cosa di grande importanza perché incanalava la proposta italiana di cambiamento di fronte in una direzione diversa.

Occorre infatti precisare ora che in campo alleato non c'era un orientamento uniforme per il caso Italia. La documentazione in proposito è esaminata molto correttamente dal Woodward [9] al quale quindi è opportuno rifarsi. In sostanza ci sono tre distinti indirizzi: quello degli inglesi, che sono fermi sul principio della resa incondizionata e sulla conseguente amministrazione delle zone liberate da parte alleata; quello degli americani, che sono anch'essi, in principio, per la resa incondizionata, ma che, circa l'amministrazione, sono esitanti ad accettare la posizione britannica per non accollarsi un rilevante onere amministrativo;

---

[7] Verbale Smith, 19 agosto 1943, in *FRUS, 1943, Conferences*, p. 1071; *DDI*, serie nona, vol. X, D. 681.
[8] Tel. Hoare citato alla nota 5.
[9] WOODWARD, *British Foreign Policy* ... cit., pp. 461-485. L'argomento è stato poi sviluppato più ampiamente da BRUNO ARCIDIACONO, *Le «précédent italien» et les origines de la guerre froide*, Bruxelles, Bruylant, 1984.

infine quello del Comando d'Algeri, cioè di Eisenhower, che emerge quando, il 16 luglio, gli Stati Maggiori combinati decidono (su direttiva politica) di proseguire le operazioni militari in Italia, dopo aver concluso l'occupazione della Sicilia, attuando due sbarchi, in Calabria attraverso lo Stretto di Messina e a Salerno, allo scopo di occupare l'Italia meridionale e centrale. Queste operazioni, è bene precisare, dovevano essere effettuate con le forze disponibili, senza cioè intaccare quanto era stato destinato all'operazione Overlord (lo sbarco in Normandia). Dopo la caduta di Mussolini, avendo a disposizione forze limitate, Eisenhower pensò subito di sfruttare la situazione politica per mettere gli italiani fuori combattimento, offrendo loro un armistizio onorevole su base solo militare, e stilò il testo dei primi undici articoli di quel documento noto come armistizio breve, o militare.

Questa era la situazione al momento della proposta recata da Castellano. Va però anche tenuto presente che al vago discorso fatto dal console a Tangeri Berio il 5 agosto [10], Churchill e Roosevelt concordarono di rispondere, l'11 agosto: «Badoglio deve comprendere che non possiamo negoziare ma chiediamo la resa incondizionata e ciò significa che il governo italiano dovrebbe mettersi nelle mani dei governi alleati, i quali fisseranno poi le loro condizioni. Queste prevederanno una capitolazione onorevole» [11]. Ma questa risposta non era ancora giunta a Roma – arrivò il 14 agosto [12] – quando Castellano era partito per la sua missione.

Quando il resoconto di Hoare giunse a Londra, Eden lo trasmise a Churchill, che si trovava a Quebec, con il suo parere negativo. Eden sottolineava che gli italiani erano pronti, come aveva detto Castellano, ad accettare anche la resa incondizionata. Quanto alla loro cooperazione, questa non sarebbe mancata

---

[10] Tel. Watkinson, 6 agosto 1943, in *FRUS, 1943, Conferences*, pp. 566-567.
[11] Churchill a Roosevelt, 11 agosto 1943, ivi, p. 578 e *Churchill and Roosevelt: The Complete Correspondence*, vol. II, *Alliance Forged*, edited with commentary by WARREN F. KIMBALL, Princeton, Princeton University Press, 1984, p. 384.
[12] Relazione Berio in *DDI*, serie nona, vol. X, D. A3.

senza pagar prezzi (lo status di alleati) come si sarebbe dovuto fare accogliendo la loro proposta. In conclusione, diceva Eden, «dobbiamo tenerci fermi alla nostra politica presente di rifiutare di fare al governo italiano qualsiasi promessa o di entrare in negoziato con esso in cambio della resa» [13].

Ricevuto il dispaccio di Hoare e il commento di Eden, Churchill, che era in attesa dell'arrivo di Roosevelt, glieli trasmise subito con le sue osservazioni. Di tutto il discorso fatto dall'inviato italiano, il primo ministro britannico, sulla traccia di quanto aveva fatto Eden, sottolineava particolarmente la frase detta da Castellano in risposta al quesito di Hoare sulla resa incondizionata («Non siamo in grado di porre condizioni. Accetteremo la resa incondizionata a patto che possiamo unirci agli Alleati nel combattere i tedeschi») e così proseguiva: «Noi da parte nostra non possiamo trattare in nessun modo sul cambiamento di fronte dell'Italia, né possiamo fare piani in comune in questa fase. Se tuttavia dovessero prodursi seri scontri tra l'esercito italiano e l'invasore tedesco si verrebbe a creare una situazione nuova ... Il governo italiano dovrebbe resistere ai tedeschi al meglio delle sua capacità quanto prima possibile, in attesa dell'arrivo delle truppe anglo-americane». Enumerati alcuni atti di sabotaggio effettuabili, aggiungeva: «Un'azione effettiva di questo genere sarebbe considerata dagli Alleati vittoriosi come un segnalato servizio e renderebbe possibile un'ulteriore cooperazione contro il nemico comune», per concludere: «Così conducendo azioni ostili contro il nemico comune, il governo, l'esercito e il popolo italiano potrebbero senza alcuna trattativa facilitare un più amichevole rapporto con le Nazioni Unite» [14].

Rispetto alla posizione di Eden, ch'era poi quella del gabinetto di guerra britannico, c'era una sola differenza: che il primo

---

[13] Eden a Churchill, 16 agosto 1943, in *FRUS, 1943, Conferences*, p. 591 e KIMBALL, *Churchill and Roosevelt* ... cit., pp. 425-426.

[14] Churchill a Roosevelt, 16 agosto 1943, in WINSTON CHURCHILL, *The Second World War*, vol. V, *Closing the Ring*, London, Cassell, 1952, pp. 92-93; *FRUS, 1943, Conferences*, pp. 588-589; KIMBALL, *Churchill and Roosevelt* ... cit., pp. 423-424.

ministro considerava opportuno utilizzare la proposta italiana a fini militari. Sul rifiuto di qualsiasi trattativa il giudizio era invece perfettamente concordante. A differenza delle volte precedenti (missioni d'Ajeta e Berio) della proposta italiana fu ora informato anche il Comando d'Algeri ed Eisenhower non mancò di far giungere a Quebec il suo punto di vista. Senza entrare nel merito politico della questione, ma dando per scontato l'accoglimento della proposta, suggeriva che al suo rappresentante da inviare a Lisbona per l'incontro con Castellano fossero date le seguenti istruzioni: «a) raccogliere le informazioni e riscontrarle con quelle già in nostro possesso; b) informare il generale Castellano che le forze alleate non fanno promesse anticipate ma se l'esercito italiano è realmente desideroso di affrettare la data dello sbarco delle forze alleate in Italia, dovrebbe procedere subito ad estese operazioni di sabotaggio dirette particolarmente contro tutti i tipi di comunicazioni, aeroporti, e quant'altro possa essere utile ai tedeschi» [15]. E in questo Eisenhower concordava con il parere di Churchill.

Il 17 agosto i capi dello Stato Maggiore Combinato prepararono il *dossier* con i documenti (quelli su indicati) sui quali Roosevelt e Churchill dovevano prendere la loro decisione. Non ci sono elementi per conoscere le discussioni che si svolsero e le valutazioni che furono fatte per giungervi [16]. Abbiamo solo la decisione che fu presa, consistente tecnicamente in quanto l'inviato di Eisenhower avrebbe dovuto dire a Castellano senza fare alcun riferimento alla sua proposta. La comunicazione doveva essere la seguente: «La resa incondizionata dell'Italia è accettata nei termini indicati nel documento da consegnargli (l'armistizio militare). Gli si deve dire che questi termini non comprendono le clausole politiche, economiche e finanziarie che saranno co-

---

[15] Eisenhower allo Stato Maggiore Combinato, 17 agosto 1943, in *FRUS, 1943, Conferences*, p. 1056; ALFRED CHANDLER jr. editor, *The Papers of Dwight David Eisenhower, The War Years*, vol. II, Baltimore, The Johns Hopkins Press, 1970, pp. 1336-1337.

[16] ROBERT QUINLAND, *The Italian Armistice*, in *American Civil-Military Decisions*, University of Alabama Press, 1963, p. 248 e nota 223.

municate più tardi per altro tramite. Questi termini non contemplano l'assistenza attiva dell'Italia nel combattere i tedeschi. La misura in cui essi saranno modificati in favore dell'Italia dipenderà da quanto il governo e il popolo italiano aiuteranno effettivamente le Nazioni Unite contro la Germania nel resto della guerra» [17].

3. – La proposta italiana venne quindi lasciata cadere e si seguì la linea proposta da Churchill. Quanto alle ragioni di questa decisione, in mancanza di elementi precisi [18] soccorrono a spiegarla motivi di carattere generale, dalla dichiarazione di Casablanca sulla resa incondizionata dei nemici delle Nazioni Unite alla determinazione dei britannici d'ottenere a qualunque prezzo la registrazione della sconfitta di uno dei paesi che li aveva sfidati. Sono motivi validi e di per sé sufficienti. Non manca però di colpire quanto sia stata sottolineata la frase di Castellano sulla disponibilità alla resa, un'ammissione che incrinava fortemente la proposta di cui era latore, costituendo probabilmente l'argomento in base al quale gli inglesi evitarono qualsiasi approfondita discussione sul merito dell'offerta italiana.

Si comprende lo stupore di Castellano quando, all'inizio dell'incontro a Lisbona, la sera del 19 agosto, si sentì tradurre dall'interprete le frasi con cui il generale Smith accompagnò la consegna del testo dell'armistizio militare e della «dichiarazione di Quebec», senza che egli avesse potuto esporre, o meglio far esporre dall'interprete, la proposta di cui era latore. Una risposta che lo sorprendeva perché gli giungeva prima di aver formulato la domanda, avendo egli considerato la chiacchierata con Hoare solo come una presa di contatto preliminare di carattere amiche-

---

[17] Lo Stato Maggiore Combinato ad Eisenhower, 18 agosto 1943, in CHURCHILL, *The Second World War* ... cit., pp. 94-95; *FRUS, 1943, Conferences,* pp. 1060-1061.
[18] La spiegazione telegrafata da Churchill ad Attlee, riferita da Woodward (*British Foreign Policy* ... cit., p. 487), tende solo a giustificare al gabinetto di guerra il motivo per cui egli aveva concorso ad una decisione lievemente diversa dalle indicazioni da esso ricevute di imporre semplicemente ed esclusivamente l'armistizio militare.

vole con un personaggio politico (era stato più volte ministro) che conosceva l'Italia e la considerava meno ostilmente d'altri, e con il quale oltretutto aveva potuto parlare direttamente (Hoare conosceva l'italiano). E non mancò, come si è su riportato, di manifestare il suo stupore.

Quando finalmente Castellano giunse a Roma dovette certo trasmettere i due documenti ricevuti e forse anche riferire la strana vicenda che gli era occorsa. Su quanto accadde a Roma tra il 27 e il 30 agosto abbiamo due soli documenti attendibili (un appunto di Guariglia e un appunto informale di Badoglio): i molti resoconti che ci sono risultano tutti incompleti, reticenti o distorti. Quel che abbiamo tuttavia basta per dire che si prese atto che la proposta italiana era stata comunque respinta e che si doveva decidere in breve tempo intorno all'armistizio militare. Guariglia, il cui approccio alla situazione s'era manifestato con le istruzioni che aveva dato a Lanza d'Ajeta e Berio di fare sapere agli inglesi che l'Italia era in condizioni difficili per la presenza dei tedeschi, che quando avesse potuto avrebbe deciso di staccarsi da loro, che intanto non la bombardassero, insomma parole senza alcuna proposta, e che non era stato consultato per la missione Castellano, era per non fare nulla: «la nostra linea di condotta», scriveva a conclusione del suo lungo e discretamente contorto appunto, «non può essere che quella di un'estrema e guardinga prudenza» [19]. Badoglio era invece per l'accettazione come passaggio obbligato verso l'obiettivo del cambiamento di fronte, naturalmente a condizione d'essere aiutati. La decisione fu di condensare le osservazioni di Guariglia in un breve appunto e Badoglio scrisse di suo pugno queste istruzioni per Castellano: «1° Riferirsi all'appunto. 2° Per non essere sopraffatti prima che gli inglesi possano far sentire la loro azione, noi non possiamo dichiarare accettazione armistizio se non a sbarchi avvenuti di almeno quindici divisioni ...» [20]. Castellano eseguì fedelmente queste istruzioni il 31 agosto a

---

[19] Guariglia a Badoglio, 28 agosto 1943, in *DDI*, serie nona, vol. X, D. 725.
[20] Badoglio a Castellano, 30 agosto 1943, ivi, D. 729.

Cassibile, come risulta dal verbale che il brigadiere Strong stese sull'incontro [21]. Esse tuttavia non rispondevano all'unica domanda concreta posta al governo italiano, e cioè se accettava o no l'armistizio militare. Il discorso di Castellano non venne pertanto ritenuto sufficiente e gli venne fissato un nuovo termine per l'accettazione, la mezzanotte del 1° settembre. Al di là però di questa rigidità, che rifletteva soprattutto la posizione inglese, le parole di Castellano ebbero un effetto e fu quello di far decidere al Comando d'Algeri una piccola ma significativa modifica dei suoi piani: impegnarsi a collaborare, con proprie forze, alla difesa della capitale che le truppe italiane avrebbero dovuto sostenere per la prevedibile reazione tedesca all'armistizio. Era la nota operazione Giant II, ossia l'impiego nella zona di Roma della 82° divisione paracadutisti, che avrebbe dovuto essere lanciata ad est di Napoli, ma che, essendosi rinunziato a quest'operazione (in codice Giant I) per difficoltà nei rifornimenti, era disponibile per una diversa utilizzazione [22].

Il verbale di Strong dice che fu Castellano a fare la richiesta «di sbarcare una divisione di paracadutisti la notte della dichiarazione dell'armistizio vicino a Roma», e anche Castellano lo riferisce per menarne gran vanto. Il resoconto di Eisenhower (redatto dal generale Smith) ai capi di Stato Maggiore non lo specifica e dice: «Come risultato di quanto sopra e di altre conversazioni del generale Smith con gli italiani, è apparso chiaro che il governo italiano non avrebbe trovato il coraggio di firmare e annunziare l'armistizio se non fosse stato assicurato che le truppe alleate sarebbero state lanciate nell'area di Roma per dare ad esso qualche garanzia di protezione contro i tedeschi» [23]. Infine, Murphy, nel suo resoconto per il presidente [24], dà una versione vicina a quel-

---

[21] Verbale Strong, 31 agosto 1943, ivi, D. 737.
[22] QUINLAND, *The Italian Armistice* ... cit., p. 258 e nota 271.
[23] Eisenhower allo Stato Maggiore Combinato, 1° settembre 1943, n. W-8854/8954, in *FRUS, 1943, Conferences*, pp. 1257-1259; ma anche Eisenhower allo Stato Maggiore Combinato, 1° settembre 1943, n. W-8846/8919, ivi, pp. 1259-1261, e CHANDLER, *The Papers* ... cit., vol. II, pp. 1375-1377.
[24] Murphy a Roosevelt, 8 settembre 1943, in *FRUS, 1943, Conferences*, pp. 1275-1283; e ROBERT MURPHY, *Diplomat among Warriors*, New York, Doubleday, 1964, p. 191.

la del verbale Strong, mentre Macmillan, nel promemoria per il suo governo, si esprime in termini sfumati per sottolineare solo che della cosa si era discusso, dopo l'incontro con gli italiani, la sera nella tenda di Alexander [25].

La precisazione di questo punto riguarda la storia dell'armistizio, più volte narrata e che sarebbe forse opportuno riprendere per averne una ricostruzione compiuta. Qui interessa rilevare solo che la decisione dell'invio della divisione paracadutisti a Roma significa che almeno il Comando d'Algeri credette alla dichiarazione italiana di voler combattere contro i tedeschi anche se per fare ciò si chiedeva un sostegno degli Alleati. In sostanza si può dire a questo punto che della originaria proposta di cambiare campo avanzata da Badoglio, e che presupponeva la volontà dell'Italia di continuare a combattere, qualcosa era stato alla fine accettato: un cambiamento di fronte di fatto che doveva però passare attraverso l'armistizio e produrre conseguenze politiche quando il contributo italiano alla coalizione delle Nazioni Unite fosse divenuto effettivo.

4. – Il 9 settembre, alla Casa Bianca, dove stava attendendo con Roosevelt l'esito dello sbarco a Salerno e dell'operazione su Roma, Churchill introdusse la discussione sugli sviluppi futuri della situazione politica dell'Italia in questi termini: «L'opinione pubblica deve essere portata gradualmente a rendersi conto di ciò che noi e i nostri Stati Maggiori abbiamo così chiaro in mente, e cioè la conversione dell'Italia in una forza attiva contro la Germania. Sebbene non possiamo riconoscere l'Italia come alleata nel pieno senso della parola, siamo stati concordi nel permetterle di pagarsi il biglietto lavorando, e che questo utile servizio contro il nemico verrà non solo aiutato, ma ricompensato. Se dovessero scoppiare combattimenti tra italiani e tedeschi, le prevenzioni della pubblica opinione scomparirebbero rapidissimamente, e in una quindicina di giorni la situazione potrebbe

---

[25] Harold Macmillan, *War Diaries: Politics and War in the Mediterranean, 1943-1945*, London, Macmillan, 1984, pp. 201-202.

talmente maturare, se sapremo dirigere in questo senso gli eventi, da rendere possibile una dichiarazione di guerra contro la Germania da parte dell'Italia» [26].

L'esposizione di Churchill incontrò il consenso del presidente e insieme redassero un messaggio per Badoglio che, ispirandosi a queste prospettive, diceva: «Maresciallo, è toccato a lei, nell'ora suprema del suo paese, di compiere il primo deciso passo diretto a conquistare la pace e la libertà per il popolo italiano ed a riguadagnare per l'Italia un posto onorevole nella civiltà europea. Ella ha già liberato il suo paese dalla servitù fascista. Rimane il compito anche più importante di liberare il suolo italiano dagli invasori tedeschi». E più avanti, rivolgendosi direttamente al popolo italiano, affermavano: «collaborando a questa grande ondata di liberazione, vi collocherete ancora una volta tra gli amici importanti e sinceri del vostro paese» [27].

Questo messaggio avrebbe dovuto essere ricevuto da Badoglio a Roma, nel pieno della battaglia per la difesa della capitale. Gli pervenne invece a Brindisi. Poteva avere ancora qualche sviluppo, dopo la vicenda dell'8-9 settembre, la politica del cambiamento di fronte? Era in sostanza l'Italia in condizioni di dare quel contributo alla coalizione delle Nazioni Unite che non aveva dato nella difesa di Roma?

Badoglio si mosse nella convinzione di poterlo dare. A Churchill e Roosevelt rispose che sarebbe stato fatto tutto quello che era possibile per opporsi alle forze tedesche [28], e ad Eisenhower, che gli aveva fatto pervenire, dopo aver saputo del trasferimento al Sud, un messaggio di incoraggiamento [29], scris-

---

[26] Promemoria Churchill per Roosevelt, 9 settembre 1943, in CHURCHILL, *The Second World War* ... cit., pp. 119-120; *FRUS, 1943, Conferences*, pp. 1287-1288; KIMBALL, *Churchill and Roosevelt* ... cit., pp. 443-444.

[27] Roosevelt e Churchill a Badoglio, 10 settembre 1943, in *United States and Italy...* cit., p. 68; *FRUS, 1943*, vol. II, pp. 363-364; *DDI*, serie decima, vol. I, D. 3.

[28] Badoglio a Roosevelt e Churchill, 11 settembre 1943, ivi, D. 5.

[29] Eisenhower a Badoglio, 10 settembre 1943, in ALBERT N. GARLAND - HOWARD McGAW SMITH, *Sicily and the Surrender of Italy*, Washington, Department of the Army, 1965, p. 253; CHANDLER, *The Papers* ... cit., vol. III, pp. 1407-1408; *DDI*, serie decima, vol. I, D. 2.

se che l'ordine di agire vigorosamente contro le aggressioni tedesche era stato emanato e che gli sembrava necessario, com-
battendo lo stesso avversario, coordinare le rispettive azioni. A
questo scopo gli chiese di inviare uno dei suoi ufficiali per essere messo al corrente della situazione [30]. Il giorno dopo propose
anzi ad Eisenhower di incontrarlo personalmente «per discutere
le ulteriori operazioni in Italia, un teatro di guerra che naturalmente conosco perfettamente» [31]. Eisenhower accolse la prima
richiesta promettendo di mandare una missione «che avrà il compito di trasmettere le istruzioni del Comando alleato allo scopo
di coordinare l'azione delle forze armate e del popolo italiano
con le operazioni delle forze alleate» [32]. Quanto alla seconda, rispose che era d'accordo ritenendo l'incontro molto importante e
che la missione in arrivo avrebbe provveduto ad organizzarlo [33].
Le questioni militari non costituirono però l'oggetto principale degli incontri che Badoglio ebbe con la missione anglo-
americana giacché ben poco c'era da coordinare mancando forze armate italiane che potessero essere subito impiegate. Badoglio poté invece trattare l'aspetto politico del rapporto da instaurare con gli Alleati con i due civili della missione, l'inglese
Macmillan e l'americano Murphy. A questi Badoglio espose, il 15
settembre, la richiesta che l'Italia fosse considerata paese alleato
delle Nazioni Unite, ossia che fosse pienamente riconosciuto da
parte degli Alleati il cambiamento di campo, dopo che l'Italia
aveva da parte sua adempiuto alla condizione preliminare della
sottoscrizione dell'armistizio posta dagli anglo-americani. Rifa-
cendosi al messaggio ricevuto da Roosevelt e Churchill Badoglio
spiegò, come dettagliatamente riferisce Macmillan [34], che per il

---

[30] Badoglio ad Eisenhower, 11 settembre 1943, ivi, D. 4.
[31] Badoglio ad Eisenhower, 12 settembre 1943, parzialmente in GARLAND - MC-
GAW SMITH, Sicily ... cit., p. 540.
[32] Eisenhower a Badoglio, 13 settembre 1943, in DDI, serie X, vol. I, D. 6.
[33] Eisenhower a Badoglio, 14 settembre 1943, ivi, D. 7; CHANDLER, The Papers ...
cit., vol. III, p. 1413.
[34] MACMILLAN, War Diaries ... cit., pp. 222-223; ma anche BADOGLIO, L'Italia nella
seconda guerra mondiale ... cit., pp. 128-130, per la sostanza del ragionamento.

popolo e le forze armate l'armistizio significava la cessazione
della guerra. Il governo invece intendeva effettivamente combattere contro i tedeschi, secondo quanto era stato detto da Castellano. Ma come si poteva far comprendere al popolo e alle forze
armate che questo era il loro dovere se all'Italia non fosse stata
riconosciuta la qualifica di alleato?

Badoglio, nel motivare la sua richiesta, diceva ingenuamente
la verità sul significato che tutti avevano attribuito all'armistizio.
Ma egli usava quest'argomento per scaricare sugli Alleati la colpa della mancata realizzazione del repentino cambiamento di
fronte che Castellano era andato ad offrire. Ma se è vero che la
notizia dell'armistizio, che gli Alleati avevano imposto, aveva
avuto quell'effetto, è altrettanto vero che il proposito del cambiamento di fronte, al di là delle singole e gravi responsabilità di
molti, militari e politici, non aveva trovato consenso nel paese,
come le vicende dell'8 settembre avevano dimostrato. Tuttavia la
richiesta di Badoglio non era priva di un suo fondamento giacché agli Alleati interessava un concorso italiano alle loro operazioni e l'esistenza di un governo garante dell'armistizio e in grado d'essere punto di riferimento di quel concorso, per quanto
modesto potesse essere, soprattutto dopo che al Nord Mussolini,
liberato dai tedeschi, aveva costituito una struttura politico-am-
ministrativa di fatto, alternativa al governo del Re, che, misco-
noscendo l'armistizio, riaffiancava una parte d'Italia alla Germania.

In base a queste valutazioni, Macmillan e Murphy non consi-
derarono del tutto inaccettabile la richiesta di Badoglio e ne rife-
rirono ad Eisenhower suggerendogli – l'idea è di Macmillan – di
proporre a Churchill e Roosevelt una risposta di compromesso:
il riconoscimento dell'Italia rappresentata dal governo del Re
come «cobelligerante» delle Nazioni Unite nella guerra contro la
Germania. Eisenhower trovò il suggerimento assai opportuno e
ne caldeggiò l'accoglimento [35]. Nel suo dispaccio, scritto peral-

---

[35] Eisenhower allo Stato Maggiore Combinato, 18 settembre 1943, in *FRUS, 1943*,
vol. II, pp. 367-370; CHANDLER, *The Papers* ... cit., vol. III, pp. 1430-1433.

tro da Macmillan e Murphy, dopo aver delineato l'importanza
del contributo che poteva dare l'Italia, poneva di conseguenza il
problema della incompatibilità di molte disposizioni dell'armistizio con la collaborazione che era desiderabile ottenere e soprattutto l'assoluta incompatibilità con essa dello strumento di resa
incondizionata (il cosiddetto armistizio lungo), di cui il 15 settembre il governo britannico aveva sollecitato la sottoscrizione [36].

Il presidente Roosevelt, nonostante il diverso parere del fidato amico Hopkins e dello stesso segretario di Stato Hull [37], decise di accogliere la proposta di Eisenhower, ritenendo evidentemente che in quel momento le esigenze militari dovessero prevalere su qualsiasi altra considerazione politica. E fece redigere
queste istruzioni per il Comando d'Algeri: «1. Trattenete le condizioni dell'armistizio lungo in attesa di ulteriori istruzioni. 2. Sulla
base delle necessità militari, siete autorizzato a proporre di tanto
in tanto l'alleggerimento delle condizioni dell'armistizio militare
allo scopo di mettere gli italiani in grado, entro i limiti delle loro
capacità, di fare la guerra contro la Germania. 3. A condizione
che dichiari guerra alla Germania, al presente governo italiano
sarà permesso di continuare ad essere il governo dell'Italia e,
come tale, sarà trattato come un cobelligerante nella guerra contro la Germania ... 5. Incoraggiate, in tutti i modi possibili, il vi-
goroso impiego, sotto il vostro comando, delle forze armate italiane contro la Germania» [38].

Prima di inoltrarlo ad Eisenhower, questo dispaccio fu inviato a Londra per ottenere il consenso del governo britannico [39].
Questo, da parte sua, aveva già formulato una risposta alla pro-

---

[36] WOODWARD, British Foreign Policy ... cit., p. 499; Nota dell'Ambasciata britannica a Washington, 16 settembre, in FRUS, 1943, vol. II, pp. 364-365.

[37] ROBERT SHERWOOD, Roosevelt and Hopkins: An Intimate History, New York,
Harper and Brothers, 1948, pp. 751-752; The Memoires of Cordell Hull, New York,
The Macmillan Company, 1948, p. 1550.

[38] Istruzioni nel documento citato alla nota 43.

[39] Roosevelt a Churchill, 21 settembre 1943, in CHURCHILL, The Second World War
... cit., p. 169; KIMBALL, Churchill and Roosevelt ... cit., p. 456.

posta proveniente da Algeri. E si trattava di una risposta di into-
nazione diversa. La proposta di Eisenhower partiva dalla constatazione che la collaborazione offerta dall'Italia nella guerra contro la Germania, per quanto limitata potesse essere sul piano
militare, valeva pur sempre qualcosa e doveva quindi essere accettata. Pagarla il prezzo dell'alleanza chiesto da Badoglio non
era possibile per molte obiezioni d'ordine politico; il riconoscimento del fatto oggettivo d'essere cobelligerante rappresentava,
con la sua vaghezza giuridica, una formula adeguata ad eludere
per il momento quelle obiezioni. Ma nella sostanza, accettare la
collaborazione italiana significava che l'Italia usciva dalla condizione di paese sconfitto e che si accettava il rovesciamento delle
alleanze proposto dalla missione Castellano. E questo sul piano
giuridico immediato comportava la conseguenza non solo di
non imporre lo strumento di resa incondizionata ma anche di li-
mitare l'applicazione dell'armistizio del 3 settembre.

Questa conseguenza politica e giuridica non era accettabile
per la maggioranza del gabinetto britannico poiché intaccava, o
piuttosto stravolgeva, il principio ispiratore della sua politica
verso l'Italia, consistente nel considerare un dato irrinunciabile
la sconfitta del nemico che aveva sfidato la Gran Bretagna. Quindi non si poteva rinunciare alla firma dello strumento di resa e
doveva essere mantenuto anche l'armistizio militare. Ma il mantenere fermi questi punti implicava respingere la proposta di
Eisenhower, cosa questa cui il gabinetto di guerra non riteneva
di poter giungere. Così il dispaccio, stilato come risposta al resoconto della missione a Brindisi che Macmillan aveva fatto pervenire e che, se avesse incontrato il consenso del presidente
Roosevelt, doveva valere come istruzioni per il Comando d'Algeri, nelle sue parti essenziali diceva: «5. La questione di dare al
governo Badoglio uno status di alleato non rientra nel nostro
programma immediato. La cobelligeranza è sufficiente. Su questa base dovremmo lavorare per la graduale trasformazione del-
l'Italia in una effettiva forza nazionale contro la Germania, ma,
come abbiamo detto, essa deve meritarselo. Contributi utili contro il nemico saranno da noi riconosciuti nell'adattamento e nel-

l'applicazione delle condizioni d'armistizio. 6. In cambio ci aspettiamo che Badoglio continui a lavorare per gli Alleati sulla base dell'armistizio. Il nostro principio sarà: pagamento secondo i risultati. 7. Badoglio dovrebbe essere libero di dichiarare guerra alla Germania, e, se la dichiarasse, diverrebbe subito, se non un alleato, un cobelligerante ... 9. Sarebbe per noi molto più facile se lo strumento di resa, anche se in qualche parte superato, potesse essere firmato ora ... Non vogliamo metterci nella condizione di dover mercanteggiare con il governo italiano per qualsiasi richiesta. Più a lungo lasciamo da parte tale strumento, più difficile diventa averlo firmato» [40].

Appena ricevuto questo dispaccio Roosevelt rispose: «I nostri telegrammi, evidentemente, si sono incrociati. Nel complesso preferisco di gran lunga il mio» [41]. E Churchill replicò: «I nostri due dispacci non mi sembrano in conflitto su nessun punto importante eccetto che nella questione di sospendere l'armistizio lungo, sulla quale mi rimetto a voi. Accettiamo perciò il vostro come direttiva, ma inviate anche il nostro come commento» [42]. Cosa che il presidente fece puntualmente il 22 settembre [43].

Sembrava a questo punto che la disputa fosse chiusa con il prevalere del punto di vista americano, ossia che la proposta di Eisenhower fosse stata accettata e che quindi si sarebbe instaurato un rapporto di cobelligeranza tra l'Italia e gli Alleati con relativa modifica dell'armistizio militare e abbandono dello strumento di resa per consentire appunto la collaborazione dell'Italia nella guerra contro la Germania. Quanto al profilo politico della proposta di Eisenhower c'è da aggiungere che essa prevedeva di includere nell'esecutivo italiano i rappresentanti delle

---

[40] Churchill a Roosevelt, 21 settembre 1943, n. 417 e n. 418, in *FRUS, 1943*, vol. II, pp. 371-373; KIMBALL, *Churchill and Roosevelt* ... cit., pp. 457-459; in CHURCHILL, *The Second World War* ... cit., pp. 167-168, solo il secondo.

[41] Roosevelt a Churchill, 21 settembre 1943, in KIMBALL, *Churchill and Roosevelt* ... cit., pp. 459-460.

[42] Churchill a Roosevelt, 22 settembre 1943, ivi, p. 460.

[43] Roosevelt ad Eisenhower, 22 settembre 1943, in *FRUS, 1943*, vol. II, pp. 373-374.

forze politiche in modo da trasformare il governo dei tecnici di Badoglio (peraltro assenti da Brindisi eccetto De Courten) in un governo di coalizione nazionale; di ripristinare integralmente lo Statuto albertino con l'impegno a libere elezioni, dopo la guerra, per un'assemblea costituente; e infine un'eventuale abdicazione del Re in favore del figlio o del nipote.

Sennonché, il 24 settembre Macmillan riferì al suo governo che Eisenhower e i suoi collaboratori militari avevano considerato molto positivamente il «commento» britannico alle istruzioni del presidente e chiese se queste dovevano essere interpretate nel senso che lo strumento di resa incondizionata dovesse essere lasciato cadere. E lo chiedeva perché riteneva possibile ottenere la firma di Badoglio entro pochi giorni mentre sarebbe stato difficile averla se fosse trascorso molto tempo [44]. Churchill trasmise subito a Roosevelt ciò che Macmillan riteneva, aggiungendo che la firma immediata avrebbe risparmiato una quantità di noie più tardi [45]. Roosevelt istantaneamente rispose: «Concordo con il vostro modo di pensare circa l'armistizio lungo se la firma può essere ottenuta rapidamente» [46].

5. – Attraverso queste poche battute, nel giro di poche ore, tra il 24 e il 25 settembre, la situazione si rovesciò e prevalse il punto di vista britannico che, imponendo all'Italia la firma dello strumento definitivo di resa, toglieva qualsiasi possibilità di effettivo mutamento della condizione di paese sconfitto; respingeva nella sostanza il disegno italiano di cambiamento di fronte; rendeva la cobelligeranza un'espressione non solo vaga (com'era volutamente stata proposta per necessità politica) ma as-

---

[44] Il telegramma di Macmillan è riferito in WOODWARD, *British Foreign Policy* ... cit., p. 500.

[45] Churchill a Roosevelt, 24 settembre 1943, in CHURCHILL, *The Second World War* ... cit., p. 172; *FRUS, 1943*, vol. II, p. 376; KIMBALL, *Churchill and Roosevelt* ... cit., p. 462.

[46] Roosevelt a Churchill, 25 settembre 1943, in CHURCHILL, *The Second World War* ... cit., p. 172; *FRUS, 1943*, vol. II, p. 376; KIMBALL, *Churchill and Roosevelt* ... cit., p. 463.

solutamente priva di alcun reale significato giuridico e politico. I motivi per cui l'impostazione britannica sia alla fine improvvisamente prevalsa non sono chiari. S'è detto che Churchill l'abbia spuntata perché, ottenendo il consenso di Stalin alla sua linea, riuscì a mettere in minoranza Roosevelt [47]. È un'ipotesi. Se ne potrebbe proporre un'altra, deducibile dal dispaccio di Macmillan: che a mutare parere sia stato Eisenhower. Ma c'è un'altra domanda: in base a quale elemento Macmillan poteva ritenere che Badoglio avrebbe firmato entro pochi giorni? Chi glielo aveva detto, trovandosi egli in Nordafrica dal 17 settembre? Nulla si trova nella documentazione conosciuta che metta in grado di dare risposte convincenti circa il motivo di questo repentino cambiamento di rotta. Si può solo supporre, sempre come ipotesi, che Eisenhower, resosi conto della vivacissima reazione negativa britannica alla sua proposta, manifestata *in loco* dall'atteggiamento di tutti i comandanti inglesi, da Alexander all'ammiraglio Cunningham, in tutto ciò che dipendeva da loro – si veda ad esempio l'accordo di Taranto per l'impiego della flotta o il pratico rifiuto di riequipaggiare le unità terrestri –, abbia ritenuto prudente rinunziare a seguire una politica che, non incontrando il consenso del partner britannico, e trattandosi per di più del settore dove esso aveva combattuto per tre anni, non avrebbe potuto trovare pratica attuazione e sarebbe stata anche fonte di attrito tra i due alleati. E Macmillan, con l'opinione che Badoglio avrebbe firmato, maturata solo in base alla convinzione che i vincitori erano in grado, se volevano, di imporre qualsiasi cosa, lo aiutò a trovare una scusa per informare il presidente che era meglio cedere all'opinione inglese.

Comunque sia, il 27 settembre giunse a Brindisi il generale Smith, accompagnato da Macmillan e Murphy e, insieme al capo della missione militare a Brindisi, consegnò a Badoglio il testo dello strumento di resa incondizionata che questi avrebbe dovu-

---

[47] MARIO TOSCANO, *Dal 25 luglio all'8 settembre*, Firenze, Le Monnier, 1966, pp. 89-90; ELENA AGA ROSSI, *Una nazione allo sbando: L'armistizio italiano del settembre 1943*, Bologna, Il Mulino, 1993, p. 138.

to firmare nell'ormai prossimo incontro con Eisenhower fissato per il 29 settembre a Malta, e gli fu pure comunicato il testo delle istruzioni ricevute da Eisenhower, ossia l'impossibilità di fare l'alleanza richiesta, ma il riconoscimento dello status di cobelligerante a condizione che l'Italia dichiarasse guerra alla Germania e accettasse gli altri punti del programma «politico» per l'Italia. Secondo il resoconto di Murphy, sul testo dello strumento di resa Badoglio si riservò di dare una risposta il mattino seguente dopo aver sentito il Re; sulla cobelligeranza, Badoglio apparve soddisfatto «e non insistette inopportunamente sull'aspirazione d'essere considerato alleato in senso stretto» [48]. Il resoconto di Badoglio è alquanto diverso [49] ed è anche credibile perché, procedendo alla pubblicazione dei documenti del periodo, ho potuto constatare che le sue memorie sono carenti in precisione ma, quanto alla sostanza, presentano un grado di affidabilità superiore a quella media di tale tipo di fonte. Ebbene, Badoglio dice d'aver reagito con molta veemenza alla presentazione della resa incondizionata, alla quale – aggiungo – non pensava affatto, sicuro che l'armistizio militare non abbisognasse di ulteriori documenti, come era del resto logico pensare da parte di chi, superata la burrasca del momento critico dell'8 settembre, riprendeva a svolgere la politica del cambiamento di fronte che aveva deciso di perseguire e chiedeva che, avendo adempiuto alla condizione posta dagli Alleati (la firma dell'armistizio), si passasse a stabilire i termini della collaborazione con essi nella guerra contro la Germania. Di questo aveva parlato il 15 settembre con Macmillan e Murphy; ed Eisenhower aveva perfettamente inteso questo discorso. Ed ora si sente invece rispondere che l'alleanza non è per il momento possibile; si può però parlare di cobelligeranza – e fin qui tutto bene – ma in ogni caso deve prima firmare un

---

[48] Appunto di Murphy sul colloquio con Badoglio, 27 settembre 1943, in MACMILLAN, *War Diaries* ... cit., pp. 233-235.

[49] BADOGLIO, *L'Italia nella seconda guerra mondiale* ... cit., pp. 132-135; ma si veda anche Badoglio a Roosevelt e Churchill, 17 novembre 1943 (minuta originale), in *DDI*, serie decima, vol. I, D. 76 allegato, e il telegramma di Eisenhower citato nella nota seguente.

nuovo documento, la resa incondizionata, del tutto incompatibile con qualsiasi tipo di collaborazione, poiché ne precludeva ogni possibilità. Alle sue proteste gli dissero che non c'era nulla da discutere perché si trattava di un atto cui l'Italia era tenuta in base all'art. 12 dell'armistizio militare. E all'argomento giuridico seguirono, com'era logico che facessero, le minacce di applicare in pieno all'Italia la condizione di paese vinto e quindi passaggio di ogni potere al governo militare alleato e rigida applicazione, ovviamente, anche di tutte le clausole del nuovo testo.

Badoglio e il Re si piegarono e l'indomani il capo del governo disse alla delegazione alleata che avrebbe firmato ma che protestava per quanto concerneva l'espressione «resa incondizionata» (titolo del documento e art. 1a) che non rientrava in quanto l'Italia era obbligata ad accettare, e per l'ineseguibilità di molti degli impegni che gli si chiedevano. «Dopo molto discutere», dicono gli appunti di Macmillan sul colloquio, «si è convenuto che la firma dovesse aver luogo, ma che, per aiutare la parte italiana, si raccomandassero al gen. Eisenhower due atti: a) scrivere una lettera al maresciallo Badoglio per rassicurarlo sulla questione della incapacità fisica del suo governo ad applicare talune clausole, e per spiegare come alcune altre fossero di fatto già superate dagli eventi succedutisi dopo il 3 settembre; b) il gen. Eisenhower avrebbe fatto conoscere verbalmente al suo governo il vivissimo desiderio degli italiani d'emendare il titolo [dello strumento di resa] e d'omettere la clausola 1a»[50].

Con questo piccolo compromesso la missione militare era riuscita ad eseguire l'ordine d'ottenere la firma del testo dello strumento di resa incondizionata e a piegare l'Italia alla linea politica britannica, nella quale la formula della «cobelligeranza» non assumeva minimamente il significato politico per cui

---

[50] Appunto di Macmillan sul colloquio con Badoglio, 28 settembre 1943, in MACMILLAN, *War Diaries* ... cit., pp. 236-237. Per il punto a) vedi nota 55; per dare attuazione al punto b): Eisenhower allo Stato Maggiore Combinato, 30 settembre 1943, in CHANDLER, *The Papers* ... cit., vol. III, pp. 1469-1470, e Roosevelt a Churchill, 1° ottobre 1943, in *FRUS, 1943*, vol. II, p. 381 e KIMBALL, *Churchill and Roosevelt* ... cit., pp. 485-486.

Macmillan l'aveva adoperata. Nonostante ciò, Eisenhower tenne a che essa fosse pubblicizzata e valorizzata per l'effetto propagandistico che poteva avere in rapporto alla collaborazione che avrebbe potuto ricevere dall'Italia e, prima di recarsi a Malta per l'incontro con Badoglio, propose che, quando l'Italia avesse dichiarato guerra alla Germania, al pubblico proclama con cui Badoglio annunciava tale decisione i governi alleati rispondessero con una loro dichiarazione nella quale si desse atto all'Italia dell'instaurazione di questo rapporto di cobelligeranza, con la sola precisazione che esso non doveva pregiudicare gli interessi militari delle Nazioni Unite e il diritto del popolo italiano di decidere la sua forma di governo [51]. In sostanza un richiamo, questo, a quanto era detto nella Carta atlantica e nella dichiarazione dei paesi in guerra contro la Germania del 1° gennaio 1942.

Roosevelt fu d'accordo e sull'idea della dichiarazione e sul suo testo [52]. Il gabinetto britannico, accettando la dichiarazione, propose una radicale modifica del testo affinché non si prestasse ad equivoci circa il suo significato. Oltre a varie modifiche formali rispondenti allo scopo di non darle un tono amichevole, fu aggiunta la seguente frase: «Il rapporto di cobelligeranza tra il governo d'Italia e i governi delle Nazioni Unite non può di per se stesso influire sulle clausole recentemente firmate che conservano la loro piena efficacia e possono essere modificate soltanto da un accordo tra i governi alleati in relazione all'aiuto che il governo italiano sarà in grado di offrire alla causa delle Nazioni Unite» [53]. E Roosevelt telegrafò brevemente che «il vostro testo incontra la mia approvazione» [54].

Mentre veniva concordata questa dichiarazione Badoglio

---

[51] Il telegramma di Eisenhower (27 settembre) è riferito in Woodward, *British Foreign Policy* ... cit., p. 504, e contenuto nel documento citato nella nota seguente.

[52] Roosevelt a Churchill, 29 settembre 1943, in *FRUS, 1943*, vol. II, pp. 378-379; Kimball, *Churchill and Roosevelt* ... cit., pp. 471-472.

[53] Churchill a Roosevelt, 30 settembre 1943, n. 427 e n. 428, in Churchill, *The Second World War* ... cit., pp. 174-175; *FRUS, 1943*, vol. II, pp. 380-381; Kimball, *Churchill and Roosevelt* ... cit., pp. 473-474.

[54] Roosevelt a Churchill, 1° ottobre 1943, in *FRUS, 1943*, vol. II, p. 382; Kimball, *Churchill and Roosevelt* ... cit., p. 484.

giunse a Malta per l'incontro con Eisenhower che aveva richiesto «per discutere le ulteriori operazioni in Italia». Dovette invece firmare lo strumento di resa dell'Italia, ricevette la lettera di Eisenhower di cui s'è detto [55] e la promessa di una modifica delle indicate espressioni del testo firmato, e si svolse poi un colloquio di nessun reale interesse politico o militare. Badoglio offrì il concorso italiano alla liberazione del paese ma gli si fece comprendere che la cosa era pressoché impossibile [56].

Il 13 ottobre venne finalmente la dichiarazione di guerra dell'Italia alla Germania (non ricevuta però da questa che non riconosceva il governo del Re), Badoglio lesse il suo proclama e i governi alleati diramarono la loro dichiarazione sulla cobelligeranza che fu ufficialmente comunicata a Badoglio solo il 18 ottobre [57], dopo che gli era stato reso noto, il 17, che non era previsto «l'impiego su vasta scala di forze italiane come truppe combattenti», «a causa della difficoltà di comando, di sostentamento e di rinnovo» [58].

Alla luce di questa breve esposizione, parlare della cobelligeranza come di qualcosa che abbia in qualche modo modificato lo stato dei rapporti tra l'Italia e le Nazioni alleate risultante dall'armistizio del 3 settembre 1943, appare del tutto improprio [59]. Dietro di essa c'è, sul piano giuridico, la sottoscrizione dello strumento di resa incondizionata, un documento che precisa in senso assai più negativo l'atto d'armistizio e, sul piano politico, l'attestazione che il tentativo di cambiare fronte era completamente fallito. Non si trattava quindi che di una parola di speranza per il futuro, ma di portata più tenue di quelle che

---

[55] Eisenhower a Badoglio, 29 settembre 1943, in *United States and Italy* ... cit., p. 64; CHANDLER, *The Papers* ... cit., vol. III, pp. 1468-1469; *DDI*, serie decima, vol. I, D. 21.

[56] Il verbale italiano e quello di Macmillan dell'incontro di Malta, 29 settembre 1943, rispettivamente, ivi, D. 22, e in MACMILLAN, *War Diaries* ... cit., pp. 238-243.

[57] Taylor a Badoglio, 18 ottobre 1943, in *DDI*, serie decima, vol. I, D. 51.

[58] Taylor ad Ambrosio, 17 ottobre 1943, ivi, D. 48.

[59] Ad una conclusione analoga perviene, per altra via e in un contesto diverso, DAVID ELLWOOD, *L'alleato nemico: La politica dell'occupazione anglo-americana in Italia 1943-1946*, Milano, Feltrinelli, 1977, pp. 58-62.

erano state scritte nel documento di Quebec. E tale attenuazione era principalmente dovuta al fatto oggettivo che non s'era in alcun modo realizzata la premessa su cui s'era fondata l'apertura di credito concessa a Quebec: che al progetto di cambiare fronte seguisse la volontà e la capacità del paese d'effettuarlo.

10.

IL PRINCIPIO DI NAZIONALITÀ
NELLA POLITICA ESTERA ITALIANA

1. – Considerato il tema del Convegno, *Nazione e nazionalità in Italia dalla prima guerra mondiale ai nostri giorni,* penso che allo storico delle relazioni internazionali tocchi il compito di illustrarlo nell'ambito della politica estera italiana per rendere conto di quale incidenza abbia avuto in essa. Si deve infatti constatare che tra i molti profili dai quali si è cercato di guardare la politica estera italiana, questo, stranamente, manca. Dibattiti metodologici (quelli che hanno visto al centro le accuse alla storia diplomatica), discussioni interpretative su triplicismo e antitriplicismo, neutralità e intervento nel 1914-15, caratteri della politica estera fascista, e ancora neutralismo e solidarietà occidentale nel secondo dopoguerra, o, infine, politica estera e opinione pubblica, come si intitola l'ultimo studio di storia della storiografia sulla politica estera italiana, pubblicato qualche tempo fa dal Vigezzi [1], hanno di molto arricchito le nostre conoscenze in materia; ma tra le tante sollecitazioni che hanno provocato non ha trovato posto, altro che in forma episodica, questo profilo che mi pare invece assai interessante in sé e non solo perché è il tema del nostro Convegno.

---

[1] Brunello Vigezzi, *Politica estera e opinione pubblica in Italia dall'Unità ai nostri giorni*, Milano, Jaca Book, 1991.

2. – Non mi pongo il problema delle cause di questa carenza, accontentandomi di rilevare che tra canoni interpretativi legati a moduli ideologici inderogabili e «chiavi di lettura» che ben
poco aprivano alla comprensione storica del passato, si è arrivati
al risultato di dimenticare quasi che l'unità del 17 marzo 1861 era
quella della nazione italiana che diveniva Stato sovrano e che la
politica estera del nuovo Stato trovava proprio in questo il suo
principio ispiratore. Ho detto quasi perché non v'è manuale che
non ricordi che la politica estera del nuovo Stato fu rivolta, nel
primo decennio, al completamento dell'unità nazionale con Venezia e Roma. Per il periodo immediatamente successivo, invece, guardando la storiografia esistente, si ha l'impressione che la
politica estera italiana abbia perduto questa direttrice fondamentale e abbiano acquistato prevalenza altri obiettivi. Lo stesso
Chabod, pur così attento a tutti gli sviluppi del periodo che intendeva trattare, parla nelle sue *Premesse* di un affievolimento
del principio e si limita a menzionare l'irredentismo che «tenendo desto», scrive, «l'ideale della nazionalità, anche in contrasto
con la politica ufficiale dei governi, mantenne il terreno propizio
per l'ultima grande impresa dell'Italia liberale e nazionale del
Risorgimento, la guerra contro l'Austria-Ungheria del 1915-18»[2].
E in effetti, gli studi si sono occupati fin dagli anni Venti
dell'irredentismo con opere assai valide, anche se spesso dimen-
ticate, quali quelle del Salata[3], di cui si giovò Croce per la sua
Storia d'Italia[4], e del Sandonà[5], per citare solo le più antiche e
le più classiche; ma il tema è presente con ricorrenza in tutte le
opere significative sul periodo prebellico e si innesta poi in
quello del «nazionalismo» all'inizio del nostro secolo come ben si
vede in un saggio del Sabbatucci[6].

---

[2] FEDERICO CHABOD, *Storia della politica estera italiana dal 1870 al 1896*, vol. I,
Le premesse, Bari, Laterza, 1951, p. 457.
   [3] FRANCESCO SALATA, *Guglielmo Oberdan*, Bologna, Zanichelli, 1924.
   [4] BENEDETTO CROCE, *Storia d'Italia dal 1871 al 1915*, Bari, Laterza, 1928, p. 333.
   [5] AUGUSTO SANDONÀ, *L'irredentismo nelle lotte politiche e nelle contese diplomatiche italo-austriache (1866-1896)*, 3 voll., Bologna, Zanichelli, 1932-1938.
   [6] GIOVANNI SABBATUCCI, *Il problema dell'irredentismo e le origini del movimento*

Non è questo tuttavia il profilo principale nel quale si manifesta il principio di nazionalità nella politica estera italiana dopo il 1870; ne è solo quello secondario, nel senso che lo studio della documentazione indica essere tale manifestazione solo in apparenza contrastante con la politica ufficiale dei governi. Di ciò v'è già traccia nell'ultimo solido studio sulle origini della Triplice e sul suo primo rinnovamento, che è di Rinaldo Petrignani [7], un diplomatico che ha fatto storia con esiti pregevoli. E la novità è stata colta dal prefatore del volume, Giovanni Spadolini, quando osserva, a proposito della missione Crispi a Gastein nell'estate del 1877, ch'essa rispondeva alla «linea che ispirò la diplomazia italiana alla ricerca del "parecchio" fino alla conclusione del Patto di Londra, fra il '14 e il '15» [8].

Ebbene, penso si debba dire con chiarezza che il principio di nazionalità ha rappresentato il criterio ispiratore principale della politica estera italiana anche dopo il primo decennio unitario, per il quale è nozione comunemente accettata, e nello stesso senso di completamento dell'unità nazionale che allora aveva avuto.

Il dibattito politico interno su tale completamento che si svolse nei primi anni Sessanta (dell'Ottocento) delineò anche i cosiddetti «confini naturali» della nazione italiana, confini entro i quali già allora si indicò la necessità d'includere la minoranza tedesca a sud del Brennero, una posizione ch'ebbe il consenso del Mazzini [9], come in questo dopoguerra s'è ricordato in alcune note polemiche dirette all'Austria. E su questo punto c'è uno studio di Antongiulio de' Robertis [10], che poteva essere più esplici-

---

nazionalista in Italia, in «Storia contemporanea», 1970, n. 3, pp. 467-502, e 1971, n. 1, pp. 53-106.

[7] RINALDO PETRIGNANI, *Neutralità e alleanza: Le scelte di politica estera dell'Italia dopo l'Unità*, Bologna, Il Mulino, 1987.

[8] GIOVANNI SPADOLINI, *Prefazione* a PETRIGNANI, *Neutralità e alleanza* ... cit., p. XV.

[9] GIUSEPPE MAZZINI, *Scritti politici*, Torino, Unione Tipografico-Editrice Torinese, 1972, p. 981 (articolo sulla pace del 1866).

[10] ANTONGIULIO DE' ROBERTIS, *La diplomazia italiana e la frontiera settentrionale nell'anno 1866*, Trento, Società di studi trentini di scienze storiche, 1973. Ora il ma-

to sul dibattito politico come lo è per il negoziato diplomatico sulla guerra del 1866. In sostanza, l'Italia chiese tutto il Tirolo italiano, come allora si chiamavano Trentino e Sud Tirolo insieme. In sede di negoziato per l'alleanza, Bismarck accantonò la richiesta rinviandola alla trattativa di pace. Ma quando il generale Menabrea andò a negoziarla erano accadute Custoza e Lissa, e Bismarck poté schivare facilmente la richiesta. Il no fu grave particolarmente per il Trentino. In un pregevole studio, dedicato ad altro tema, William Halperin [11] mise in luce quanto le fonti indicavano sul negoziato per la cosiddetta Triplice del 1869, cioè sull'alleanza che si cercò di stringere tra Francia, Austria-Ungheria e Italia in vista delle complicazioni che portarono poi alla guerra franco-prussiana del 1870. Ebbene, la documentazione dimostra ora che il negoziato fallì per la ritrosia dell'Austria a cedere il Trentino. E si noti che la scelta fu, con il concorso del Visconti Venosta, di Vittorio Emanuele II, il quale si trovò in imbarazzo tra la riconoscenza che lo legava, anche personalmente, a Napoleone III e il completamento dell'unità nazionale. Scegliendo quest'ultimo, s'ebbe, naturalmente, per l'Italia l'ostilità e l'inimicizia della Francia per un tempo assai lungo.

3. – Non ripercorrerò qui tutto l'arco di tempo che ci separa dal 1915, limitandomi a qualche cenno.

«Indipendenti sempre isolati mai» è una delle tante formule che i politici usano per non chiarire il loro programma. In effetti il pensiero di Visconti Venosta era che dopo il '70, fallito sia lo strumento militare che quello diplomatico, occorreva rinviare il problema del completamento dell'unità, perché, come è stato esattamente detto [12], non si poteva mettere in pericolo l'Italia redenta per quella irredenta. L'essere Stato sovrano postula infatti,

---

teriale si può leggere integralmente in *I documenti diplomatici italiani*, serie prima, voll. VI e VII, Roma, Istituto Poligrafico dello Stato, 1981 e 1983.
    [11] WILLIAM HALPERIN, *Diplomat under stress*, Chicago, The University of Chicago Press, 1963. Anche questo materiale può ora leggersi più compiutamente in *DDI*, serie prima, voll. XI e XII, Roma, Istituto Poligrafico dello Stato, 1989 e 1990.
    [12] CROCE, *Storia d'Italia ... cit.*, p. 129.

anzitutto, la capacità di saper garantire l'indipendenza politica e l'integrità territoriale, come usa dire, ossia la capacità di difendere il proprio territorio e la libertà dei propri ordinamenti. Insomma, a fianco del problema del completamento dell'unità si poneva quello della sicurezza, tema, anche questo, poco compreso e quindi poco presente nella storiografia. Quella per la sicurezza non era peraltro una preoccupazione nuova. I Forti Antenne, Appio, Bravetta, Boccea, Ostiense, Portuense e così via, che ora vediamo a Roma ancora in piedi o in rudere, costituivano, a guardia delle strade consolari, la linea di difesa di cui essa fu munita, dopo essere divenuta capitale, non contro masse contadine insorgenti o gruppi rivoluzionari repubblicani, come qualcuno potrebbe pensare, bensì contro i nemici esterni, divenuti due dopo il '70, per l'aggiunta della Francia all'Austria. Questa, da parte sua chiarì, nel maggio 1874 (la cosiddetta circolare Andrássy)[13], che il mantenimento delle frontiere esistenti costituiva la «base immutabile» di buoni rapporti tra i due paesi. Ad un realista come Visconti Venosta risultò chiaro che il problema del completamento dell'unità doveva essere accantonato. Al vivace Crispi invece no. La sua idea fu – qui personalizzo ma fu disegno di tutta la Sinistra ed anzi costituì il «nuovo» della sua politica estera – che attraverso la Germania si potevano risolvere entrambi i problemi: quello della sicurezza con l'alleanza – teorico rinnovo, in senso difensivo, di quella del 1866 con la Prussia – e quello del completamento dell'unità con i compensi che si potevano ottenere non disturbando, anzi favorendo, il cosiddetto inorientamento dell'Austria. Naturalmente Bismarck rispose negativamente a questa proposta crispina dell'estate 1877 e stette ad aspettare fino a quando l'Italia, dovendo passare per Vienna per arrivare a Berlino, com'egli aveva significativamente detto, si decise a cercare nell'alleanza soltanto la sicurezza.

Quando si dice che il Depretis era tiepido verso l'alleanza, che Mancini esitò molto, che da Vienna Di Robilant fu quasi osti-

---

[13] *DDI*, serie seconda, vol. V, Roma, Istituto Poligrafico dello Stato, 1979, DD. 413 e 421.

le e che tutto il centro motore fu il Blanc, si affermano cose esatte ma non si chiarisce che cosa determinava tiepidezza, esitazione, ostilità: la Triplice soddisfaceva solo una parte delle esigenze italiane e per di più a prezzo di una accettazione indirettamente pattizia della circolare Andrássy. Dico indirettamente ché su confini e loro garanzia non si scrisse nulla, ma su questo punto la storiografia dice che fu l'Austria a non volerlo per non riconoscere la fine dello Stato pontificio! Depretis, questa volta con Di Robilant, riuscì poi, nel rinnovo del 1887, a realizzare in pieno il programma della Sinistra – sicurezza e compensi – ma il buon generale non s'accorse che gli austriaci avevano accettato la teoria dei compensi apponendovi condizioni tali che non si sarebbe mai potuta applicare (e mi riferisco all'elenco di territori la cui acquisizione da parte austriaca non dava diritto a compensi). Crispi, al suo arrivo alla guida del governo, trovò quindi tutto fatto. E fu triplicista convinto, come ha scritto da ultimo anche Renato Mori[14], fece le convenzioni militari della Triplice per dimostrare l'effettiva volontà d'adempiere ai doveri dell'alleanza, ma tutto questo – e tralascio qui la politica coloniale – perché la Triplice avrebbe dovuto, al momento opportuno, produrre i compensi, cioè il completamento dell'unità per via diplomatica, secondo il piano esposto nel 1877.

Né del principio di nazionalità ci si dimenticò laddove esso operava come elemento dissolutore della presenza politica dell'Impero ottomano nell'Europa sud-orientale. Uno dei casi in cui ciò particolarmente avvenne, la crisi di Creta del 1897, lo esaminai molti anni fa[15], sottolineando come l'Italia in quell'occasione, proprio a sostegno della nazionalità greca, si schierò contro i suoi alleati, gli Imperi centrali, sostenendo l'annessione dell'isola alla Grecia; e come, per un altro territorio ottomano d'Europa, l'Albania, preferì allora pattuirne con l'Austria l'indipendenza, e

---

[14] RENATO MORI, *La politica estera di Francesco Crispi (1887-1891)*, Roma, Edizioni di storia e letteratura, 1973.

[15] PIETRO PASTORELLI, *Albania e Tripoli nella politica estera italiana durante la crisi d'Oriente del 1897*, in «Rivista di studi politici internazionali», 1961, n. 3, pp. 370-421.

non la spartizione, come questa suggeriva e continuò a suggerire anche in seguito – come assai bene si vede in uno studio, da tutti trascurato ed invece assai puntuale in proposito, di Alessandro Duce [16].

Tornando al tema principale occorre aggiungere che, nonostante la segretezza delle stipulazioni della Triplice, tutti in Europa sapevano della clausola dei compensi ed in particolare lo sapeva la Francia. Quando, parlando del «colpo di timone» che l'ormai anziano Visconti Venosta impresse alla politica estera italiana per superare il contrasto con la Francia, si riferisce sulla disputa accesasi a Parigi sulla convenienza o meno di tentare di staccare l'Italia dalla Triplice, come sosteneva il Barrère, e si constata che ebbe il sopravvento la corrente opposta in base alla considerazione del «grande» Jules Cambon che l'Italia era meglio averla tra i nemici perché al momento del bisogno li avrebbe traditi cambiando campo e venendosi così a trovare a fianco della Francia, si dà sì credito ad una battuta diplomatica da salotto, ma si può anche trarre la conclusione che, da un lato, la Francia risentiva ancora di quello che si considerava il tradimento del '70 e, dall'altro, era conscia che il problema del completamento dell'unità avrebbe portato l'Italia al suo fianco quando essa si fosse trovata a combattere gli Imperi centrali.

Il segno più concreto di quel ch'era stata la Triplice per la Sinistra e di ciò che essa era divenuta anche per buona parte del restante schieramento politico italiano e per l'opinione pubblica quale si esprimeva in Parlamento, lo si ebbe con la crisi bosniaca. Quando l'Austria, nel 1908, passò dalla semplice occupazione militare, preesistente alla Triplice, alla formale annessione, tutti ritennero che sarebbe scattata la clausola dei compensi per questo accrescimento territoriale dell'Austria. Ed invece, trattandosi di uno dei casi esclusi dalle stipulazioni del 1887, scattò la condizione di inoperatività dei compensi. Tittoni dovette difendere in Parlamento la posizione del governo senza poter esplici-

---

[16] ALESSANDRO DUCE, *L'Albania nei rapporti italo-austriaci 1897-1913*, Milano, Giuffrè, 1983.

tamente dire quale fosse la realtà delle cose. Se la cavò con tanti giri di parole, dimostrando grande abilità dialettica, ma non fino al punto da non far comprendere che il completamento dell'unità attraverso i compensi era una prospettiva difficile da realizzarsi. Alcune di queste cose erano già state colte dal diplomatico Francesco Tommasini nella sua opera sulla politica estera di Tittoni [17] – spesso citata, ma, forse a cause della sua lunghezza, poco utilizzata –, ma non mi sembra che siano ancora patrimonio della storiografia italiana.

Le conseguenze di questa verifica dell'impossibilità d'ottenere attraverso la Triplice il completamento dell'unità furono rilevanti. L'Italia dette più che un colpo di timone alla sua politica estera: prese a girare la barra per invertire completamente la rotta. Si cominciò con il rivolgersi alla Russia, la nemica dell'Austria nei Balcani, e, nell'accordo di Racconigi dell'ottobre 1909, in cambio della solita promessa di benevola considerazione degli interessi russi nella questione degli Stretti, si stipulò l'impegno a «sostenere l'applicazione del principio di nazionalità per lo sviluppo degli Stati balcanici» [18], per qualsiasi eventualità che dovesse prodursi nei Balcani. E questo impegno poteva essere sfruttato in due sensi: creare difficoltà all'Austria o premere su di lei da Oriente per renderla più disponibile ai compensi. Poi, durante le guerre balcaniche si bloccarono possibili azioni dell'Austria contro il Montenegro o la Serbia, come di recente è riuscito a percepire anche il Bosworth [19], che pure fa fatica a comprendere la politica italiana. E si giunse fino all'ammonimento del luglio 1913, di cui menò in seguito vanto in Parlamento Giolitti, quando si chiarì a Berlino che un ultimatum austriaco alla Serbia, allora probabile, avrebbe configurato un'ipotesi del tutto

---

[17] FRANCESCO TOMMASINI, *L'Italia alla vigilia della guerra. La politica estera di Tommaso Tittoni*, 5 voll., Bologna, Zanichelli, 1934-1941.

[18] GUIDO DONNINI, *L'accordo italo-russo di Racconigi*, Milano, Giuffrè, 1983, p. 192.

[19] RICHARD J. B. BOSWORTH, *Italy, the Least of the Great Powers: Italian Foreign Policy before the First World War*, Cambridge, Cambridge University Press, 1979, p. 231.

estranea al *casus foederis* della Triplice. Nello stesso tempo si cominciò a dire apertamente ai tedeschi che l'unico modo per evitare uno scontro con l'Austria era di prevedere finalmente i famosi compensi. E questo è il significato della formula «o alleati o nemici», una volta tanto chiara, che adoperò il San Giuliano, nonostante il suo linguaggio di solito ambivalente e il suo comportamento ondivago, qualità che l'han fatto qualificare gran diplomatico, ma che, quanto alla sostanza, non traevano in inganno alcuno, come una volta osò fargli notare il marchese Imperiali [20].

Ed in effetti questa sostanza era ben conosciuta a Vienna. Che cosa significasse la clausola dei compensi gli austriaci lo avevano capito fin dall'inizio e vi avevano contrapposto, come s'è detto, le condizioni d'esclusione. Dalle reazioni italiane alla crisi bosniaca si resero anche conto che non avrebbero potuto più funzionare in una prossima occasione, e, volendo mantenere intatto, per esigenze di equilibrio generale nel loro Impero plurinazionale, il principio della circolare Andrássy, iniziarono la costruzione della linea militare difensiva contro l'alleata Italia: i Forti e gli altri dispositivi sui quali combatterono nel Trentino e sull'Isonzo la Grande Guerra.

Essendo invalso l'uso di studiare il problema della neutralità e dell'intervento a partire dall'assassinio di Sarajevo, nonostante la lezione che veniva dalla grande opera sulle origini della guerra dell'Albertini [21], un altro storico non professionista, si sono spesso impiegate molte pagine senza riuscire a spiegarlo bene.

È anzitutto da dire – come pur senza il materiale italiano aveva compreso l'Albertini – che durante la crisi del luglio 1914, sotto l'apparenza ultima di far da mediatore, il governo, pur di sfruttare l'occasione per ottenere il sospirato compenso delle terre italiane irredente, giunse fino a prospettare un intervento a

---

[20] Imperiali a San Giuliano, 27 agosto 1914, in *DDI*, serie quinta, vol. I, Roma, Istituto Poligrafico dello Stato, 1954, D. 464.
[21] LUIGI ALBERTINI, *Le origini della guerra del 1914*, 3 voll., Milano, Fratelli Bocca, 1942-1943.

fianco degli Imperi centrali, cui non si era tenuti, e San Giuliano utilizzò per questo la mediazione tedesca e giocò dall'esterno la carta russa [22]. In secondo luogo, si deve rilevare che quello che è stato descritto come il grande scontro tra neutralisti e interventisti ebbe un carattere diverso rispetto a ciò che comunemente si ritiene, perché le due correnti avevano un punto di convergenza essenziale: erano d'accordo nel cogliere l'occasione del conflitto per ottenere le terre italiane dell'Austria. La differenza verteva sul modo: per gli uni, ad ottenere il «parecchio» bastava negoziare la neutralità, per gli altri occorreva la guerra. Le possibilità d'ottenere il parecchio furono esplorate tutte e a fondo, come si vede dallo studio del Monticone [23], che però non riesce a percepire, forse per effetto del suo forte senso morale, quel che Giolitti da buon politico comprese: che se anche avesse contratto l'impegno, l'Austria non l'avrebbe mantenuto. Declinò quindi l'incarico di succedere a Salandra nel maggio 1915, ammettendo con questo di non poter portare al paese il parecchio che la maggioranza dei neutralisti voleva. E si passò così dalle moltissime carte da visita lasciate al suo indirizzo, quando rientrò a Roma, al voto parlamentare che approvava le spese straordinarie per la guerra, ché altro potere non aveva allora in materia il Parlamento vigendo l'art. 5 dello Statuto albertino. È questa una pagina da scrivere ancora puntualmente, con il grande apporto che vi possono dare i documenti italiani pubblicati [24] e che non sono ben conosciuti nemmeno dall'ultimo studio pubblicato sull'argomento, quello di William Renzi [25].

Dunque quarta guerra d'indipendenza? Direi proprio di no; e nemmeno terza quella del '66, ché l'indipendenza c'era dal 1861; ma due guerre per il completamento dell'unità nazionale stretta-

---

[22] Vedi capitolo 1.

[23] ALBERTO MONTICONE, *La Germania e la neutralità italiana: 1914-1915*, Bologna, Il Mulino, 1971.

[24] *DDI*, serie quinta, voll. II e III, Roma, Istituto Poligrafico dello Stato, 1984 e 1985.

[25] WILLIAM A. RENZI, *In the Shadow of the Sword: Italy's Neutrality and Entrance into the Great War, 1914-1915*, New York, Peter Lang, 1987.

mente connesse l'una all'altra, anzi espressione della medesima direttiva fondamentale di politica estera derivante dall'unità.

4. – Il completamento dell'unità dello Stato nazionale conseguito con la vittoria nella prima guerra mondiale non fece scomparire il principio di nazionalità dalla politica estera italiana ma gli fece assumere un carattere parzialmente diverso: si doveva ora da un lato dare risposta all'interrogativo circa il limite della nazione italiana con il suo eventuale corollario di minoranze al di qua o al di là del confine; e dall'altro assumere un atteggiamento, non più solo episodico e marginale, come nella citata crisi di Creta, bensì stabile e determinante, di fronte alle rivoluzioni nazionali che costellarono l'ultima fase e la fine della guerra. È, in sostanza, il tema della dissoluzione dell'Austria-Ungheria, sul piano delle nazionalità, che cominciò a trattare tanti anni fa Angelo Tamborra [26] e che produsse poco dopo un frutto già maturo nell'opera di Leo Valiani che ha appunto quel titolo [27]. In proposito occorre osservare anzitutto che, contrariamente a quanto sostiene un'opinione storiografica largamente consolidata, il Patto di Londra non ignorava l'ipotesi dello smembramento dell'Austria-Ungheria: basta leggere le sue clausole e la documentazione diplomatica sul negoziato che ho già citato, e considerare in particolare l'assetto previsto per l'Adriatico, o per dire meglio per la sua costa orientale, da dividersi in tre tronconi di uguale grandezza tra Croazia, Italia e Serbia. Cosa del resto logica da parte di chi era pronto a battersi per il completamento della propria unità nazionale. In secondo luogo, è da tenere presente che l'intervento italiano e la resistenza dopo Caporetto furono elementi determinanti del crollo dell'Austria-Ungheria. Valiani lo accenna [28], ma il tema andrebbe sviluppato con maggiore ampiezza non per l'attribuzione di meriti – o demeriti – ma per

---

[26] ANGELO TAMBORRA, L'*idea di nazionalità e la guerra 1914-1918*, in *Atti del XLI Congresso di storia del Risorgimento italiano*, Roma, Istituto italiano per la storia del Risorgimento, 1963.
[27] LEO VALIANI, *La dissoluzione dell'Austria-Ungheria*, Milano, Il Saggiatore, 1966.
[28] Ivi, p. 410.

comprenderne le conseguenze, che s'intesero forse di più sul momento, nel congresso delle nazionalità oppresse dall'Austria-Ungheria, come appare dallo studio di Luciano Tosi sul Gallenga Stuart [29]. L'argomento è spesso evocato ma quasi esclusivamente per polemizzare sul noto contrasto di linee politiche impersonato nelle figure di Sonnino e Bissolati. Uno degli aspetti del contendere, che è più sfuggito all'indagine, è dato dall'accorpamento delle nazionalità che s'era prodotto negli accordi, diremmo oggi di vertice, tra cechi e slovacchi e tra serbi, croati e sloveni, realizzati con i patti di Pittsburgh e di Corfù. Prevalse la linea del riconoscimento dei Comitati nazionali – o meglio plurinazionali – dei cecoslovacchi e degli jugoslavi; ed anzi con il primo si andò oltre, con lo schieramento sul fronte italiano della legione ceca, altro tema trascurato, mentre è più nota la tormentata vicenda del rapporto con il Comitato jugoslavo.

Una posizione totalmente negativa l'Italia prese invece nei confronti dei tedeschi d'Austria. Fino allo studio di Giorgio Marsico [30], dell'argomento non si sapeva in Italia quasi nulla. Ora si può vedere come, in sede di conferenza della pace, questo fu l'unico aspetto del problema tedesco su cui gli italiani intervennero appoggiando il punto di vista francese in opposizione a quello degli anglo-americani. Francia e Italia, insieme, riuscirono a prevalere introducendo nel Trattato di Versailles il cosiddetto divieto di Anschluss. Quest'abbandono, se non ripudio, del principio di nazionalità nei confronti dei tedeschi nasceva da un duplice interesse: avere un punto di riferimento esterno assai debole per la minoranza sudtirolese e non essere gravati sul confine settentrionale dal peso di un grande Stato dopo essersi liberati dell'Austria-Ungheria. Ma pur trascurando il non rispetto dei principi, aveva il passivo di vincolare l'Italia a sostenere tutti gli aspetti, anche i meno validi, del nuo-

---

[29] Luciano Tosi, *La propaganda italiana all'estero nella prima guerra mondiale: Rivendicazioni territoriali e politica delle nazionalità*, Udine, Del Bianco, 1977.
[30] Giorgio Marsico, *Il problema dell'Anschluss austro-tedesco 1918-1922*, Milano, Giuffrè, 1983.

vo assetto politico-territoriale dell'Europa centro-orientale.
Per quanto riguarda il limite territoriale della nazione italiana, ossia fin dove il binomio Trieste e Trento dovesse estendersi, la soluzione indicata dal Patto di Londra del confine naturale geografico costituito dalla displuviale alpina, che traeva origine non tanto dal dato etnico quanto piuttosto da una esigenza di sicurezza militare, fu confermata come obiettivo da raggiungere alla conferenza della pace [31]. E l'obiettivo fu raggiunto facilmente a Nord con il Trattato di Saint-Germain, con difficoltà a Oriente, a conclusione della cosiddetta «questione adriatica», con il Trattato di Rapallo del 12 novembre 1920. Ma si creavano all'interno dei confini italiani tre minoranze, la tedesca, la slovena e la croata. Ai condizionamenti che nascevano dalla prima ho accennato; quelli derivanti dalle altre due saranno alla base del difficile rapporto con la Jugoslavia e, di riflesso, con gli altri paesi dell'area danubiano-balcanica. Ma non si deve dimenticare che ci fu anche una minoranza italiana in Jugoslavia.

Seguire questi temi con la storiografia esistente è molto difficile anche, per strano che posse apparire, per la stessa questione adriatica, per la quale il contributo di maggior spicco, quello dell'Alatri [32], è talmente limitato per impostazione e interpretazione, da non poter costituire un punto di riferimento, come ho potuto constatare conducendo il mio studio sul solo aspetto albanese della questione adriatica [33]. Di progetti destinati a coprire questa lacuna ce ne sono stati, ma per ora hanno prodotto solo un volume introduttivo sull'armistizio e un saggio sulla convenzione antiasburgica entrambi di Maria Grazia Melchionni [34], sì che ci si deve affidare al *flash-back* che Vivarelli vi dedica

---

[31] Pietro Pastorelli, *Le carte Colosimo,* in «Storia e politica», 1976, n. 2, pp. 363-378.

[32] Paolo Alatri, *Nitti, D'Annunzio e la questione adriatica (1919-1920),* Milano, Feltrinelli, 1959.

[33] Pietro Pastorelli, *L'Albania nella politica estera italiana 1914-1920,* Napoli, Jovene, 1970.

[34] Maria Grazia Melchionni, *La vittoria mutilata,* Roma, Edizioni di storia e letteratura, 1981; Id., *La convenzione antiasburgica del 12 novembre 1920,* in «Storia e politica», 1972, nn. 2 e 3, pp. 224-264 e 374-417.

nell'opera sulle origini del fascismo [35], oltre che al vecchio Al-brecht-Carrié [36], mentre a guardare la vicenda confinaria con occhio austriaco e jugoslavo provvedono con ricchezza Richard Schober [37], Ivo Lederer e Dragan Zivojinovic [38]. Il maggior contributo italiano che tocca il versante interno e quello esterno del problema è però costituito dagli studi di Umberto Corsini sulle nuove province [39] a dimostrazione dell'artificialità della distinzione tra politica estera e politica interna.

5. – Nel ventennio tra le due guerre i problemi derivanti dall'essere l'Italia – come gli altri maggiori paesi europei – uno Stato nazionale naturalmente restano e, come ho detto, continuano a determinare la politica estera italiana. Infatti anche il trattamento riservato alle tre minoranze entro i confini d'Italia non si restringe ad una questione di politica interna ma contribuisce non poco agli sviluppi della politica estera. Per quanto nulla risulti ancora dagli studi esistenti, le fonti mostrano con chiarezza la stretta connessione che si manifesta tra la politica di italianizzazione dei sudtirolesi ed i rapporti con il mondo tedesco già complicati con la questione dell'Anschluss. Alla sua origine ho accennato, ma per valutarne propriamente la rilevanza è da ricordare qualche altro elemento, partendo dall'opera degli ultimi governi liberali.

La conferenza della pace, rendendosi conto, sia pure all'ultimo momento, che il nuovo assetto politico-territoriale che stava

---

[35] ROBERTO VIVARELLI, *Il dopoguerra in Italia e l'avvento del fascismo (1918-1922)*, vol. I, *Dalla fine della guerra all'impresa di Fiume*, Napoli, Istituto italiano per gli studi storici, 1967.

[36] RENÉ ALBRECHT-CARRIÉ, *Italy at the Paris Peace Conference*, New York, Columbia University Press, 1938.

[37] RICHARD SCHOBER, *Die Tirolerfrage auf der Friedenkonferenz von Saint-Germain*, Innsbruck, Universitätsverlag Wagner, 1982.

[38] IVO LEDERER, *Yugoslavia at the Paris Peace Conference. A Study in Frontiermaking*, New Haven, Yale University Press, 1963; DRAGAN ZIVOJINOVIC, *America, Italy and the Birth of Yugoslavia (1917-1919)*, Boulder, East European Quarterly, 1972.

[39] Si tratta di vari saggi che sono elencati in appendice a UMBERTO CORSINI - RUDOLF LILL, *Alto Adige 1918-1946*, Provincia autonoma di Bolzano-Alto Adige, 1988.

risultando dalle sue decisioni presentava, proprio dal lato del principio di nazionalità, gravi carenze – prendo ad esempio il nuovo Stato cecoslovacco con tutti i tedeschi, ucraini, ungheresi, polacchi inclusi nei suoi confini (e, nel caso dei tedeschi, i cosiddetti sudeti, tre milioni e mezzo in uno Stato di quindici milioni, della cui opinione nessuno volle curarsi) – introdusse il correttivo dei trattati sulla protezione delle minoranze [40], strumento imperfetto – salvo il caso dello statuto d'autonomia per la Rutenia – ma che avrebbe potuto essere efficace per assicurare almeno una non discriminazione per le minoranze e la salvaguardia delle loro caratteristiche etniche, culturali e religiose. Uguali obblighi non furono invece imposti all'Italia, Stato non nuovo, vincitore e grande potenza. Ma fu essa a prendere in proposito un impegno, liberamente assunto, di rispetto per le minoranze, che veniva a sottolineare la ragione puramente strategica che aveva portato lo Stato italiano ad estendere i suoi confini oltre il limite della nazionalità. Questo impegno non fu mantenuto non, come si continua a ripetere, a causa della politica fascista, bensì per responsabilità delle forze politiche più largamente rappresentate nel Parlamento del 1919 che a quell'impegno parte non seppero, parte non vollero, dare seguito.

Per quanto riguarda il divieto di Anschluss è invece da ricordare che l'impegno fu costante nell'immediato dopoguerra. L'ultimo atto rilevante dell'Italia liberale, il 4 ottobre 1922, fu il cosiddetto Protocollo della Società delle Nazioni per l'Austria in base al quale l'Austria, bisognosa di un prestito per la sua asfittica economia, l'otteneva dall'Italia attraverso la S.d.N., impegnandosi in cambio a rispettare per proprio libero consenso, al di fuori del *Diktat* della pace, l'art. 88 del Trattato di Saint-Germain.

Il governo fascista ereditò questa situazione e se, verso la minoranza tedesca, l'aggravò con l'applicazione delle teorie del senatore Tolomei, che si inquadravano e spiegavano nel prece-

---

[40] MARIO TOSCANO, *Le minoranze di razza, di lingua, di religione nel diritto internazionale*, Torino, Fratelli Bocca, 1931.

dente contesto dell'irredentismo, ma che ora non trovavano più
un logico fondamento ed erano solo foriere di ulteriori complicazioni, mantenne verso l'unione austro-tedesca la stessa posizione prevalsa al tempo della conferenza della pace e per le
stesse ragioni. «Considererei perduta la guerra e annullata totalmente la vittoria il giorno in cui la Germania potesse realizzare il
suo programma annessionista», Mussolini telegrafò all'ambasciatore a Berlino il 14 maggio 1925 [41]. E lo affermò poi pubblicamente, con chiarezza ancora maggiore, nel discorso in Senato
del 20 maggio. E ciò determinò la posizione italiana di fronte alla
proposta tedesca che dette luogo ai Patti di Locarno. Secondo il
governo italiano, se la Germania si limitava ad accettare liberamente le sole sue frontiere occidentali superando per queste
l'idea di revisione implicita nel concetto di *Diktat,* mentre continuava a considerare le altre, quelle orientali e meridionali, risultato dell'imposizione di Versailles e quindi passibili di revisione
appena possibile, si venivano a creare in Europa frontiere di due
categorie, quelle stabilite e accettate e quelle stabilite ma non
accettate, con la conseguenza che i vincitori stessi ammettevano
implicitamente come possibile la revisione di queste ultime.
L'aver alla fine accolto l'invito a sottoscrivere, sia pure con varianti minori, i Patti di Locarno, non modificò la linea fortemente
antirevisionista dell'assetto esistente, espressa in quell'occasione
dall'Italia; e la reazione dei paesi che allora si sentirono esposti
al revisionismo tedesco, traditi e abbandonati dalla Francia, e
solidali con la posizione italiana è la prova che le opere di James
Burgwyn e del polacco Borejsza [42], per citare solo due stranieri
editi con qualche successo in Italia, stentano a rientrare nel campo della storiografia. Gli è che di questo dibattuto tema della
politica estera fascista si continua a discutere seguendo, conscia-

[41] Pietro Pastorelli, *La storiografia italiana del dopoguerra sulla politica estera fascista,* in «Storia e politica», 1971, n. 4, pp. 575-614 (il brano citato si trova a p. 599).
[42] James Burgwyn, *Il revisionismo fascista: la sfida di Mussolini alle grandi poten-ze nei Balcani e sul Danubio 1925-1933,* Milano, Feltrinelli, 1979; Jerzy Borejsza, *Il fascismo e l'Europa orientale. Dalla propaganda all'aggressione,* Bari, Laterza, 1981.

mente o meno, l'impostazione segnata da Salvemini nel suo
Mussolini diplomatico [43] nel senso che si esamina e si valuta ciò
di cui egli ha parlato e si ignora il resto, con il risultato che questo resto ha finito con il costituire una parte, direi, «sommersa»
della politica estera italiana nella quale, tuttavia, ci sono problemi ed eventi importanti che non vengono invece presi in considerazione. E certamente a Locarno i rapporti di Mussolini con la
stampa democratica furono burrascosi come dice Salvemini, e
questo è un fatto importante, ma non è l'unico né quello determinante della posizione dell'Italia a Locarno, che continua invece a essere valutata sul metro della riprovazione riscossa dal
mondo democratico, certo esistente per taluni aspetti ma che
non si spingeva né a evitare Roma come sede della riunione del
Consiglio della S.d.N. nel dicembre 1924, a poco tempo dall'assassinio di Matteotti e in piena crisi di regime, né tanto meno a
tenere l'Italia in quarantena: a Locarno anzi Briand, non evitando il discorso dell'opposizione antifascista, la qualificò come
composta di «vecchio, usato materiale politico» [44].

La coerenza della politica antirevisionista continuò a manifestarsi anche dopo Locarno. Mi limito a citare il progetto di patto
danubiano-balcanico del '26 [45]; l'azione della diplomazia italiana per determinare, attraverso il protocollo Litvinov, l'adesione
dei paesi dell'Europa orientale al Patto Briand-Kellogg; l'opposizione al progetto Curtius-Schober di unione doganale nel 1931.
Capitando questa nel bel mezzo del cosiddetto periodo Grandi
che avrebbe seguito la politica del «peso determinante» da lui
stesso teorizzata, la quale si imperniava sulla possibilità per l'Italia di appoggiarsi o appoggiare (Grandi diceva «farsi pagare») [46] a

---

[43] GAETANO SALVEMINI, *Mussolini diplomatico*, Bari, Laterza, 1981.
[44] BENITO MUSSOLINI, *Opera omnia*, a cura di EDOARDO e DUILIO SUSMEL, vol.
XXXVII, Firenze, Volpe, 1978, Appendice I, p. 17.
[45] Lo si trova in PIETRO PASTORELLI, *Italia e Albania, 1924-1927*, Firenze, Biblio-
teca della «Rivista di studi politici internazionali», 1967, pp. 253-254.
[46] Grandi a Mussolini, 17 maggio 1931, in *DDI*, serie settima, vol. X, Roma, Istituto Poligrafico dello Stato, 1978, D. 272 (p. 418), ma l'espressione era stata rilevata da
Renzo De Felice nel volume III della sua biografia di Mussolini, *Mussolini il duce*, I,
Gli anni del consenso 1929-1936, Torino, Einaudi, 1974, p. 379.

seconda dei casi Francia o Germania, viene a taglio l'osservazione che solo quindici giorni dopo questa sua teorizzazione, il 1°
giugno 1931, Grandi è finalmente indotto, dal tentativo di Anschluss economico, a rendersi conto che la politica della Germania, diversamente da quanto egli credeva, mirava all'Anschluss,
cosa alla quale, dovette scrivere all'ambasciatore a Berlino, «il
governo italiano sarà costretto ad opporsi con tutti i mezzi di cui
dispone» [47]. Insomma, il pendolo, appena messo in movimento,
si fermò. La formula invece ha avuto successo ritenendosi che
esprimesse una politica.

6. – La prima iniziativa revisionista fu il Patto a quattro, ma
revisionista nel senso di accogliere la richiesta tedesca per il corridoio di Danzica, a tutti nota e da tutti accettata, eccetto che
dalla Polonia naturalmente, in cambio dell'impegno tedesco, di
Hitler questa volta, a non chiedere altro se non l'equiparazione
(o uguaglianza di diritti) alle grandi potenze vincitrici che pure
gli si riconosceva. Ruggero Moscati l'ha scritto vent'anni fa con il
suo stile signorile e distaccato: «tenere a freno la Germania accogliendone talune istanze» [48], ma siccome non parlava dell'antisocietarismo di Mussolini come origine del Patto a quattro, la sua
interpretazione sarebbe caduta completamente nel vuoto se non
l'avesse raccolta Renzo De Felice [49].
Per sostenere la politica antirevisionista l'Italia aveva fatto di
più: profilandosi l'ascesa del Partito nazionalsocialista in Germania, aveva preso a interessarsi direttamente della situazione interna austriaca, stabilendo un contatto, in Austria, con quelle forze che paventavano l'Anschluss con una Germania che fosse divenuta nazionalsocialista. Siamo ancora nel 1930. Dopo il 30
gennaio 1933 discussioni e progetti passano alla fase operativa e
si hanno i noti consigli a Dollfuss, l'austro-fascismo, come è sta-

---

[47] Istruzioni di Grandi a Orsini Baroni, 1° giugno 1931, in *DDI*, serie settima, vol.
X, D. 306 (p. 478).
[48] RUGGERO MOSCATI, *Dal Patto a quattro all'Asse Roma-Berlino*, in «Clio», 1972, n.
2-3, p. 161.
[49] DE FELICE, *Mussolini il duce*, I, cit., p. 414.

to chiamato, di Starhemberg, ma anche le intese militari, rivelate da Corsini qualche anno fa [50], quelle che danno una spiegazione alle famose divisioni al Brennero del luglio 1934. Ed è con il diretto sostegno politico-militare all'indipendenza austriaca che si apre il discorso con Hitler al quale si chiese, subito nel 1933, un esplicito riconoscimento di tale indipendenza, ch'egli non poteva ovviamente dare, e si bocciò poi la sua controproposta, la *Gleichschaltung,* ossia la formula «un popolo due Stati» da lui avanzata a Venezia a metà di giugno del 1934. E, non avendolo Hitler compreso, quando cercò di attuarla, il 25 luglio di quell'anno, l'ordigno gli scoppiò tra le mani proprio perché le contromisure predisposte per l'ipotesi di un tentativo violento da parte tedesca funzionarono alla perfezione: caso raro per qualcosa predisposta dall'Italia. Dopo le ammissioni un po' reticenti di Petersen [51], da più di dieci anni c'è un buon resoconto su questo argomento nel libro di Lefebvre [52]. E si raccomanda ugualmente all'attenzione, sul versante dei rapporti con l'Unione Sovietica, lo studio di Calvitt Clarke [53]. Ma si continua a discettare di revisionismo e antirevisionismo sulla sola parte «emersa» della politica estera fascista. Non mi dilungo di più, se non per ricordare che, come dimostra lo stesso Lefebvre riferendosi, lui scrive, alle mie lezioni universitarie, l'accordo Mussolini-Laval del 7 gennaio 1935 trova la sua origine nella comune politica antirevisionistica dell'Italia e della Francia, che naufraga sugli scogli della questione etiopica.

E il revisionismo di cui sarebbe prima manifestazione l'accordo con l'Ungheria dell'aprile 1927? Che ci sia stato un aspetto declamatorio nella politica estera fascista, in funzione specifica

---

[50] UMBERTO CORSINI, *Iniziative politico-militari italiane nella crisi austriaca dell'anno 1934,* in *Annali dell'Istituto storico italo-germanico in Trento, XV-1989,* Bologna, Il Mulino, 1990, pp. 347-371.

[51] JENS PETERSEN, *Hitler-Mussolini. Die Entstehung der Achse Berlin-Rom, 1933-1936,* Tübingen, Max Niemeyer Verlag, 1973.

[52] FRANCESCO LEFEBVRE D'OVIDIO, *L'intesa italo-francese del 1935 nella politica estera di Mussolini,* Roma, Tipo-Litografia Aurelia, 1984.

[53] JOHN CALVITT CLARKE, *Russia and Italy against Hitler,* New York, Greenwood, 1991.

della politica interna, lo rileva in modo esauriente Renzo De Felice [54]. Ma l'accordo con l'Ungheria, emblema del revisionismo negli anni Venti, non si spiega se non si ha presente l'altro problema che ho menzionato per questo periodo: il rapporto con la Jugoslavia. Mussolini non innova rispetto alla convenzione antiasburgica del 12 novembre 1920, ma l'Italia non riesce a inquadrare l'antirevisionismo della Piccola Intesa a causa della Jugoslavia. Con i radicali serbi di Pasic si torna ad un'intesa che era stata consueta quando c'era l'Austria-Ungheria e non si parlava di Jugoslavia, un'intesa che sviluppa il Trattato di Rapallo con la spartizione delle terre del costituendo Stato libero di Fiume – Fiume all'Italia, Susak alla Jugoslavia, modello cui si ispirerà la spartizione del Territorio libero di Trieste nel secondo dopoguerra –, ma l'intesa si rompe sulla contropartita in Albania che i serbi si aspettano. Non potendo operare sulla Piccola Intesa come tale, l'Italia si pone alla ricerca di intese particolari con gli altri due partners, Cecoslovacchia e Romania: nel 1924 e nel 1926 queste intese arrivano ma occorreva controllare anche l'Ungheria in cerca di protezione per le sue rivendicazioni. La proposta della Locarno balcanica, ossia la cristallizzazione dello status quo esistente attraverso reciproci volontari riconoscimenti, richiede di far partecipare al sistema anche Bulgaria e Ungheria. Di qui i contatti con questi paesi e l'accordo in particolare con l'Ungheria che, quanto a impegni di revisione, non ne conteneva alcuno. E la stessa storiografia dell'Ungheria repubblica popolare conviene che Bethlen ebbe dall'Italia solo discorsi [55]. Perché questo e gli accordi che pur si fecero con paesi del settore rispondeva alla direttiva di creare una rete di solidarietà d'interessi tra antirevisionisti e revisionisti con promesse di piccole soddisfazioni reciproche, per rendere stabile il settore e neutralizzare l'ostilità della Jugoslavia che dal 1929, quando cioè prese ufficialmente a chiamarsi così, era tornata ad essere Serbia.

---

[54] De Felice, *Mussolini il duce*, I, cit., pp. 343-346.
[55] G. Jusasz, *Hungarian Foreign Policy, 1919-1945*, Budapest, Akadémiai Kiado,

L'intrigo balcanico è sempre complicato: e per non perdere il filo, preciso da un lato che le formule di equilibrio e solidarietà propugnate dall'Italia mancavano di logica e superavano le possibilità economiche e militari del paese – nemmeno la Francia risultò adeguata alla sua politica orientale – e, dall'altro, che il tornare dello Stato dei serbi, croati e sloveni ad essere soltanto Serbia sotto il nome di Jugoslavia provocò tra i croati due tipi di reazione: quella moderata, del partito dei contadini di Macek, che puntò al ripristino della formula paritaria federale del vecchio patto di Corfù; e quella estrema degli ustascia che puntarono all'indipendenza per i croati. Di fronte al mutare della situazione jugoslava l'Italia prese a sostenere la fazione indipendentista a scopo strumentale, come disturbo al potere di Belgrado e non perché si fosse ancora imboccata la via del revisionismo che comportava il disfacimento dell'Europa di Versailles e in primo piano il distacco dei cechi dagli slovacchi, la separazione tra serbi, croati e sloveni, il ridimensionamento della Polonia, che si risolse nella sua distruzione, e della Romania, come avvenne tra il 1938 e il 1941, quando la Germania riuscì a disfare il sistema di Versailles. La strumentalità dell'appoggio a Pavelic è dimostrata dal fatto che quando la politica antirevisionista portò all'accordo con la Francia, che postulava anche un'intesa con Belgrado, le istanze antijugoslave di Pavelic vennero sacrificate e s'ebbe la reazione degli ustascia nell'attentato di Marsiglia che costò la vita a Barthou e a re Alessandro.

La vicenda etiopica portò, come conseguenza non voluta ma accettata, non potendo la dittatura tirarsi indietro in un'impresa nella quale aveva messo in palio il suo prestigio, all'allineamento alla Germania, il che voleva dire che l'Italia, paese soddisfatto, si veniva a schierare sul fronte dei revisionisti. Il primo atto concreto fu l'accettazione della *Gleichschaltung* con l'accordo austro-tedesco dell'11 luglio 1936 [56], anticamera dell'Anschluss o predisposizione ad esso, dato che comportava la smobilitazione dell'impianto predisposto per impedirlo. Incamminatisi sulla nuova strada, ci si impegnava anche a scovare dove altro fossero italiani irredenti: da Nizza, patria di Garibaldi, alla Corsica, a Malta, alla Dalmazia al Ticino. E con questo si entrò nella fase del nazionalismo spinto che, come si vede, non nego affatto sia esistito nella politica estera fascista. Studi, sollecitazioni, iniziative furono promosse dalla diplomazia coperta di Palazzo Chigi, come risulta con buona evidenza dalle carte d'archivio [57]. Solo nel caso del Ticino, studiato dai colleghi svizzeri [58], si trattò di un colossale bluff del referente in loco, il signor Fonjallaz, che imbastì sul supposto irredentismo ticinese un discreto affare economico a beneficio della propria famiglia. Negli altri casi, questo nuovo irredentismo, o più esattamente ultranazionalismo, montò più seriamente negli ambienti nazionalisti del partito fascista fino a produrre le incomposte grida irredentistiche che si sentirono nell'aula di Montecitorio il 30 novembre del 1938. E venne l'idea che quel programma potesse essere realizzato con l'appoggio della Germania di cui ci si dispose ad accettare l'alleanza, divisata come strumentale: mezzo di pressione sulla Francia [59]. Ne venne invece il famigerato Patto d'Acciaio, non voluto come tale, cioè come alleanza offensiva e totalitaria, se l'ipotesi che ho di recente avanzata troverà ulteriore conferma [60]. Con la Francia ci fu la guerra, ma non la soddisfazione delle istanze irredentistiche, che Hitler impedì. Anche con la Jugoslavia ci fu la guerra, vinta pure in questo caso dai tedeschi, e qui la soddisfazione si ebbe: la Slovenia fu spartita con la Ger-

---

[57] Si veda PIETRO PASTORELLI, *Le carte di Gabinetto del Ministero degli affari esteri 1923-1943*, in «Storia delle relazioni internazionali», 1989, n. 2, pp. 313-348. Il materiale importante per il periodo 31 ottobre 1922-9 maggio 1936 è tutto pubblicato in *DDI*, serie settima, voll. I-XVI e serie ottava, voll. I-III, Roma, Istituto Poligrafico dello Stato, 1953-1992.

[58] MARIO RIGONALLI, *Le Tessin dans les relations entre la Suisse et l'Italie 1922-1940*, Locarno, Tipografia Pedrazzini, 1983; e specialmente MARIO CERUTTI, *Fra Roma e Berna. La Svizzera italiana nel ventennio fascista*, Milano, Franco Angeli, 1986.

[59] MARIO TOSCANO, *Le origini diplomatiche del Patto d'Acciaio*, Firenze, Sansoni, 1956.

[60] Vedi capitolo 7.

mania, con conseguenze che ancor oggi si manifestano; i «dal-
matomani», come lo stesso Mussolini li chiamò, ebbero partita
vinta con l'annessione della Dalmazia, anche qui con il risultato
negativo che il nuovo Stato croato, propugnato e sostenuto dal-
l'Italia con convinzione da quando si era adottata la politica
revisionista, nacque profondamente antitaliano, a causa della
mutilazione che a giudizio dello stesso Pavelic, per molti motivi
filo-italiano, dovette ingiustamente subire. Ed anche in questo
caso se ne vedono ancor oggi i riflessi.

Di tutta questa tematica, legata in vario modo al problema
della nazionalità e alla politica estera italiana, c'è ben poco nella
storiografia, ma in compenso ridondano le disquisizioni sulla
natura e sui caratteri della politica estera fascista, mentre, come
scrivevo molti anni fa [61], ma l'osservazione è vera ancor oggi per
taluni aspetti, se ne ignora la stessa trama dei fatti.

7. – La sconfitta ha dato la sua soluzione a quasi tutti questi
problemi. Ha cancellato gli esiti della politica revisionista del
nazionalismo. Ha estraniato l'Italia dal nuovo assetto politico-
territoriale dell'Europa, escludendola da qualsiasi decisione: i
tentativi fatti per avere qualche voce sul problema tedesco, in
virtù della dichiarazione di guerra del 13 ottobre 1943, sono tutti
miseramente falliti, come era del resto logico. Il confine orientale è stato fortemente arretrato, sì che se gli italiani fossero rimasti
nelle loro terre al di là della nuova frontiera avrebbero costituito
una minoranza consistente a cavallo tra le Repubbliche federate
jugoslave di Slovenia e Croazia, e per converso sparivano entro i
confini italiani pressoché totalmente la minoranza croata e, lasciando solo qualche traccia, quella slovena. Un problema di
minoranza con la Jugoslavia si poteva quindi presentare ormai
solo a parti invertite. Si cercò una garanzia per la minoranza italiana, ma il tentativo si infranse contro il rifiuto della Jugoslavia,
sia perché in generale non spirava aria favorevole alle minoran-

---

[61] PASTORELLI, *La storiografia italiana* ... cit.

ze dopo la seconda guerra mondiale; sia perché la Jugoslavia in particolare, non potendo procurarsi uno strumento giuridico, come riuscì a Benes per cacciare i sudeti dalla Cecoslovacchia, applicò con grande energia una politica tendente a realizzare, in via di fatto, quel che era l'indirizzo generale seguito: ossia il trasferimento della minoranza, «in maniera ordinata e umana», come pudicamente diceva il protocollo di Potsdam a proposito dei milioni di tedeschi che si trovavano al di là della linea Oder-Neisse. Fuori dal nuovo confine alla foce del Timavo, ma non colpiti dalla forte spinta all'esodo, si trovarono solo gli italiani di Trieste per effetto dell'occupazione anglo-americana della città. Ne venne la questione di Trieste su cui ormai c'è una abbondante e per alcuni versi soddisfacente storiografia (De Castro, Valdevit, Pupo, de Leonardis)[62], che non tocca ancora però, se non per polemica, l'epilogo, in tempo di guerra fredda, che la vicenda ebbe con il Trattato di Osimo del 1975.

L'altro problema esistente, quello della minoranza di lingua tedesca, con la conferma del confine del Brennero rimase. Per la sua soluzione l'Italia fece, ma qui si dovrebbe dire proprio De Gasperi in persona, quel che aveva promesso e non aveva fatto dopo la prima guerra mondiale. Si fece anche qualcosa di più con l'accordo De Gasperi-Gruber inserito tra gli allegati del Trattato di pace: tutela della minoranza tedesca per la conservazione delle sue peculiarità etniche e culturali e autonomia amministrativa nell'ambito della regione Trentino-Alto Adige, che corrisponde esattamente all'entità amministrativa austriaca del Tirolo meridionale[63].

---

[62] DIEGO DE CASTRO, *La questione di Trieste: L'azione politica e diplomatica italiana dal 1943 al 1954*, Trieste, Lint, 1981; GIAMPAOLO VALDEVIT, *La questione di Trieste 1941-1954. Politica internazionale e contesto locale*, Milano, Franco Angeli, 1986; RAOUL PUPO, *Fra Italia e Jugoslavia. Saggi sulla questione di Trieste (1945-1954)*, Udine, Del Bianco, 1989; MASSIMO DE LEONARDIS, *La «diplomazia atlantica» e la soluzione del problema di Trieste (1952-1954)*, Napoli, Edizioni Scientifiche Italiane, 1992.

[63] MARIO TOSCANO, *Storia diplomatica della questione dell'Alto Adige*, Bari, Laterza, 1967; PIETRO PASTORELLI, *La questione del confine italo-austriaco alla Conferenza della pace (1945-1946)*, in ID., *La politica estera italiana del dopoguerra*, Bo-

Problemi di nazionalità hanno quindi interessato anche la politica estera dell'Italia repubblicana, con due questioni sviluppatesi a lungo: un punto di arrivo di quella dell'Alto Adige, definita anch'essa in tempo di guerra fredda con l'intesa di Copenaghen del 1969, lo si è avuto solo l'11 giugno 1992 con la conclusione della vertenza nata negli anni Cinquanta. Non voglio dire che quella che s'è realizzata sia una soluzione modello, ma essa andò certamente in senso contrario alla tendenza esistente in tema di minoranze in Europa quando fu impostata con l'accordo De Gasperi-Gruber, e risulta ora, dopo che con il 1989 la tendenza è cambiata, un esempio di soluzione che merita di essere quanto meno studiato. Come studiata dovrebbe essere, nell'ambito della politica estera italiana, la soluzione delle due questioni, quella del '69 per l'Alto Adige e quella del '75 per Trieste. Sono entrambe legate alla politica di Aldo Moro. Diversamente da quel che accade per De Gasperi, le cui direttive di politica estera sono ormai ben note al pari di quelle della politica interna, per Moro sappiamo quasi tutto in materia di politica interna: idee, programmi, obiettivi, ma ben poco ci è noto circa la politica estera, al di fuori di qualche *flash* dovuto a Roberto Gaja. Un'indagine meriterebbe d'esser fatta soprattutto ora che da qualche parte s'invoca la modifica di quelle soluzioni: introdurrebbe un elemento di chiarezza aiutando ad individuare sfumature e differenze tra duraturo e contingente.

E verso le nazionalità dell'Europa quale è stato l'atteggiamento dell'Italia repubblicana? Qui il discorso s'intreccia con il tema dell'europeismo e con il ripudio del nazionalismo che ha contraddistinto l'ambiente politico e culturale italiano del secondo dopoguerra, distogliendo ogni attenzione e considerazione dalla nazionalità, talché l'impegno per il processo di integrazione europea è stato sinonimo di superamento, se non di totale

---

logna, Il Mulino, 1987. Da parte austriaca, Karl Heinz Ritschel, *Diplomatie um Südtirol. Politische Hintergründe eines europäischen Versagens*, Stuttgart, Seewald Verlag, 1966; Rolf Steininger, *Los von Rom? Die Sudtirolfrage 1945/46 und das Gruber-De Gasperi Abkommen*, Innsbruck, Haymon-Verlag, 1987.

disconoscimento, del principio di nazionalità e di quanto di positivo esso poteva avere se non sconfinava nel nazionalismo.

L'idea gollista dell'Europa delle patrie è stata demonizzata e non discussa e, a parole, l'Italia s'è impegnata nei progetti comunitari di costruzione di un'Europa unita in federazione, «araldo» dell'europeismo, come disse Sforza. Così è stato fino a Maastricht, e così sembra essere per il futuro. Sennonché, di fronte ad una verifica del contributo italiano al processo di integrazione europea, che ho condotto in alcuni studi [64], è risultato che ben poco di determinante s'era fatto e che dopo De Gasperi, approdato peraltro all'europeismo in seguito ad una precisa riflessione politica, la tensione s'era di molto allentata; ed è inoltre risultato che le tappe compiute da tale processo avevano rappresentato più il superamento di problemi concreti esistenti nell'Europa del dopoguerra che non gradini spontaneamente saliti per raggiungere la sommità dell'Europa unita. Non desidero entrare nella politica d'oggi poiché questo compito spetta ad altri. Ma il tentativo di comprendere quanto è accaduto, cioè di fare storia, se riuscito, porta ad esprimere dubbi sul cammino europeistico almeno nel senso che ad esso si è voluto attribuire e nel modo in cui si è cercato di realizzarlo.

Poco valore si è quindi attribuito in questo dopoguerra al principio di nazionalità, anzi lo si è ignorato quando non si presentava sotto l'aspetto minoranza. Ne è prova l'atteggiamento di fronte al problema tedesco. La Repubblica federale di Germania ha costantemente operato, fin dall'indomani della sua nascita, mirando al traguardo della riunificazione nazionale. Non ne ha fatto mistero e l'ha messo su carta ogni volta che, firmando qualcosa, esigeva che i suoi partners riconoscessero che la sua firma impegnava la Germania tutta, talché si poté sostenere, per esempio in ambito comunitario, che la Repubblica democratica tedesca doveva essere considerata un partner, sia pure «occulto», della Comunità economica europea. Si accettava quindi il principio

[64] Pietro Pastorelli, *La politica europeistica di De Gasperi* e *La politica europeistica dell'Italia negli anni Cinquanta*, in Id., *La politica estera ... cit.*

dell'unità del popolo tedesco? In teoria sì, visto che s'erano messe tante firme, ma in pratica no. Senza convalidare la battuta dei diplomatici che la Germania era tanto amata da volere che ce ne fossero due, basta riferirsi, per provarlo, a qualche discorso tenuto in sede di Nazioni Unite durante il dibattito sull'Alto Adige e, soprattutto, all'incidente occorso nel settembre 1984, quando il ministro degli esteri italiano, in un estemporaneo discorso ad una festa dell'«Unità», mise in dubbio il diritto tedesco alla riunificazione. Occorsero le scuse ufficiali del presidente del Consiglio e l'impegno a rendere pubblica la replica del cancelliere Kohl espressa in termini inusualmente gravi per una lettera tra capi di governo.

La controversia con gli amici tedeschi è stata del tutto superata dalla realtà. Ma ho ricordato l'episodio come significativo indizio di quanto il trascurare o addirittura l'ignorare l'esistenza del principio di nazionalità ci abbia fatto trovare impreparati, soprattutto sul piano culturale, ma di conseguenza su quello politico, ad affrontare le trasformazioni che si sono prodotte e si stanno producendo in Europa con la caduta del muro di Berlino e la scomparsa dell'Unione Sovietica: impreparati e incapaci di comprendere, e quindi di contribuire ad incanalare e controllare, il fenomeno, ancora in atto, del riassestamento della carta politica dell'Europa centro-orientale sulla base del principio di nazionalità. E se ciò non ha avuto conseguenze nel caso della Cecoslovacchia, dove cechi e slovacchi si sono separati in modo civile e democratico, senza tuttavia che dessimo loro testimonianza dell'alto grado di maturità civile ed europea che esprimevano con i loro comportamenti, nel caso dei vicini jugoslavi tale impreparazione è stata foriera di gravi conseguenze: ci siamo messi ad inseguire un fantasma, la Bosnia dei «bosniaci», senza ricordare nemmeno quanto il molto noto assassinio di Sarajevo del 28 giugno 1914 ci aveva insegnato. E di casi del genere ora percepiamo che se ne possono produrre altri.